Coll.: Eaton et Lablond 1 Carb. 597

L 30
  11
   2

DESCRIPTION
DES PRINCIPAUX LIEUX
DE FRANCE.

DESCRIPTION
DES PRINCIPAUX LIEUX
DE FRANCE,

CONTENANT des détails descriptifs & historiques sur les *Provinces*, *Villes*, *Bourgs*, *Monastères*, *Châteaux*, &c. du royaume, remarquables par quelques curiosités de la Nature ou des Arts; par des événemens intéressans & singuliers, &c.; ainsi que des détails sur le commerce, la population, les usages, & le caractère de chaque peuple de France; semée d'observations critiques, &c.

ACCOMPAGNÉE DE CARTES

Par J. A. DULAURE.

___

SECONDE PARTIE,
___

Prix, 2 liv. 10 sous br., 3 liv. rel.

___

A PARIS.

Chez LEJAY, Libraire, rue Neuve des Petits Champs, près celle de Richelieu.

___

M. DCC. LXXXIX.

Avec Approbation & Privilège du Roi.

DESCRIPTION DES PRINCIPAUX LIEUX DE FRANCE.

LANGUEDOC.

Tableau général du Languedoc.

GÉOGRAPHIE. Cette province, dont Toulouse est la Capitale, est bornée au nord, en partie par le Forez, au nord & à l'ouest, par l'Auvergne, le Rouergue, le Querci; plus bas, par le pays de Riviere-Verdun, par le Comminges, le Couserans & le pays de Foix; à l'est, par le Rhône qui la sépare du Dauphiné, du Comté Venaissin & de la Provence; & au sud, par le Roussillon & la Méditerranée. Sa plus grande longueur depuis les confins du Vivarais, sur le bord du Rhône, jusqu'à l'extrémité la plus occidentale du diocèse de Rieux, est de 68 lieues; elle a 34 lieues de largeur, à la prendre depuis la grau de la nouvelle, auprès de Narbonne, jusqu'au confluent

Partie II.   A

de la Garonne & du Tarn. Vers le milieu, cette province est si resserrée d'un côté par la province de Rouergue, & de l'autre par la mer Méditerranée, qu'en cet endroit sa largeur n'a pas plus de onze grandes lieues.

Le Languedoc est une des plus commerçantes, des plus fertiles provinces du royaume. Ses productions en tout genre, le grand nombre de ses villes, ses ports sur la Méditerranée, son canal, contribuent sur-tout à sa richesse & à sa population.

HISTOIRE. Du temps de César, le Languedoc faisoit partie de la Gaule *Braccata*, & étoit habité par les *Volces Tectosages* & *Arécomiques*; les premiers occupoient la partie du Languedoc où est située Toulouse, & les Volces Arécomiques habitoient le bas Languedoc, où est la ville de Nismes, leur chef-lieu. Dans cette étendue cependant n'étoit point compris l'*Albigeois*, non plus que le *Vivarais*, le *Velay* & le *Gévaudan*; ces quatre pays étoient alors habités par autant de peuples différens.

Sous les Romains, la Narbonnoise fut gouvernée par des Proconsuls, jusques vers la fin du quatrième siècle; cette province se maintint alors, à ce qu'on croit, dans l'usage de tenir tous les ans ses assemblées provinciales; usage que l'irruption des barbares, l'indifférence des tyrans qui usurpèrent l'autorité impériale dans les Gaules, ou divers autres accidens, interrompirent pendant quelques temps, mais qui fut rétabli l'an 418, par l'Empereur Honorius, lequel ordonna la tenue annuelle de l'assemblée des sept provinces, dont la Narbonnoise étoit une des principales.

Les Goths qui, dans le cinquième siècle, désoloient l'Empire Romain, ravagèrent cette province. « Depuis dix ans, dit un contemporain (Saint-Prosper), les Vandales & les Goths font de nous une cruelle boucherie ; les châteaux bâtis sur les rochers, les villes les plus fortes, les bourgs situés sur les plus hautes montagnes, n'ont pu garantir leurs habitans de la fureur de ces barbares ; & l'on a été par-tout exposé aux dernières calamités : ils n'ont épargné ni le sacré ni le profane, ni la foiblesse de l'âge, ni celle du sexe ; les hommes, les enfans, les gens de la lie du peuple, & les personnes les plus considérables, tous ont été, sans distinction, les victimes de leur glaive. Ils ont brûlé les temples dont ils ont pillé les vases sacrés, & n'ont respecté ni la sainteté des vierges, ni la piété des veuves. Les solitaires n'ont pas éprouvé un meilleur sort ; c'est une tempête qui a emporté les bons & les mauvais, les innocens & les coupables.... &c. ».

Ces Goths passèrent ensuite en Espagne, puis revinrent dans la Gaule sous la conduite de *Wallia*, leur Roi ; l'Empereur *Honorius* leur céda l'Aquitaine, depuis Toulouse, jusqu'à l'Océan. La ville de Toulouse devint alors la capitale du royaume des Visigoths, & eut, sans interruption, ce titre pendant quatre-vingt-huit ans.

Dans le siècle suivant, d'autres brigands appelés *Francs*, vinrent à leur tour piller & ravager ce pays. Clovis étoit à leur tête, & dans la fameuse bataille de Vouillé, il tua de sa main le Roi des Visigoths, & s'empara de la ville de Toulouse.

Les différentes irruptions que les barbares, Vandales, Goths, ou François, avoient faites dans cette province, l'une des plus florissantes de la Gaule, sous l'empire Romain, causèrent la décadence des Lettres. Les écoles furent abandonnées, les monumens renversés ou consumés par les flammes. Le goût des Beaux-Arts, de la Littérature, fut oublié; des mœurs sauvages & cruelles, une affreuse superstition, remplacèrent la politesse, l'urbanité, & les Sciences; des opinions bizarres & honteuses succédèrent à la raison, à la justice; les ténèbres de l'ignorance couvrirent dans peu de temps, pour plusieurs siècles, l'empire d'Occident; & ce fut l'ouvrage de quelques chefs de brigands (1).

---

(1) Les écoles, si fameuses du temps des Empereurs, comme celles de Narbonne & de Toulouse, dans lesquelles s'étoient formés de si grands personnages, furent abandonnées sous le règne des Visigoths. Cependant ces barbares ne bannirent pas tout à fait l'étude de la Jurisprudence & de la Médecine. Une même personne exerçoit à la fois les professions de Médecin, de Chirurgien & d'Apothicaire, & convenoit d'un certain prix avant que d'entreprendre la cure des malades. Ceux-ci ne payoient rien qu'après leur guérison; & s'ils venoient à mourir pendant leur maladie, le Médecin perdoit son salaire; s'il estropioit une personne libre en la saignant, il payoit cent sous d'or d'amende, & si cette personne venoit à mourir d'abord après la saignée, le Médecin perdoit la liberté, & étoit livré entre les mains des parens du mort, pour être puni à leur gré; mais si c'étoit un serf que le Médecin eût estropié, on fait mourir en le saignant, il en étoit quitte en donnant un autre serf à sa place.

En 719, une armée formidable de Sarrafins, commandée par *Zama*, defcendit des Pyrénées, s'avança dans la Gaule Narbonnoife, dévaftant, brûlant, maffacrant tout fur fon paffage. Narbonne fut affiégée; & après un fiége vigoureux, cette ville fut prife: tous les hommes furent égorgés, les femmes & les enfans furent conduits efclaves en Efpagne; ce féroce vainqueur fut battu & tué à Touloufe par le Duc *Eudes*. Les Sarrafins prirent la fuite; mais ils revinrent bientôt, avec de nouvelles forces, commettre de nouveaux excès. *Charles Martel* entreprit, mais fans fuccès, de chaffer ces brigands de la province. Pepin le Bref fut plus heureux; après de grandes difficultés, il parvint à les défaire, & fut le premier Roi François qui régna pleinement fur ce pays.

Charlemagne, en 778, rétablit l'ancien royaume d'*Aquitaine*, en faveur de Louis fon fils, & la ville de Touloufe en fut la capitale.

A la mort de Charles le Chauve, arrivée l'an 877, les pays qui compofent aujourd'hui le Languedoc, étoient divifés en quinze Comtés, qui dépendoient de différens duchés ou gouvernemens généraux.

Infenfiblement ces Gouverneurs particuliers, connus fous les noms de *Ducs, Comtes, Vicomtes, Marquis &c.*, ufurpèrent les droits régaliens. Leurs charges, qui n'étoient que des commiffions, devinrent héréditaires. Bientôt ils fe rendirent pleinement fouverains des pays dont ils n'étoient que Gouverneurs. Cette ufurpation commença à avoir lieu sous Charles le Simple, & arriva à son dernier période, lorsque Hugues Capet fut monté sur le trône. Voilà l'origine des Seigneurs particuliers qui, dans le temps de l'anarchie, établirent & fortifièrent leur puissance aux dépens de la puissance monarchique (1).

La ville de Toulouse avoit le titre de Comté & de Marquisat; ses Comtes, en qualité de Marquis, avoient une espèce de suzeraineté sur les Comtés de Carcassonne, de Rasès, qui comprenoient tout le diocèse de Carcassonne & une partie de celui de Narbonne; ils possédoient encore les Comtés d'Albigeois, de Rouergue & de Querci: ainsi, dès le commencement du dixième siècle, la maison de Toulouse dominoit, ou médiatement ou immédiatement, sur tout le Languedoc.

Le temps accrut la puissance & étendit les domaines des Comtes de Toulouse. On disoit d'un de ces Comtes nommé *Raimond VI*, que nulle puissance sur la terre n'auroit été capable de déposséder ce Prince de ses Etats, si l'Eglise ne s'en fût pas mêlée; en effet il n'y avoit aucun Prince de France, pas même le Roi, qui pût le lui disputer pour l'étendue de ses domaines.

Ce fut contre *Raimond VI* qu'on employa les armes temporelles, & les spirituelles, plus redoutables alors, pour le dépouiller de ses grands biens. Quelques Prélats mécontens déterminèrent le Pape à l'excommunier, sous le prétexte qu'il favorisoit les hérétiques Albigeois, & le forcèrent de recevoir le fouet des

---

(*) Usurpations, violences, brigandages, voilà les titres primordiaux des Puissances de la terre.

mains d'un Prêtre, & d'abjurer de prétendues fautes sur lesquelles on avoit constamment refusé d'écouter sa justification. On convoqua une armée de Croisés pour le combattre. *Simon de Montfort*, homme avare & féroce, à qui le Pape avoit promis de donner tous les biens qu'il pourroit conquérir sur le Comte *Raimond*, n'épargna ni violence ni ruses pour y parvenir. Les Moines de ce temps-là préconisoient jusqu'à ses fourberies ; tous ses crimes furent sanctifiés. Ainsi autorisé par l'église, soutenu par l'opinion religieuse, & fortifié par des secours considérables, il s'empara de presque tous les domaines du Comte de Toulouse. Ce malheureux Comte, excommunié, fouetté, battu, dépouillé de tous ses biens, se réfugia en Espagne ; mais ses peuples, indignés d'une pareille injustice, se soulevèrent contre l'usurpateur *Simon de Montfort*, & rappelèrent Raimond, qui vint avec de nouvelles forces combattre son ennemi, & recouvra bientôt la plus grande partie de ses domaines.

La petite fille de ce Comte épousa, en 1237, Alphonse, frère du Roi Saint-Louis, & tout le Languedoc fut, après sa mort, réuni à la couronne.

Depuis l'époque de cette réunion jusqu'au dix-huitième siècle, cette province a éprouvé bien des désastres ; les guerres des Anglois, les guerres civiles des règnes de Charles VI & Charles VII, enfin les guerres allumées par le fanatisme des peuples, entretenues & prolongées par l'ambition des chefs de parti, remplirent presque sans interruption cet intervalle par des malheurs de tous les genres.

CLIMAT. Dans le haut Languedoc, le climat est doux & tempéré ; les fréquentes pluies qui y tombent empêchent que les chaleurs n'y soient excessives, & contribuent beaucoup aux récoltes qu'on y fait de toutes sortes de fruits.

Le bas Languedoc ne jouit pas d'une température si heureuse ; le climat est très-chaud en été, & il le seroit encore plus sans un petit vent, appelé le *Garbin*, qui vient de la mer, & qui rafraîchit beaucoup depuis les dix heures du matin jusqu'à quatre heures après midi. Les hivers ne laissent pas que d'être souvent froids, à cause du voisinage des montagnes couvertes de neige. Lorsque le vent vient de ce côté-là, il jette dans la plaine un froid très-vif & très-perçant ; il n'y a presque pas de printemps ni d'automne ; aussi-tôt que les neiges ont disparu, par un certain vent qu'on appele *Auverousse*, on passe tout à coup du froid aux chaleurs.

RIVIÈRES. Les rivières les plus considérables du Languedoc sont le Rhône & la Garonne, qui arrosent cette province à ses deux extrêmités.

CANAL royal. Il y a plusieurs petits canaux en Languedoc, dont nous ferons mention aux articles des lieux où ils communiquent ; nous ne parlerons ici que de l'ensemble du canal royal, nous réservant de décrire les différentes écluses & autres ouvrages, aux articles des lieux qui les avoisinent.

C'est à la protection de Louis XIV, au ministère de Colbert, & au génie de *Riquet*, que l'on doit la jonction des deux mers par le canal du Languedoc. En 1664, ce Roi nomma des Commissaires pour la vérification de ce projet, qui fut approuvé en 1666. Le sieur *Riquet* se chargea de l'exécution des travaux, sur les plans & devis du sieur *Andreossy*. En 1680, ce canal fut achevé, & l'année suivante, on y fit le premier essai de navigation.

Ce canal a coûté près de quatorze millions, somme bien modique pour une entreprise de cette nature ! Il se divise en deux branches au point du partage ; l'une se dirige vers la Méditerranée jusqu'à l'étang de Thau, où elle a son embouchure ; l'autre se dirige vers la Garonne, où elle a son embouchure un peu au dessous de Toulouse.

La longueur totale du canal est de cent vingt-deux mille quatre cent quarante-six toises, sa largeur est assez régulièrement de dix à douze toises à la surface de l'eau, revenant à cinq de largeur de lit, sur six à neuf pieds de profondeur ; on évalue l'eau qu'il contient à sept cent quarante-sept mille toises cubes.

Sa principale maçonnerie est composée de cent trois écluses, dont vingt-huit pour l'Océan & soixante-quinze pour la Méditerranée ; de cinquante-huit aquéducs, dont treize pour l'Océan, & quarante-cinq pour la Méditerranée ; de soixante-onze ponts, dont seize pour l'Océan, & cinquante-cinq pour la Méditerranée.

Les francs bords ont six toises de chaque côté du canal ; ils sont aujourd'hui d'une figure régulière ; on les cultive selon la nature du sol, ce qui fut commencé en 1767. Il y a un chemin de tirage à chaque bord ; l'un a neuf pieds, & l'autre six pieds de largeur.

PORTS *de mer*. Le Languedoc est une province maritime; ses côtes sur la Méditerranée ont plus de vingt cinq lieues d'étendue, & cependant n'ont qu'un petit nombre de ports. A l'exception de quelques endroits, la côte est par-tout d'un abord difficile, & il n'y a point de gros vaisseaux qui en approchent sans courir le danger d'échouer dans les sables que le Rhône charie, ou qui sont amenés par les flots, du fond de la mer.

Ce sont ces sables qui ont comblé le port *d'Aigues-mortes*, & ont mis une grande distance entre la mer & cette ville.

Ce sont aussi ces sables qui combleroient infailliblement le port *d'Agde*, si on ne veilloit sans cesse à son déblayement, & si, par des travaux récens, on n'avoit pas obvié à de nouveaux obstacles. (V. *Agde*.)

Le port de *Cette* est le plus sûr & le plus constamment fréquenté du Languedoc.

ADMINISTRATION. Le Languedoc est régi par l'assemblée des Etats de cette province, dont la durée est de trois mois; ces assemblées sont composées des trois ordres; du Clergé, de la Noblesse, & du Tiers-Etat. Ils sont toujours présidés par l'Archevêque de Narbonne. Les travaux nécessaires au commerce & à l'agriculture de cette province, la juste répartition des impôts & autres charges, sont les principaux objets qui occupent ces Etats.

DÉNOMBREMENT & *Impositions*. On croit que le Languedoc contient en surface deux mille cent quarante & un quart de lieues carrées; la population est évaluée à un million six cent quatre-vingt-dix-neuf mille deux cents ames; c'est sept cent quatre-vingt-quatorze habitans par lieue carrée.

Les contributions peuvent être estimées environ à trente-sept millions cinq cent mille livres; c'est vingt-deux livres un sou par tête d'habitans.

PRODUCTIONS & *Commerce*. Le Languedoc semble réunir presque tous les avantages, & il doit les uns à son sol & à sa situation, les autres à l'industrie de ses habitans. Les récoltes de blé & d'autres grains, prises dans un certain nombre d'années, sont équivalentes à la consommation; mais tantôt cette province ?. du superflu qu'elle fait passer à Marseille, tantôt elle tire des secours de la Bourgogne & de l'Etranger. Les vins & les eaux-de-vie sont un objet de commerce important pour le Languedoc; la laine de ses troupeaux concourt, avec celle d'Espagne, à alimenter les nombreuses manufactures de draps, établies à Lodèves, à Carcassonne, & dans d'autres villes. Ces draps composent la majeure partie des exportations de la France au levant; on en envoye aussi à la Chine en temps de paix, & l'on vend ceux d'une qualité inférieure aux fournisseurs préposés pour l'habillement des troupes.

Le Languedoc est encore la province du royaume où la culture des mûriers est la plus étendue, par conséquent la récolte des soies forme une des ressources importantes du pays.

Cette province contient aussi des eaux minérales, dont les plus connues sont celles de

Bagnol & de *Balaruc*; enfin les marais salans de *Peccais*, de *Sigean* & de *Mardiac*, d'où l'on approvisionne de sel une partie de la France, sont situés dans le bas Languedoc.

On voit par le tableau succinct des avantages de cette province, qu'elle est une des plus importantes du royaume : mais ces avantages ne sont pas également répartis; le Vivarais, les Cévennes & le Gévaudan, comme la plupart des pays montagneux, sont étroitement circonscrits dans leurs productions & dans leur ressources.

Caractères & Mœurs. Je ne ferai que rapprocher ici le sentiment de deux Ecrivains, l'un du commencement du dix-septième siècle, l'autre de la fin du dix-huitième. « Les Toulousains nez aux lettres, & de *bons esprits*, mais subjects à s'esmouvoir au moindre bruit; *peu courtois à l'endroit des étrangers*; au reste dévots & bons catholiques, fort civilisés, *mais qui vivent assez mal chez eux*. Ceux des environs de Carcassonne, Beziers, Montpelliers & Nismes, sont tous soudains, *grands parleurs & grands vanteurs d'eux-mesmes*, peu secrets & peu considérés, mais assez pleins de franchise & de naïveté, & pareillement de courage ».

Cet Auteur parle ensuite du luxe extraordinaire des femmes, qui sont, à son avis, *insupportablement braves*; & il ajoute : « Les femmes travaillent ordinairement toute la semaine en divers ouvrages de soie, *& se nourrissent fort mal, afin de pouvoir avoir du gain, quelque chose de gentil* pour les dimanches &

fêtes, & principalement depuis Besiers jusqu'au Pont Saint-Esprit ; car cela ne se pratique guère à Carcassonne ni à Narbonne ».

Voici maintenant le portrait que fait des Languedociens un Observateur plus moderne, aussi habile que désintéressé (1).

« Toulouse l'intéressa vivement, il y trouva *des hommes*, en dépit du luxe & des plaisirs.... *On se privoit de la nourriture pour porter des habits brodés* & pour fournir à des jeux ruineux, comme si la grandeur pouvoit sympathiser avec une aussi ridicule économie... On donnoit dans *le bel esprit*, & bien des personnes se contentoient d'être savantes par extrait ».

L'Observateur dit qu'on ne l'invita point à manger. « *Dès qu'on se met à table, les maisons se ferment hermétiquement.* Deux estomacs ne suffiroient pas dans la Touraine & dans l'Angoumois, & c'en est trop d'un dans le Languedoc ».

ANNONAI.

Ville capitale du haut Vivarais, située dans un fond, sur le penchant d'une montagne rapide, à deux lieues de la rive droite du Rhône, à sept lieues de Vienne, & à douze lieues de Lyon, près le confluent de deux rivières, la *Cance* & le *Deome*, qui donnent leurs noms à deux faubourgs considérables, & qui les séparent de la ville.

(1) Voyage de la Raison.

HISTOIRE. Cette ville, aujourd'hui si fameuse par ses manufactures de papier, fut, dans le seizième siècle, le théâtre des guerres du fanatisme. Le *massacre de Vassi*, où les Catholiques signalèrent d'une manière horrible leur fureur contre ceux de la nouvelle religion, excita le courage & l'indignation des Protestans. La religion des Réformés avoit fait en peu de temps des progrès étonnans dans Annonai & dans les lieux voisins. Les Réformés étant de beaucoup supérieurs en nombre aux catholiques, avoient déjà renversé les autels, brisé ou brûlé les images, & prêché publiquement la prétendue réforme; à la nouvelle du massacre de Vassi, exécuté le premier mars 1562, « ils s'emparèrent des villes de Lyon, de Tournon, de Romans, de Valence & d'Annonai, sans trouble ni sédition, dit un Historien du temps; le sacrifice de la messe fut suspendu, & comme interdit; on bâtit des temples; on appela les Ministres Pierre Railhet & Pierre Boullod. Quoique la ville d'Annonai fût sous les ordres des Consuls, Pierre Gueron, sieur de Prost, y fut appelé de Lyon pour en prendre le commandement ».

Annonai, après avoir été sept à huit fois prise, brûlée, saccagée par les Protestans ou les Catholiques, après que ceux des deux partis y eurent commis tour à tour des cruautés, des profanations de tous les genres; le fanatisme s'éteignit, & les habitans furent plus tranquilles & plus heureux. Il existe encore aujourd'hui dans cette ville beaucoup de Protestans qui vivent en paix avec les Catholiques; les uns & les autres ont oublié leurs anciennes fureurs : ils ne vivent plus ensemble comme des sectateurs d'une religion différente ; mais comme des citoyens d'une même ville & des sujets du même Roi.

Une paix salutaire a fait refleurir cette ville ; les habitans ont mis a profit les moyens que leur offroit la nature, pour introduire le commerce, & répandre, dans toutes les classes de citoyens, l'aisance & l'activité.

COMMERCE. Le principal commerce d'Annonai consiste dans les Fabriques de papier, qui est aujourd'hui un des plus beaux de France : « Douze cuves, dit M. l'Abbé Soulavie, fabriquent chacune cinquante milliers pesant de papier, tandis que les cuves ordinaires n'en donnent que vingt-cinq ; de sorte que l'industrieuse activité des Fabricans de papier de cette ville, donne à l'Etat six cents milliers pesant de papier par année, dont un tiers pour l'écriture. Les chiffons viennent principalement de Bourgogne & du Bugey, & il faut un million de livres pesant de chiffons pour les six cents milliers de papier fabriqué, d'après les calculs de M. *Desmarest* qui a observé ces manufactures en 1780 ».

Le degré de perfection auquel MM. *Montgolfier* & Mathieu *Johannot* ont porté les papeteries d'Annonai, laisse peu de chose à désirer. L'activité de ces Fabricans célèbres qui président & veillent en Savans aux progrès de leurs manufactures ; la supériorité des papiers à l'Hollandoise, & sur-tout des papiers vélins qui en sortent, font croire que sous peu de temps les papeteries françoises seront en état de fournir, dans tous les genres, d'aussi beaux papiers qu'aucune manufacture étrangère : le papier françois, pour l'Imprimerie, est déjà celui qu'on préfère, même en Angleterre.

MM. Johannot & Montgolfier, beaucoup plus instruits que le commun des Fabricans, ont apporté, dans le régime & la manipulation des papeteries, des changemens fort heureux; l'émulation a depuis réveillé le génie de chaque fabrique; & cette révolution deviendra utile à la France, en faisant oublier les papiers de Hollande.

La nature semble s'être réunie à l'industrie des habitans, pour concourir à la beauté du papier. Les eaux vives de la rivière de Deome ont une propriété particulière qui y contribue; elles roulent sur un sol granitique ou quartzeux, qui les maintient claires & limpides, tandis que les eaux qui passent par un sol calcaire sont presque toujours séléniteuses : cette pureté dans les eaux fait que les pâtes se divisent mieux, qu'elles sont plutôt dégagées des parties grasses & oléagineuses, & qu'elles se réduisent en une substance plus homogène; le bleu qu'on y jette s'étend plus également dans la matière.

L'industrie des habitans d'Annonai ne se borne pas aux papeteries; on y fabrique aussi des cuirs, des pelleteries, &c; la culture des vers à soie y est aussi fort en vigueur.

Hommes illustres. Annonai est la patrie de Pierre *Bertrand*, Cardinal; ce fut lui qui, l'an 1329, en présence du Roi Philippe de Valois & de toute la Cour, défendit la juridiction & les priviléges de l'église; il mourut en 1348. Ses richesses abondantes feroient soupçonner qu'il avoit quelque intérêt à défendre vivement les immunités du Clergé; ce qu'il y a de certain, c'est qu'il employa ses biens en *bonnes œuvres*. Il fonda & dota plusieurs chapelles, prieurés & abbayes; & ce qui vaut mieux, il établit à Annonai un hôpital sous le titre de *Notre-Dame la belle*, à qui il ne manque, pour être plus utile, que des revenus plus considérables.

Il est aussi le fondateur du collège d'Autun, situé rue Saint-André-des-Arcs, à Paris, en face de l'église : ce collège fut établi, en 1342, en faveur des jeunes gens d'Annonai; il a été, avec plusieurs autres, réformé & réuni à celui de Louis le Grand : mais on lit encore sur le portail du bâtiment qu'il occupoit : *Collège du Cardinal Pierre-Bertrand d'Annonai*.

DÉCOUVERTE. La découverte des ballons ou machines aérostatiques, a fait une sensation trop vive en Europe, pour que nous omettions ici quelques détails sur la première expérience qui en a été faite à Annonai.

MM. de Montgolfier, frères, propriétaires d'une des belles manufactures de cette ville, employoient leurs loisirs à l'étude de la Physique : après avoir médité sur l'ascension des vapeurs dans l'atmosphère, où elles se réunissent pour former des nuages qui, malgré leur masse & leur pesanteur, se soutiennent à de grandes

Partie II.

hauteurs, & voyagent au gré des vents, imaginèrent de former un nuage factice, & de le renfermer dans une vaste enveloppe; ce nuage & cette enveloppe plus légers ensemble que le volume d'air atmosphérique qu'ils déplaçoient, devoit s'élever vers le ciel. Cette idée ingénieuse & simple fut exécutée en petit avec un succès satisfaisant.

MM. de Montgolfier songèrent alors à faire une expérience en grand qui pût attester le succès de cette découverte.

« Le 5 juin 1783, dit M. *Faujas de Saint-Fond*, l'assemblée des états particuliers du Vivarais se trouvant à Annonai, fut invitée, par les Auteurs de la machine aérostatique, à assister à l'expérience qu'ils se proposoient de faire en public.

» Quelle fut la surprise des Députés! quelle fut celle des spectateurs, lorsqu'on vit sur la place publique une espèce de balon de cent dix pieds de circonférence, retenu par son pôle inférieur sur un châssis en bois de seize pieds de surface! Cette vaste enveloppe & son châssis pesoient cinq cents livres; elle pouvoit contenir vingt-deux mille pieds cubes de vapeurs ».

Malgré l'extrême confiance qu'avoient les spectateurs aux lumières & à la prudence de MM. de Montgolfier, ils doutoient du succès de leur expérience.

Enfin les spectateurs, impatiens, voyent la vapeur s'introduire dans la vaste enveloppe de toile doublée en papier, la grossir à vue d'œil, la remplir complètement, & l'enlever avec effort; enfin le signal est donné, la machine, retenue avec peine, est lâchée ; elle s'élance alors dans l'air, & dans moins de dix minutes ce balon colossale de trente-cinq pieds de hauteur, se trouve à mille toises d'élévation.

Bientôt le bruit de cette expérience se répandit dans toute l'Europe. Deux mois après, le 27 août 1783, on en fit à Paris, au champ de Mars, une seconde qui fut suivie d'une infinité d'autres plus brillantes & plus curieuses ; il y eut peu de villes en France où, pour se procurer un spectacle aussi nouveau, cette expérience ne fût répétée. Aujourd'hui l'importance de cette découverte n'est pas encore bien reconnue, mais elle ne doit pas être dédaignée : elle a étendu les connoissances physiques ; elle a fixé l'opinion sur l'état de l'atmosphère ; elle peut dans la suite être appliquée à des objets d'utilité ; enfin, comme l'a dit le sage Docteur Francklin, *C'est un enfant qui vient de naître, il faut, pour le connoître, attendre qu'il soit plus âgé.*

SAINT AGREVE.

Petite ville du Vivarais, située à sept lieues de Valence, à huit du Puy, & à six d'Annonai.

HISTOIRE. Saint-Agrève fut, en 1579, une des places de sûreté accordées aux Protestans qui s'y fortifièrent. L'année suivante, le Capitaine *Saint Vidal* eut ordre de s'en emparer ; accompagné de *Tournon*, qui venoit de prendre le bourg de *Desaigne* ; il arriva le 16 septembre 1580 aux pieds des murs de cette ville.

l'investit avec une armée considérable, & la battit avec douze pièces de canon : on remarque qu'Antoine de Senecterre, Evêque du Puy, assistoit à ce siége avec plusieurs autres seigneurs des environs.

Chambaud, Gouverneur de Saint-Agrève, qui en étoit sorti quelques jours avant le siège, parut à la tête de quatre-vingts chevaux, & de douze Arquebusiers, pour se jeter dans la place; mais on le força de se retirer. Le 24, les Catholiques prirent, par assaut, un ouvrage extérieur, qui leur coûta bien du monde, & où plusieurs Officiers principaux furent blessés; le lendemain ils s'emparèrent encore d'une autre partie; enfin les assiégés, désespérant de pouvoir tenir plus long-temps la place, se sauvèrent après avoir mis le feu à la ville & au château; ils furent poursuivis & taillés en pièces, ainsi que ceux qui étoient restés dans la ville : le feu consuma tout, & les murailles furent rasées.

DESAIGNE. Le bourg de Desaigne, dont nous avons parlé, est situé à deux lieues de Saint-Agrève, dans la vallée du Doux, qui est très-profonde; le site en est pittoresque; le bourg & le château se montrent avec avantage. Ce qu'il y a de plus remarquable, est un monument antique que l'on trouve gravé & décrit dans l'*Histoire Naturelle de la France méridionale*, par M. l'Abbé Giraud de Soulavie.

La tradition & les plus anciens titres s'accordent à donner à cette construction le nom de *Temple de Diane*.

Ce monument vaste & imposant, & qu'on aperçoit de loin, a son plan formé par un carré long; il est entouré d'un fossé peut-être plus moderne que l'édifice. Ce qui a fait présumer qu'on ne pouvoit y arriver que par un pont de bois ou un pont-levis, c'est qu'on ne voit aucun vestige d'escalier pour entrer à la porte, qui se trouve un peu élevée.

Ce bâtiment a quatre étages, en comptant un étage souterrain dans lequel on descendoit par la voûte, dont le milieu est aujourd'hui un peu écroulé. La porte d'entrée, qui est la principale, a sept pieds & demi de haut sur sept pieds de large; elle est simple, & la partie supérieure offre un arc à plein cintre; elle se fermoit avec une poutre traversière. La moitié de la salle est couverte d'une voûte, l'autre moitié paroît l'avoir été par un plancher; car on observe des pierres saillantes qui servoient de supports.

De cet étage on monte à un autre, qui est le troisième, par un escalier pratiqué dans l'épaisseur du mur. On y voit une cheminée dont le tuyau, engagé à moitié dans le principal mur, offre la forme d'un cône parfait.

On arrive à l'étage supérieur par un autre escalier pratiqué dans le mur, & l'on se trouve sur une plate-forme découverte, entourée de meurtrières & de défenses, terminée d'un côté par un petit appartement carré où l'on remarque les appuis d'une voûte qui couvroit ce quatrième étage. Une ouverture carrée se continue en ligne perpendiculaire depuis la hauteur jusqu'au bas de cet édifice.

Une partie de l'extérieur de ce monument offre des portiques qui en occupent presque toute la hauteur; ils paroissent formés de grêles, piliers & d'arcades à plein cintre; les ouvertures & la porte principale sont aussi à plein cintre, ce qui annonce l'architecture romaine, dans des temps un peu bas où le bon goût commençoit à être infecté par les formes élégantes & maigres du genre arabe. Une autre partie de l'extérieur porte un caractère différent; la construction en semble beaucoup plus moderne; elle paroît être du septième ou huitième siècle : on y reconnoît le goût Sarrasin; ce qui feroit croire que ce monument, consacré à Diane dans les derniers temps du paganisme, fut restauré & converti ensuite, du temps des guerres du septième siècle, en forteresse.

Près de là est le château seigneurial, remarquable par sa construction ancienne.

LE PUY.

Cette ville épiscopale, & capitale du Velai, est située dans le Languedoc, proche les frontières de la haute Auvergne, sur la petite rivière de *Bornes*, à une demi-lieue de la Loire, & à douze lieues de Mendes; son nom qui, dans le Velay ainsi que dans l'Auvergne, est commun à beaucoup de montagnes, vient du mot latin *Podium*, qui signifie *montagne*.

ORIGINE. Du temps de Grégoire de Tours, *le Puy* n'existoit pas, & la principale ville des peuples du Velai, appelés en latin *Vellavi* ou *Velauni*, étoit *Revessio* ou *Ruessio*, qui fut enfuite nommée *Vellava*, civitas *Vellavo-rum*, ou *civitas vetala*: on ne doute pas que cette ancienne capitale ne fût située au lieu où est aujourd'hui *Saint Paulhien*, sur les frontières du Velai & de l'Auvergne, à trois lieues du Puy; les diſtances de l'itinéraire de Théodoſe, mais plus encore les inſcriptions & autres antiquités qu'on y découvre tous les jours, en font des preuves inconteſtables.

Le ſiége épiſcopal, d'abord établi à *Rueſſio*, fut transféré à une montagne voiſine de ce lieu, appelée *Anis* ou *Anicium*, où fut bâtie la ville du Puy; cette tranſlation arriva vers la fin du neuvième ſiècle.

Par une charte de l'an 924, qui eſt le titre primordial des Evêques pour leur ſeigneurie ſur la ville & le pays du Velai, on voit qu'alors le Puy n'étoit encore qu'un bourg, que la célèbre égliſe de *Notre-Dame du Puy* étoit conſtruite (1), que le Comte *Raoul* accorda à *Adalard*, Evêque du Velai, le droit de faire battre monnoie, droit qu'à cette époque les Comtes poſſédoient, & qu'ils avoient uſurpé ſur la royauté depuis la mort de Charles le Chauve.

La fertilité du ſol où les villes ſont bâties, ou plutôt leur ſituation heureuſe par rapport au commerce, contribuent pour l'ordinaire à leur accroiſſement. Ce n'eſt point à ces deux cauſes que la ville du Puy doit ſa célébrité, mais aux

_____

(1) Cette charte rapportée dans le tome 2 de l'Hiſtoire générale du Languedoc, eſt le plus ancien monument où il ſoit fait mention de l'égliſe du Puy.

Pélerins distingués, & autrefois très-nombreux, qu'y attiroit & qu'y attire encore aujourd'hui une figure de la Sainte-Vierge religieusement conservée dans la cathédrale.

Dévotion à Notre-Dame du Puy. Les Papes Urbain II, Gelase II, Calixte II, Innocent II, & Alexandre III, sont venus rendre hommage à cette statue de la Vierge. *Bernard*, Comte de Bigorre, entreprit, en 1062, avec sa femme *Clémence*, un pélerinage à l'église de Notre-Dame du Puy, où, après avoir convoqué l'Evêque & les Chanoines, il voua sa personne & son Comté à cette église, & s'engagea à lui payer la somme de soixante sous Morlannois de rente perpétuelle, pour marque de son dévouement. Le Roi de France *Louis le jeune* y séjourna deux fois. Dans son dernier voyage, fait en 1138, il célébra la fête de l'Annonciation de la Vierge; Pierre le vénérable, dans une lettre qu'il écrivit cette année à Saint-Bernard, parle du voyage de ce Roi.

Philippe Auguste, vers la fin d'octobre 1188, vint en pélerinage à Notre-Dame du Puy, afin d'implorer le secours de cette Vierge pour le succès du voyage de la Terre-Sainte, qu'il alloit entreprendre. L'Evêque du Puy profita de cet acte de dévotion du Roi, pour en obtenir la confirmation des priviléges que son père Louis VII avoit accordés à cette église.

Saint-Louis y fit, à ce qu'on croit, deux voyages.

Philippe le Hardi, en 1271, fit un vœu à Notre-Dame du Puy, dans le temps de son passage d'Afrique en France; mais ne pouvant lui-même remplir ce vœu, il envoya au Puy deux Gentilshommes qui s'en acquittèrent au nom du Roi. En 1283, ce Prince vint en personne au Puy, & fit présent, dit-on, à la cathédrale d'une grande croix, enrichie d'une partie du bois de la vraie croix, & d'une partie de la *sainte éponge*.

En 1285, *Philippe le Bel* vint aussi visiter l'église du Puy.

Charles VI y vint en 1389, & y séjourna trois jours. Pendant sa fatale maladie, ce Roi fit plusieurs pélerinages pour obtenir de Dieu sa guérison. Il revint au Puy, en 1394, avec grande cérémonie, accompagné des Ducs de Berri & de Bourgogne, ses oncles. A son départ, les habitans lui firent présent d'une statue d'or de *Notre-Dame*, du prix de cinq cent cinquante livres; ils en donnèrent deux autres, du prix de cent vingt livres chacune, aux Ducs du Berri & de Bourgogne : le Roi, pour récompenser ces habitans de leur bonne réception, les exempta de tailles pendant trois ans.

Charles VII fit le voyage du Puy en 1433, & assista à l'office, dans la cathédrale, en habit de Chanoine : il en fit un second en 1439, où il assembla les Etats Généraux du Languedoc. Il séjourna long-temps dans le château d'*Expailly*, qui est à un quart de lieue du Puy; c'est-là qu'il fut proclamé Roi après la mort de son père Charles VI.

Le dévot, l'hypocrite Louis XI vint, au mois de février 1476, faire une neuvaine à Notre-Dame du Puy. Les Députés du chapitre, en l'absence de l'Evêque, furent au devant de lui à trois lieues de la ville; ils le haranguèrent, & lui présentèrent les clefs de leur cloître. Le Roi, après les avoir écoutés favorablement, leur ordonna de s'en retourner, & leur fit entendre qu'il vouloit paroître en Pélerin, & non pas en Roi. Malgré les représentations de ses courtisans, il voulut cheminer à pied dans l'espace de trois lieues; & étant arrivé sous le portique de Saint-Jean, le Doyen le revêtit d'un surplis & d'une chappe canoniale. Comme ce Roi étoit fatigué, il demanda aux Chanoines la dispense d'entrer dans l'église les pieds nus, suivant le vœu qu'il en avoit fait; ce qui lui fut accordé sans peine. Il entra ensuite dans l'église, fit une courte prière, puis laissa sur l'autel une bourse de trois cents écus d'or; le lendemain, il entendit trois messes, & offrit à chacune trente-un écus d'or, ce qu'il continua les deux jours suivans; le quatrième jour, il fit d'autres présens à l'église du Puy, confirma les priviléges du Chapitre, lui en accorda de nouveaux, & fit plusieurs libéralités aux autres églises de la ville.

Charles VIII, à la fin du mois d'octobre 1495, vint, de Lyon, en pélerinage à Notre-Dame du Puy.

François Ier entreprit aussi un voyage au Puy par dévotion; le 18 juillet 1533, il fit son entrée dans cette ville, accompagné de la Reine Eléonore sa femme, des Princes ses fils; du Grand-Maître de Montmorenci, Gouverneur de la province; des principaux Seigneurs de la Cour, & de plusieurs Evêques. On rangea sur le paſſage du Roi quinze cents jeunes enfans, tous vêtus des couleurs de la livrée.

Le Roi deſcendit à l'égliſe de Notre-Dame, dont le Doyen, à la tête du Chapitre, lui donna l'eau bénite, puis lui préſenta la croix à baiſer, le ſurplis & l'aumuſſe.

François Ier logea à l'évêché, le Dauphin & les autres Princes prirent leur logement dans la maiſon du Bailli du Velai, où le Grand-Maître Montmorenci avoit auſſi le ſien.

Le lendemain, le Bailli, aſſiſté des Conſuls, offrit au Roi, au nom de la ville, une image d'or repréſentant celle de Notre-Dame du Puy, enrichie d'un ſaphir; elle avoit appartenu à René, Roi de Sicile. En récompenſe, le Roi, quelque temps après, fit préſent à l'égliſe de Notre-Dame du Puy, de deux chandeliers d'argent, peſant plus de cent marcs.

Depuis François Ier, je ne trouve point d'autres Rois de France qui ſoient venus en pélerinage viſiter Notre-Dame du Puy. Outre les perſonnes illuſtres que j'ai citées, il en eſt pluſieurs autres, ſoit de France ou des pays étrangers, qui ont, par dévotion, fait ce voyage: mais il ſeroit trop long d'en offrir ici l'énumération; ce que j'en ai rapporté ſuffit pour prouver combien étoit grande la réputation de cette image de la Vierge.

Cette figure de la Vierge, ſi révérée autrefois, & qui attire aujourd'hui un grand concours de pélerins, fut, dit-on, apportée d'Egypte, du temps des premières Croiſades. La forme ſingulière de cette image, le pays éloigné d'où on l'avoit tirée, durent contribuer beaucoup, dans le principe, à exciter la dévotion des Fidèles. L'église même, dont la conſtruction eſt, je crois, ſans exemple, dut offrir un nouvel attrait à cette dévotion : on ſait combien les objets qui frappent les ſens d'une manière nouvelle ou ſingulière, ont de pouvoir ſur l'eſprit du peuple.

Cette première impulſion de zèle une fois donnée, voici ce qui en produiſit par la ſuite l'accroiſſement univerſel.

CAUSE de la dévotion à Notre-Dame. Un Charpentier de la ville du Puy, que les uns nomment *Pierre*, les autres *Durand*, homme ſimple & pieux, alla trouver l'Evêque de cette ville vers le temps de la fête de Saint-André, l'an 1182, & l'aſſura que Dieu lui avoit ordonné de rétablir la paix dans le royaume qu'une infinité de brigands, qui couroient de toutes parts, & la guerre allumée entre le Roi d'Aragon & le Comte de Toulouſe, avoient mis dans la dernière déſolation. Il lui préſenta un papier qu'il prétendoit avoir reçu du ciel, & ſur lequel étoit peinte l'image de la Vierge qui tenoit entre ſes bras l'Enfant Jéſus, avec cette inſcription autour : *Agnus Dei qui tollis peccata mundi, dona nobis pacem*, & l'exhorta à concourir, de toutes ſes forces, à l'établiſſement de cette paix. L'Evêque du Puy ne fit d'abord aucun cas de cette prétendue révélation, & ce Charpentier fut alors traité de viſionnaire. Cependant comme ce temps n'étoit pas celui de l'incrédulité, pluſieurs particuliers crurent à l'inſpiré ; le nombre de ſes proſélytes s'augmenta inſenſiblement, ſi bien qu'au bout de quelque temps ils formèrent une aſſociation ou confrérie, dont le but étoit le rétablissement de la paix ; ils dressèrent, pour leur nouvelle société, des statuts particuliers, se vêtirent d'habits monacaux, & portèrent sur la poitrine une plaque d'étain sur laquelle étoit l'image de la Vierge, avec l'inscription dont nous avons parlé.

Cette association nouvelle fit beaucoup de bruit, & sur-tout attira dans la ville du Puy une grande quantité de dévots ; plusieurs Princes, Evêques, Abbés, Chanoines & autres Ecclésiastiques s'y rendirent.

L'Evêque du Puy sentit bientôt quel avantage il résulteroit, pour son église, d'entretenir le peuple dans cette croyance. Il ne chercha plus à la détruire ; au contraire, il accueillit le Charpentier visionnaire, qu'il avoit d'abord rebuté : un jour de la fête de l'église, il le conduisit dans la cathédrale, le fit monter sur un échafaud dressé exprès ; & là, il exposa aux regards avides du peuple assemblé, le prétendu inspiré, qui, pour preuve de sa mission, offroit à tous les yeux le papier qu'il disoit avoir reçu du ciel. L'Evêque ensuite parla avec tant d'éloquence, que les Auditeurs, fondant en larmes, promirent, par serment, de garder la paix, demandèrent avec empressement à être agrégés à la nouvelle société, & ils en prirent bientôt l'habit & la décoration.

Ces confrères, dont le nombre se multiplia prodigieusement, furent, dit-on, cause que le Roi d'Aragon & le Comte de Toulouse firent la paix. On ajoute que leur zèle à exterminer tous ceux qui étoient en guerre, produisit de bons effets; mais ce qui est bien plus certain, c'est que cette association ranima la dévotion des François pour Notre-Dame du Puy, y attira un concours de pèlerins qui s'augmentoit toujours, & qui établit si avantageusement la réputation miraculeuse de cette image; dont nous donnerons la description (1).

La ville du Puy fut non seulement troublée par des guerres particulières, par des guerres communes à toute la France, mais encore par des dissentions intestines des habitans avec leur Evêque. L'Histoire de cette ville en offre plusieurs exemples; souvent le Prélat, n'ayant plus d'armes temporelles à opposer à ses ennemis, employoit sans risque les armes spirituelles; l'excommunication lancée sur tous les habitans le vengeoit de sa défaite.

La ville du Puy, au seizième siècle, embrassa le parti de la Ligue, & ne fut pas la première à reconnoître Henri IV pour son souverain.

DESCRIPTION. Lorsqu'on arrive au Puy, du côté de la croix Saint-Benoît, on est étonné de la richesse & de la beauté du tableau qui

---

(1) Quelques Historiens ont prétendu que ce fut une supercherie de la part d'un Chanoine du Puy, qui, voyant que le pèlerinage de Notre-Dame étoit interrompu par les courses continuelles des brigands & des militaires que produisoient les guerres, imagina de poster un jeune homme déguisé en Vierge, qui se montra au Charpentier, homme simple & crédule, & lui persuada ce qu'il voulut. Voyez à ce sujet l'Histoire générale du Languedoc, tom. 2, pages 63, 64 & 65.

s'offre à la vue : qu'on se représente un vaste bassin bien cultivé, entouré de hautes montagnes volcaniques, dont le bas fond est décoré par plusieurs pics escarpés & isolés, qui paroissent être subitement sortis de la terre, & dont plusieurs en effet, dit un savant Observateur (1), ont été élevés par l'effort des explosions volcaniques. La principale de ces buttes est couverte par une multitude de maisons en amphithéâtre, qui forment une ville d'environ vingt mille habitans. La cathédrale, très vaste & très-majestueuse, est placée dans une des parties les plus élevées du tableau. Des faubourgs considérables entourent le pic sur lequel la ville est bâtie ; du milieu d'un de ces faubourgs, s'élève une masse isolée & conique de deux cents pieds de hauteur, sur la pointe de laquelle existe une chapelle surmontée d'un clocher gothique & pittoresque ; près de là s'élèvent les buttes d'*Expailly* & de *Polignac*, sur lesquelles sont des restes antiques de tours & de châteaux ruinés, & célèbres dans l'Histoire ; le bassin où ces buttes & cette ville sont situés, se nomme le *Creux du Puy*.

La ville, d'une belle apparence, comme toutes celles bâties en amphithéâtre, est sur le rocher appelé *de Saint Corneille*, dont la cime s'élève au dessus de l'église de vingt toises au moins ; elle est entièrement construite en lave, dont le voisinage abonde ; on y voit de belles rues, mais on y monte & on y descend

---

(1) M. *Faujas de Saint-Fond*, dans ses recherches sur les volcans éteints du Vivarais & du Velai.

trop souvent pour avoir du plaisir à s'y promener.

La cathédrale est le monument le plus curieux de la ville, & peut-être l'église la plus singulièrement construite de toutes celles qui existent : elle est avantageusement placée ; sa façade, qui n'a point de caractère déterminé, & qui tient également du genre antique & du gothique, offre quatre ordonnances de colonnes, & des portiques dont tous les arcs sont à plein cintre (1).

Le vaste & beau portique qui se présente au milieu de la façade, sert d'entrée à cette église ; on monte vers ce portique, & l'on parvient à l'église par cinq paliers qui, dans la même direction, forment cent dix-huit marches ; deux piliers butans soutiennent la façade. En suivant directement ces rampes, on arrive sous la vaste voûte à plein cintre qui sert d'entrée ; à gauche, au troisième palier, est l'entrée de l'église du Saint-Esprit ; & au quatrième palier, du même côté, est l'entrée de l'hôtel-dieu. Le palais épiscopal est à droite, on y remarque une espèce de petit péristile en colonnes cannelées d'un granit fort dur, mais non oriental ; on peut, malgré la grosseur de leur calibre, les regarder comme antiques ; enfin, en montant toujours en droite ligne, on arrive à la porte principale, appelée *la Porte dorée* : cette porte à deux battans ; elle est couverte de bronze ciselé, & ornée de deux colonnes de porphyre

---

(1) Cette façade se trouve gravée dans le cinquième volume de l'Histoire générale du Languedoc.

rouge oriental, qui ont été probablement tirées de quelques monumens antiques : on entre, & l'on se trouve au centre de l'église.

Cette singularité se comprendra facilement, si l'on fait attention que la moitié de cette église étant bâtie en avant & au dessus d'une pente rapide, le niveau de son pavé s'est trouvé trop élevé pour pratiquer, à une de ses extrémités, une porte accessible ; il a fallu laisser, sous une partie de cette église, une avenue qui, par une pente facile, conduisît au milieu de l'édifice.

L'église a trois nefs ; celle du milieu est partagée en deux chœurs, l'un en face de la porte d'entrée, au fond duquel est la Sainte-Chapelle, l'autre placé à l'opposite, sur la voûte même qui couvre le grand escalier.

L'intérieur de cette église est rempli d'objets intéressans ou curieux, & des monumens de la dévotion des souverains Pontifes, des Rois & des Princes. On est frappé à la vue d'une grande quantité d'*Ex-voto*, & sur-tout des chaînes, des menottes d'un poids énorme, qui pendent d'une poutre au dessus de l'entrée du grand escalier.

On montre dans l'église une urne antique en albâtre gypseuse, très-grande, & d'une assez belle forme ; elle est inscrite dans la liste nombreuse des reliques de cette église, sous l'étiquette suivante : *Hydrie ou cruche des noces de Cana en Galilée, où l'eau fut changée en vin* (1). M *Faujas de Saint-Fond*, qui l'a

---

(1) A l'abbaye de Saint-Denis, chez les Religieuses

vue, assure que c'est simplement une urne funéraire avec son couvercle qui est endommagé (1).

Au milieu de l'église sont gravés, sur une grande pierre de basalte, les vers suivans :

>Celui qui dort sur cette pierre,
>D'être guéri ne tarde guère ;
>Si le pourquoi tu veux savoir,
>C'est que la pierre a ce pouvoir.

En conséquence les femmes du pays sont en usage de s'étendre sur cette pierre, afin d'y dormir & de guérir.

DESCRIPTION de la figure de la Vierge. L'objet le plus intéressant & le plus respecté de cette église est sans contredit la figure de la Vierge. J'ai parlé de sa grande célébrité, du concours de Pélerins qu'elle attiroit autrefois, qu'elle attire encore, & des moyens employés pour exciter la dévotion des Chrétiens : maintenant, je vais décrire cette figure d'après M. Faujas de Saint-Fond, Observateur exact & instruit, qui le premier est parvenu, après bien des difficultés, à voir de près cet ancien monument, & à l'examiner en Curieux.

Ce Naturaliste ayant entendu dire par quel-

---

de Port-Royal à Paris, on conserve aussi des cruches qui ont, tout comme celle-ci, servi aux noces de Cana.

(1) Duchesne, dans ses antiquités des villes de France, raconte que parmi les reliques de cette église, on conserve la *mitre du grand Prêtre Aaron*, & le *saint prépuce de Notre-Seigneur*, que plusieurs autres églises croyent posséder aussi.

ques Savans, que cette statue étoit de basalte, voulut s'en assurer, & savoir si on avoit connu en France la manière de travailler cette pierre dure ; dans cette intention, il s'approcha de très-près de cette figure : « Je reconnus, dit-il, qu'au-lieu d'être en basalte, elle étoit en bois de cèdre ; qu'elle portoit des caractères d'ancienneté qui méritoient d'être connus ; c'est incontestablement la statue la plus ancienne de la Vierge, que nous ayons dans nos églises ; elle me parut si digne d'attention, que je la considérai avec le plus grand soin pendant quatre séances consécutives ; je la fis dessiner avec la plus scrupuleuse exactitude (1) », &c.

Après avoir rapporté l'opinion de plusieurs Historiens sur cette figure, & la description qu'ils en donnent, M. *Faujas de Saint-Fond* la décrit de cette manière, ainsi qu'il l'a vue aux mois d'octobre & de novembre 1777.

« Lorsqu'on est entré dans le chœur de l'église cathédrale du Puy, séparée de la nef à la manière de plusieurs anciennes églises, on voit un autel assez moderne, à la romaine, fait en marbre de différentes couleurs, surmonté par une espèce de petit baldaquin sous lequel est placée la statue établie sur un piédestal en marbre, assez élevé ; comme le jour qui l'éclaire vient dans un sens contraire, on ne la voit pas d'une manière bien distincte ; il faut

---

(1) La gravure de ce dessin, & le Mémoire sur cette figure, se trouvent à la fin de l'ouvrage *in-folio*, intitulé, *Recherches sur les Volcans éteints du Vivarais & du Velai*, par M. *Faujas de Saint-Fond*.

donc monter sur l'autel, lorsqu'on veut la contempler de près.

» Elle est couverte d'un grand manteau d'étoffe d'or, qui l'enveloppe depuis le cou jusqu'aux pieds, & qui, se trouvant fort resserré par le haut & d'une vaste capacité par le bas, donne à la Vierge une forme conique qui manifeste le goût le plus barbare; l'Enfant Jésus, qui paroît de loin collé sur l'estomac de sa mère, montre sa petite tête noire par une ouverture faite au manteau; des souliers d'étoffe d'or se voyent aux pieds de la statue, dont la tête est ornée d'une couronne en manière de casque d'une forme singulière; une seconde couronne, d'un style un peu plus moderne, est suspendue sur la première; divers rangs de très-petites perles pendent derrière la tête en guise de cheveux.

» Le manteau dont j'ai parlé est surchargé d'une multitude de différens reliquaires qui y sont attachés, parmi lesquels on en voit quelques-uns enrichis de diamans; d'autres sont encore émaillés de diverses couleurs; plusieurs sont en cristal de roche ou en pierre fausse; on y remarque encore divers bijoux, tels que des bagues, des cœurs d'or & d'argent; mais j'eus le plaisir sur-tout d'y découvrir une cornaline orientale antique fort belle : cette pierre, gravée en creux, représente un Apollon nu, d'une très-bonne proportion, tenant une branche de laurier dans sa main droite, tandis que l'autre est appuyée contre un fût de colonne sur lequel repose une lyre. Cette pièce, garnie d'un entourage d'or émaillé, est montée en forme de médaille; quelque ame pieuse l'avoir peut-être anciennement portée suspendue à son chapelet ou à son cou ».

M. Faujas de Saint-Fond, après avoir fait descendre la statue de sa niche, l'avoir dépouillée du manteau moderne dont il vient de parler, & après l'avoir, à plusieurs reprises, examinée au grand jour, continue sa description.

« La statue a deux pieds trois pouces de hauteur; elle est dessinée d'une manière dure & roide; son attitude est celle d'une personne assise sur un siége, à la manière de certaines Divinités égyptiennes; elle tient sur son giron un enfant dont la tête vient correspondre à l'estomac de la statue qui est en bois de cèdre, & qui en a la couleur & la qualité : cette statue paroît être d'une seule pièce, & peser environ vingt-cinq livres; le fauteuil sur lequel elle repose est détaché, je le crois d'un travail moderne.

» ...... Mais voici ce qu'il y a de remarquable & de bien digne d'attention : toute la statue est entièrement enveloppée, depuis la tête jusqu'aux pieds, de plusieurs bandes d'une toile assez fine, très-soigneusement & très-solidement collée sur le bois à la manière des momies égyptiennes (1); ces toiles

---

(1) Pour s'assurer de la qualité de ce bois, l'Observateur coupa avec la pointe d'un canif, dans un endroit qui ne pouvoit point nuire à la statue, un morceau du bois, qu'il reconnut pour du cèdre; il vit en même temps que la toile collée formoit une double enveloppe.

sont appliquées sur le visage de la mère & de l'enfant, les pieds en sont également entourés ; ce qui est cause qu'on ne peut distinguer aucun vestiges des doigts ; de pareilles bandelettes recouvrent aussi la main, mais les doigts sont caractérisés ; ils sont d'une roideur extrême, & du plus mauvais dessin.

» C'est sur ces toiles, fortement collées sur toute l'étendue du bois, qu'on a d'abord jeté une couche de blanc à gouache, sur laquelle on a peint, à la détrempe, les draperies accompagnées d'ornemens de différentes couleurs.

» La face de la mère & celle du petit Jésus sont d'un noir foncé qui imite le poli de l'ébène ; en examinant de très-près leur visage..... j'y remarquai quelques espèces d'égratignures où la couleur n'a ni le même ton ni la même solidité que les autres parties qui sont conservées ; ce qui me fit présumer que c'étoit des dégradations réparées après coup ; la toile se montroit sensiblement sur les petites défectuosités mal réparées, particulièrement sur le visage de l'enfant, qui avoit été plus endommagé (1).

» La forme du visage présente un ovale extrêmement alongé, & contre toutes les règles du dessin... Le nez est d'une grosseur & d'une longueur démesurées, & d'une tournure cho-

___

(1) M. Faujas fut confirmé dans cette opinion par la déclaration d'un Portier, qui lui dit que le frotement des chapelets & des reliquaires à la statue, avoit causé ces dégradations sur les visages des deux figures, & qu'on avoit, de son temps, chargé un Peintre de mettre du noir où il en manquoit.

quante; la bouche est petite, le menton raccourci & rond, la partie osseuse supérieure de l'œil fort saillante, & l'œil, malgré cela, très-petit. Ces yeux, que les Historiens ont appelés *ces deux beaux yeux*, ces *deux perles*, ne sont que deux portions demi sphériques d'un verre très-commun. Ces deux portions de verre sont concaves d'un côté & convexes de l'autre : la face convexe se présente extérieurement, & imite le globe de l'œil, tandis que la partie concave étant appliquée sur un plan intérieur, peint avec les couleurs de l'œil, en imite l'iris. Cette espèce d'œil artificiel, fait dans un temps où l'on ignoroit la manière de façonner des yeux d'émail, se trouve assez ingénieusement exécutée; mais comme ceux-ci ont été mal assortis à la grandeur du visage, & qu'ils sont fort tranchans, malgré leur petitesse, sur une face noire, on ne peut dissimuler que cette figure n'ait un air hagard, & en même temps étonné, qui inspire de la surprise, & même de l'effroi (1) ».

Après avoir dit que la crainte de porter trop loin la liberté qu'on lui accordoit, ne lui permit pas d'examiner suffisamment les oreilles & les cheveux ; l'Observateur décrit la première couronne qui n'est que de cuivre doré, mais qui est ornée de plusieurs camées antiques fort curieux; il parle ensuite des draperies qui sont sculptées en bois sans aucuns plis, & recouvertes de toiles peintes, non à la manière de nos

_____

(1) C'étoit un usage commun dans l'Inde, comme en Egypte, de représenter les Divinités avec des yeux en verre, ou en pierres précieuses, ou même en métal.

indiennes, mais avec des couleurs épaisses & solides, qui imitent celles des momies égyptiennes. L'habillement est une espèce de tunique qui est censée se fermer par devant, & qui prend depuis le cou jusqu'aux pieds; elle est fort étroite & fort resserrée dans la partie qui forme la taille, tandis qu'en descendant elle s'élargit en manière de jupe; les manches n'excèdent pas le coude, où elle se terminent en manchettes évasées; de secondes manches, qui enveloppent étroitement le bras, se prolongent jusqu'au poignet. Depuis le cou jusqu'à la ceinture, la couleur de la robe est d'un vert tirant sur le bleu; les espèces de fleurons qu'on y distingue sont d'un blanc jaunâtre. La jupe est peinte d'un rouge ocreux; les lozanges & les autres ornemens dont on l'a décorée, sont d'un blanc terne; les bordures de la robe, ainsi que les franges représentées au bas de la jupe, sont de couleur jaune.

Sur la bordure de la manche gauche, sont des caractères que M. Faujas de Saint-Fond a fait dessiner exactement; s'ils pouvoient être déchiffrés, ils jetteroient un grand jour sur la nature de cette statue. Ce Naturaliste est porté à croire qu'elle représente une Divinité égyptienne : cette opinion paroîtra étrange à bien du monde; voici sur quelle raison elle est fondée. La croyance générale est que cette figure vient d'Egypte; la chronique & les Historiens sont d'accord sur ce point.

« Les différentes enveloppes de toile, fortement adaptées sur le bois, & sur lesquelles on a appliqué des couleurs épaisses, annoncent un procédé, une manière ufitée chez les Egyptiens. Les petites croix grecques qu'on voit fur la tunique de l'enfant, pourroient, à la rigueur n'être pas envifagées comme un figne chrétien; car la table *ifiaque*, l'obélifque hiéroglyphique de Rome, ont des efpèces de petites croix à peu près femblables (1); ces fignes étoient relatifs aux mefures du Nil. Le temple de Diane qu'on fait voir au pied du rocher *Saint-Michel du Puy*, pourroit faire croire encore que *la bonne Déeffe*, qu'*Ifis* a été en vénération au Puy dans le temps des Romains, & en conféquence les amateurs de la haute antiquité fe croiroient fondés à tirer des inductions profanes fur ce monument, & voudroient le regarder peut-être comme une ftatue d'Ifis & d'Ofiris, qu'on auroit métamorphofée en Vierge, parce que la bonne intention fait tout (2) ».

La face maigre & alongée de cette figure, caractère qui ne fe trouve point dans les ftatues égyptiennes qui nous reftent, embarraffe un peu M. Faujas; mais le bois de cèdre dont cette figure eft compofée, les bandes de toile qui la couvrent, &c., lui font préfumer qu'elle a été ainfi façonnée par les premiers Chrétiens du Mont-Liban, fur le modèle des ftatues égyptiennes qu'ils avoient fans ceffe devant les yeux, & qu'elle a pu être apportée par *Aimar de*

---

(1) La figure d'*Ofiris* étoit fouvent repréfentée avec une croix ou un T attaché à fa main par un anneau.

(2) Dans plufieurs anciens monumens, *Ifis* ou *Io*, Divinité égyptienne, eft repréfentée avec un enfant qu'elle tient fur fes genoux.

42 DESCRIPTION

Monteil, Evêque du Puy, un des plus célèbres Croisés, & qui fut Légat du Pape à la Terre-Sainte. « Cette conjecture, dont aucun Auteur n'a parlé, dit-il, paroît d'autant plus vraisemblable, que ce fut à peu près à cette époque que la première statue qu'on honoroit au Puy, fut remplacée par celle qu'on y voit à présent ; au reste, continue-t-il, si cette dernière idée ne satisfait pas, rien n'empêche qu'on ne recoure à la première (1) ».

___

(1) Quand même il seroit démontré que cette figure a été autrefois celle d'*Isis*, cette vérité ne devroit point révolter un Chrétien raisonnable. Il faudroit être superstitieux jusqu'à l'idolâtrie, pour croire que telle figure, fabriquée par la main d'un homme, a des vertus occultes que n'a pas telle autre figure fabriquée de même. Le Sculpteur étant maître de sa matière, il peut, à son gré, en former une figure profane ou sacrée ; tout comme ce Statuaire de la fable qui avoit fait emplette d'un beau bloc de marbre :

Qu'en fera, dit-il, mon ciseau ?
Sera-t-il Dieu, table ou cuvette ?
Il sera Dieu...

Ce n'est donc absolument que l'intention des dévots, la dénomination & les attributs qu'on donne à une figure, qui la fait respecter. L'intention & le titre une fois changés, une statue d'Isis peut être honorée comme celle de la Vierge ; il n'est pas nécessaire que la matière change, puisqu'elle est indifférente au culte ; il suffit qu'on la croye la Vierge Marie, pour qu'elle cesse d'être la Déesse Isis. D'ailleurs de semblables métamorphoses ne sont pas nouvelles dans le christianisme. A Rome, le Panthéon étoit le temple de tous les Dieux du paganisme ; on en a fait une église dédiée à Notre-Dame. La maison carrée de Nîmes étoit un temple dédié

Le clocher de cette église est remarquable par son élévation, qui est d'environ deux cents pieds; il est isolé, carré, & noir jusqu'aux deux tiers de sa hauteur; de ce point il s'élève & finit en forme de pyramide terminée par un coq; la partie inférieure est toute construite de pierres volcanisées; la partie supérieure est enduite d'un ciment rouge qui le fait distinguer de fort loin.

Le rocher de Saint-Michel, qui n'est qu'à quatre cents pas de celui de Saint-Corneille, sans être aussi considérable & aussi élevé, n'en est pas moins curieux; il est isolé dans tous les sens, d'une forme parfaitement conique, & très-pittoresque; il a environ cent soixante-dix pieds de diamètre dans sa plus grande base, sur deux cents pieds d'élévation. A la cîme est bâtie une très-jolie église gothique, dédiée à Saint-Michel, dont le clocher, fort élevé & terminé en aiguille, forme, avec le rocher, le sommet d'un grand obélique rustique & naturel; ce rocher escarpé a été rendu accessible par des escaliers en rampes, avec des murs de soutien, composés de plus de deux cent cinquante marches taillées dans le rocher même.

à de fausses Divinités, & on l'a converti en une église d'Augustins. Ces exemples sont multipliés, & n'ont pas, je crois, excité de réclamations. L'ancien état & l'ancien nom d'une statue est bien indifférent à la croyance d'un bon Chrétien; mais il n'en est pas de même pour l'Artiste, l'Antiquaire, & le Savant : de semblables monumens les intéressent vivement. Leurs recherches, leurs conjectures & leurs découvertes ne se rapportent point à la religion.

A côté du portique, très-ancien, qui sert d'entrée à cet escalier, est un petit bâtiment en rotonde d'une belle conservation, qu'on nomme *le temple de Diane*; la forme en est bonne; mais les pilastres intérieurs sont si maigres, que si ce monument est antique, il est d'un mauvais temps.

L'église de *Saint-Michel* paroît très-ancienne; la façade est supportée par de petites colonnes d'une mauvaise proportion. On remarque au dessus de la porte d'entrée une espèce de mosaïque formée par des lozanges de lave très-noire, & d'autres lozanges d'une pierre blanche & éclatante; ces placages en pierre sont encore coupés par des listes de marbre & de porphyre rouge.

L'irrégularité de cette église, nécessitée par la figure du local, quoiqu'offrant une forme bizarre, n'est pas désagréable à la vue; d'ailleurs cet édifice est intéressant par les marbres, porphyres & mosaïques dont il offre par-tout des débris; le clocher est sur-tout curieux par sa construction, & par les matières précieuses dont il est composé.

Il y a plusieurs autres églises au Puy, dont il seroit trop long de parler. Le pays du Velai étant très-riche en Histoire Naturelle, & les travaux récens d'un habile Observateur me fournissant des matériaux exacts & précieux, je me bornerai à décrire rapidement les objets les plus intéressans qui se trouvent dans les environs de cette ville.

Environs du Puy. Brives est un petit bourg situé sur les bords de la Loire, à une demi-lieue du Puy ; on traverse cette rivière sur un pont nouvellement construit : c'est immédiatement après le pont que se présentent des montagnes volcaniques fort élevées & très-curieuses ; il faut voir dans l'ouvrage de M. Faujas de Saint-Fond le résultat des observations qu'il y a faites pendant son séjour au Puy.

Expailly, village situé à un quart de lieue de la ville du Puy, est célèbre par son ancien château, dont il est souvent fait mention dans l'Histoire. Charles VII étoit au château d'Expailly, lorsque le Roi Charles VI, son père, mourut ; il fit célébrer ses obsèques dans la chapelle de ce château ; quelques jours après, le 27 octobre 1422, il quitta le deuil, & dans cette même chapelle fut proclamé Roi de France par les Seigneurs de sa suite (1).

Au mois de décembre 1424, & au commencement de l'année suivante, ce même Roi tint les Etats du Languedoc à Expailly.

Trois objets principaux doivent fixer, dans ce lieu, l'attention des Naturalistes. Le premier est un beau rocher volcanique, au pied duquel est le village ; le second est le ruisseau de *Riou pezzouliou*, dont le sable contient des

---

(1) On rapporte qu'un des Chapelains, après avoir crié, comme toute la compagnie, *vive le Roi !* ajouta, *& que son père Charles VI repose en paix*. Quelques courtisans reprirent vivement ce Prêtre ; mais le Roi les blâma sévèrement de cette reprimande, & dit au Chapelain : *Je vous suis bien obligé de ce que, dans ce jour de réjouissance, vous me faites souvenir avec liberté que je dois mourir un jour comme le Roi, mon seigneur & mon père, est mort.*

grenats, des hyacintes d'un jaune tirant sur le rouge, & même des saphirs, &c.

Le troisième objet, connu sous le nom *des orgues d'Expailly*, est le plus beau pavé basaltique de tout le Velay. C'est un assemblage de hautes & magnifiques colonnes d'un beau diamètre, dressées verticalement, & faisant un effet d'autant plus admirable, que ce grand pavé a plus de trente toises de hauteur, & se trouve adossé contre un rocher de lave trois fois plus élevé.

Polignac ou *montagne d'Anis*, ou *d'Anice*; l'ancien château de Polignac, dont on voit encore de grandes & superbes ruines, fut célèbre dans l'Histoire par le séjour des anciens Vicomtes de ce nom.

Le 17 juillet 1533, François Ier vint coucher à ce château, & y fut reçu par *Armand*, Vicomte de Polignac, qui, à la tête de deux cents Gentilshommes de ses vassaux, étoit allé jusqu'à Brioude au devant de ce Prince. Au mois de décembre 1585, ce château fut pris par les Royalistes; mais bientôt après les habitans du Puy, qui étoient ligueurs, le reprirent.

Le rocher de Polignac, éloigné d'une petite lieue du Puy, mérite d'être visité, tant parce qu'il est entièrement volcanique, que parce qu'on y trouve quelques restes curieux d'antiquités.

Ce rocher est formé d'une brêche volcanique, mêlée de fragmens de lave noire, poreuse, très-dure, luisante, & à demi vitrifiée, liés & agglutinés par une lave moins calcinée.

Il est entièrement isolé dans un petit vallon, & n'est accessible que par un seul endroit, où l'on a pratiqué un chemin rapide qui conduit du village, bâti sur la croupe de la butte, au château, construit sur une assez grande plate-forme qui couronne le rocher.

On fait voir aux étrangers un vieux bâtiment qu'on nomme *le Temple d'Apollon*, c'est une espèce de chapelle abandonnée, voûtée assez solidement en pierre de taille, mais qui n'a aucun caractère d'antiquité; les fenêtres en sont gothiques & de mauvais goût. On voit dans l'intérieur un puits avec sa margelle en granit, assez solidement fait; ce puits n'a que sept pieds de profondeur. On ne conçoit pas quel pouvoit en être l'usage, attendu qu'il porte à nu sur le rocher, & qu'il paroît n'avoir jamais contenu une goutte d'eau.

Un monument voisin de ce temple porte des caractères bien plus marqués d'antiquité; c'est une chapelle chrétienne abandonnée, où l'on trouve cette inscription en beau style :

TI. CLAUDIUS CAESAR AUGV.
GERMANICUS. PONT. MAX. TRI.
POTEST. V. IMP. XI. PP. COS. IIII.

Près delà, sur une espèce de plate-forme située entre deux bâtimens, est une grande ouverture circulaire pratiquée avec soin dans le rocher de lave, & nommée dans le pays *le précipice*; elle a quarante-deux pieds de circonférence; tout autour est une espèce de parapet de trois pieds d'élévation, qui paroît plus moderne que l'excavation même ; ce trou a aujourd'hui plus de quatre-vingts pieds de profondeur, malgré la quantité de pierres qu'on y a jetées ; il a été ouvert à grand frais, taillé avec justesse & proportion, dans une forme qui imite un cône renversé & parfait. « Il est probable, dit M. Faujas de Saint-Fond, que cette espèce d'abîme servoit aux fourberies des Prêtres d'Apollon, qui rendoient des Oracles à Polignac, ainsi que le témoigne Sidoine Apollinaire, & plusieurs autres Historiens ; d'ailleurs il existe des preuves de cette assertion, puisqu'on voit encore, dans une espèce de cour du château, une tête colossale en granit, représentant un Apollon avec une bouche béante, telle que doit être celle d'une Divinité qui rend des Oracles ».

Cette cavité pourroit bien être prise pour une citerne, comme on en voit encore dans plusieurs châteaux anciens & élevés, & cette tête d'Apollon à bouche béante pourroit bien être regardée comme un mascaron de fontaine, si cette assertion n'étoit pas appuyée sur l'histoire.

Voici ce que dit de cette tête collossale, *Gabriel Siméon*, dans sa *description de la Limagne d'Auvergne, qui contient plusieurs choses mémorables, non moins plaisantes que profitables*. « Une certaine bonne femme des Dames du château la fit tirer dehors & mettre à la place, voyant qu'encore quelques gens simples y avoient telle quelle dévotion, tellement que j'eus peine à la faire découvrir étant toute ensevelie en la neige ; elle a quatre à cinq pieds de hauteur, d'une pierre blanche toute ronde, assez goffement faite, qui déclare encore

encore mieux sa grande antiquité, environnée de rais (rayons), lesquels frappés du soleil, le Châtelain me dit qu'ils montroient avoir été autrefois dorés ».

Scipioni a donné la gravure de cette tête; mais elle est beaucoup plus exactement gravée dans l'ouvrage de M. Faujas de Saint-Fond (1).

Comme cette pierre est d'un granit très-dur, elle a résisté aux injures de l'air; une partie de la barbe, de la chevelure, & les yeux sont encore bien conservés; le nez a été endommagé exprès: sa hauteur est de trois pieds quatre pouces, sa largeur de trois pieds neuf pouces.

Quelques Auteurs ont prétendu que le nom de Polignac dérivoit d'*Apollinis sacrum*; mais dans les anciens Historiens, ce lieu est appelé *Podomniacus*. M. Faujas de Saint Fond présume, avec beaucoup de raison, que ce mot peut se décomposer ainsi : *Pod-omniacus*; *Pod* ou *Podium* qui signifie Puits : *Omniacus* peut bien venir d'*ominiacus*, qui signifie *présage*, *oracle*, &c. : de cette manière le mot entier exprimeroit *puits de présages* ou *d'oracles*; ce qui s'accorderoit avec les monumens des Arts & de l'Histoire, qui attestent que Polignac fut un lieu où les Prêtres d'Apollon rendoient des oracles.

Les amateurs d'Histoire Naturelle doivent aller voir, aux environs de Polignac, un rocher de basalte où les laves entrent en décomposition; on trouve la gravure & la description de

---

(1) Volcans éteints du Velai, &c. p. 557.

Partie II.

ce morceau curieux dans l'ouvrage de M. *Faujas de Saint-Fond* (1); ils peuvent aller auſſi à la Chartreuſe de *Bonnefoi*, ſituée à cinq lieues du Puy, ſur la montagne de *Mezinc*, dont le ſol eſt couvert de baſaltes & d'autres productions volcaniques.

On peut voir auſſi ſur le chemin un rocher baſaltique appelé le *Rocher rouge*. M. Faujas croit que ce rocher eſt ſorti par l'effort d'une exploſion volcanique, de l'intérieur de la terre, s'eſt fait jour à travers l'épaiſſeur des granits, & s'eſt ſoutenu ſur lui-même en s'élevant majeſtueuſement hors de terre juſqu'à la hauteur de plus de cent pieds ſur un diamètre d'environ ſoixante.

Les bornes que l'on s'eſt preſcrites dans cet ouvrage ne permettant pas de donner de plus longs détails ſur l'Hiſtoire Naturelle du Velai, on renvoye les curieux à l'ouvrage déjà cité.

COMMERCE. On fabrique au Puy une quantité de dentelles qui contribuent beaucoup à vivifier le commerce de cette ville, dépourvue d'ailleurs de communication.

POPULATION. On évalue ſa population à environ dix-ſept mille ames.

MENDES.

Ville ancienne, capitale du Gévaudan, avec un évêché ſuffragant d'Alby, ſituée à une petite diſtance de la rivière du Lot, à douze

---

(1) *Volcans éteints du Vivarais & du Velai*, à Paris, chez *Cuchet*, rue Serpente.

lieues du Puy, à seize & demie de Viviers, à dix-neuf de Montpellier, & à trente-quatre de Toulouse.

ORIGINE. Au quatrième siècle, le siége épiscopal du Gévaudan fut transféré d'une ancienne ville appelée *Gabalum*, qui n'est plus aujourd'hui qu'un village nommé *Javoulx*, à Mendes, connue sous le nom de *Mimate* ou *Mimatensis Mons*; cette translation fut faite après que les Vandales, les Alains, &c., qui, sous l'empire de *Honorius*, ravagèrent la Gaule, eurent détruit la ville de *Gabalum*.

HISTOIRE. L'Evêque du Gévaudan étoit alors *Privat*, qui, épouvanté, ainsi que les autres habitans du pays, se réfugia dans une grotte de la montagne de Mendes. Lorsque les barbares eurent détruit *Gabalum* ou *Javoulx*, ils s'avancèrent vers cette montagne de Mendes, & ayant découvert l'Evêque Privat, ils lui demandèrent dans quel lieu étoient cachés ses diocésains; il refusa avec la même fermeté de les découvrir & de sacrifier aux idoles ; ce qui lui attira une grêle de coups dont il mourut quelque temps après. Son corps fut inhumé dans le lieu même de son martyre, par ses diocésains, qui, après la retraite des barbares, vinrent, mais trop tard, à son secours. Dans la suite, son tombeau devint célèbre par plusieurs miracles qui contribuèrent beaucoup à faire transférer dans ce lieu le siége épiscopal du Gévaudan.

Aldebert III, Evêque du Gévaudan, élu en 1151, après avoir été Prévôt de la cathédrale de Mendes, ambitieux, intrigant, chercha à augmenter le temporel de son église. Dans ces vues, il fit un voyage à la Cour en 1161, & parvint à obtenir du Roi Louis le jeune un diplôme qu'on conserve encore dans les archives de l'évêché, & qu'on appelle *la Bule d'or*, parce qu'il fut scellé en or : le Roi déclara dans cette charte, qu'on n'avoit vu, de mémoire d'homme, aucun Evêque du Gévaudan venir à la cour des Rois de France ses prédécesseurs, pour leur jurer fidélité, à cause que ce pays, de difficile accès, avoit toujours été au pouvoir des Evêques, qui s'attribuoient, non seulement l'autorité spirituelle, mais la temporelle (1); que ce Prélat, sachant que la justice appartenoit à l'autorité royale, étoit venu reconnoître, en présence des principaux Barons du royaume, que son évêché dépendoit de la couronne de France, & que, se soumettant à sa personne, il lui avoit prêté serment de fidélité. Le Roi déclara enfin que cet acte ne préjudicieroit en rien aux droits dont le même Prélat avoit joui jusqu'alors ; il accorda, à lui & à ses successeurs, tout le diocèse de Gévaudan, avec les droits régaliens, & voulut que son église fût libre & exempte de toute exaction.

On regarde cette charte comme le premier & le principal fondement de l'autorité temporelle dont les Evêques, qui se qualifient

―――――――――――――――

(1) Plusieurs Evêques de Mendes, avant & après Aldebert III, jouissoient des droits régaliens, & quand ils officioient pontificalement, ils faisoient porter devant eux un sceptre d'or, que pendant la cérémonie on déposoit sur l'autel.

Comtes de Gévaudan, jouissent aujourd'hui dans leur diocèse.

Cet Evêque, *Aldebert*, trouva bien des obstacles ; les Seigneurs du pays lui disputèrent son autorité. Dans les plaintes qu'il adressa au Roi, il dit qu'un de ses freres, mais qui n'étoit pas né légitimement, s'est joint à ses ennemis pour lui faire la guerre, & qu'il s'est déjà emparé de deux châteaux de l'évêché.

On croit que cet Evêque fit le premier entourer de murailles la ville de Mendes, qui auparavant n'étoit qu'un bourg.

Mendes, ainsi que les autres villes de Gévaudan, devint le théâtre des guerres civiles, & éprouva toute la vicissitude du sort des armes ; cette ville fut, dans l'espace de trente-cinq ans, sept fois prise, reprise ou saccagée par les Religionnaires & les Catholiques.

A la fin du mois de juillet 1562, les Protestans l'assiégèrent, la prirent par composition, & n'y ayant laissé qu'une foible garnison, quelques jours après le Capitaine *Treillans*, à la tête d'un corps de Catholiques, la reprit.

Les Protestans rassemblèrent leurs forces pour s'emparer une seconde fois de Mendes ; ils arrivèrent au nombre de quinze cents, commandés par *Gabriac* ; mais *Apchier*, qui étoit dans cette ville avec plusieurs Gentilshommes, fit si bonne contenance, qu'ils n'osèrent tenter le siége.

Pendant les guerres de la religion, la France n'étoit pas seulement désolée par la fureur des deux partis ; plusieurs brigands Gentilshommes, qui n'avoient d'autre religion que la passion de piller & de détruire, profitoient de ces temps de troubles & de confusion pour être tour à tour préjudiciables aux deux partis, pour accroître leurs richesses & les malheurs des peuples. Le Capitaine *Mathieu Merle*, qui devint *Baron de Salavas*, étoit de ce nombre. S'étant ménagé une intelligence dans Mendes, il arriva avec sa troupe devant cette ville, & la nuit de Noël 1579, il l'escalada, & força les gardes des murailles, pendant que le bruit de la grosse cloche de la cathédrale (1) empêchoit d'entendre le bruit de son entrée. Il s'empara de la grande place avant que les habitans, que la Messe de minuit avoit attirés dans les églises, pussent se rassembler. Le Gouverneur voulut se défendre, mais il fut tué, & quelques soldats qui s'étoient réfugiés dans une tour, furent obligés de se rendre. Les églises & la ville furent mises au pillage ; ce qui s'exécuta de la manière la plus barbare ; plusieurs édifices furent renversés ou brûlés, & un grand nombre d'habitans massacrés.

Enfin plusieurs Gentilshommes du Velai, du Gévaudan & d'Auvergne, fatigués des excursions fréquentes que faisoit le Capitaine Merle sur ces différens pays, s'assemblèrent pour le chasser de la ville de Mendes ; ils lui envoyèrent un Trompette pour le sommer de rendre cette place, sinon lui annoncer qu'ils

---

(1) Cette cloche étoit regardée comme *la Nompareille* en France ; les Religionnaires la fondirent pour en faire des canons.

étoient résolus de l'y forcer, & de tailler en pièces lui & sa troupe. Merle fit réponse qu'il lui tardoit fort de voir ces Seigneurs avec leur *belle armée*, & que s'ils ne venoient pas bientôt, il seroit le premier à aller au devant d'eux; il le fit comme il le disoit; il fut trouver ces Gentilshommes à *Chanac*, ville située à deux lieues de Mendes, à la faveur de la nuit; avec un pétard, il fit sauter la porte, & après avoir pillé le faubourg pendant quelques heures, il revint à Mendes.

Ce Capitaine Merle étoit courageux. Ne pouvant, avec succès, employer contre lui la force, on eut recours à la ruse. Un Gentilhomme de son parti, nommé *Châtillion*, se chargea de le trahir; il fit sortir ce Capitaine de Mendes, sous prétexte qu'il avoit besoin de lui pour quelque expédition dans le voisinage. Merle, sans méfiance, y vint avec une partie de ses troupes. A peine fut-il éloigné de cette ville, que Châtillion y entra, y mit une nouvelle garnison, & ordonna de refuser l'entrée à Merle lorsqu'il se présenteroit. Ce Capitaine, à son retour, indigné de se voir trahi de la sorte, s'empara du château du Bois, qui servit de retraite à lui & à ses soldats. Quelques jours après, pendant que Châtillion étoit hors de Mendes, Merle passa avec sa troupe devant les portes de cette ville, demanda un Maréchal pour son cheval qui avoit été déferré exprès, & des vivres pour lui & ses soldats. Comme on ouvroit la porte pour lui apporter ce dont il avoit besoin, ceux qui l'accompagnoient, & qui étoient au nombre de quinze ou vingt à cheval, se saisirent de cette porte, firent entrer leur Capitaine, qui avoit dans la ville plusieurs soldats qui lui étoient favorables, & qui se joignirent à lui en criant : *Vive le Merle !* Ce Capitaine se maintint long-temps dans cette ville, & n'en sortit qu'après avoir tiré une somme considérable des habitans qu'il avoit chassés (1).

En 1595, le Duc de Joyeuse s'empara de Mendes, & y fit construire une citadelle. Plusieurs villes épiscopales du Languedoc avoient reconnu Henri IV pour Roi : Fosseuse, qui commandoit dans Mendes, ayant refusé de congédier la garnison & de démolir la citadelle, ce Roi ordonna au Duc de Ventadour d'aller assiéger cette ville. Quelque temps après cet ordre, ce Duc vint, en 1597, mettre le siége devant Mendes. Sur ces entrefaites, le Duc de Bouillon étant survenu à la tête de deux cents chevaux & de huit cents Arquebusiers, dans le dessein de secourir Fosseuse, il s'entremit pour pacifier le Gévaudan ; moyennant cent mille livres que ce pays promit de lui donner, & dont on lui passa l'obligation, il se retira au commencement d'octobre 1597, & abandonna la ville de Mendes, qui se soumit au Roi : la citadelle fut alors détruite.

DESCRIPTION. La ville de Mendes offre de loin une vue très-pittoresque ; elle est pla-

---

(1) *Fromenteau*, dans son *Secret des finances*, dit : « Ce diocèse a été opprimé du Gouverneur avant *le Merle* de Mendes ; ç'a été un grand heur pour le peuple d'en avoir déniché quatre ou cinq épiscopaux séditieux qui les affligeoient encore davantage ».

ée au milieu d'une agréable & petite plaine, où se jettent tous les ruisseaux du voisinage; on remarque sur-tout un magnifique clocher de la cathédrale dans le genre gothique, construit avec une légereté surprenante; les pierres en sont d'un grès fin : la ville est arrosée par plusieurs belles fontaines.

La cathédrale de Mendes, qui est sous le titre de *Saint Privat*, possédoit plusieurs objets précieux, comme reliques, vases sacrés, dont les Protestans s'emparèrent. Raimond I, comte de Rouergue, par son testament de l'an 961, avoit légué à dix-huit cathédrales, presque toutes soumises à sa domination médiate ou immédiate, des biens considérables; celle de Mendes eut une grande part à ses dévotes libéralités.

Près de la ville est un hermitage, avec une chapelle taillée dans le roc, très-fréquentée par les dévots des environs. On assure que ce fut dans cette grotte que se retira *Saint-Privat*, pour fuir, comme nous l'avons dit, la persécution des Vandales.

Plusieurs Evêques de Mendes devinrent Cardinaux. *Julien de la Rouvère*, qui fut Pape sous le nom de Jules II, étoit Evêque de cette ville, & se démit de son évêché en faveur de Clément de la Rouvère son neveu.

ANECDOTE. En 1605, il se commit dans la cathédrale de Mendes un meurtre remarquable. Cette année les états particuliers du Gévaudan se tenoient dans cette ville. *Villefort*, frère du Vicomte de *Polignac*, en qualité de Baron de Randon, se trouva à cette assemblée; le Comte d'*Apchier* lui disputa la préséance, & l'obtint. Villefort, outré de cette décision, vint le lendemain avec plusieurs Gentilshommes & domestiques attaquer *Apchier* dans l'église de Mendes, où il entendoit la messe; & dans l'instant que celui-ci s'y attendoit le moins, il lui porta un coup mortel. Aussitôt les amis d'*Apchier* tirèrent leurs épées pour le défendre, & tuèrent trois Gentilshommes & deux domestiques de *Villefort*, qui fut arrêté, conduit à Toulouse, & condamné par le Parlement de cette ville à être décapité; ce qui fut exécuté dans la place Saint-George.

PRIVAS.

Cette petite ville, qui, dans les douzième & treizième siècles, n'étoit qu'un château, est située sur un ruisseau qui va tomber dans le Rhône à deux lieues de là, à deux lieues & demie de Lavoute, & à cinq de Viviers.

Cette ville fut au nombre de celles qui, en 1562, embrassèrent le parti du Prince de Condé contre leur Souverain.

En 1574, l'armée du Roi, qui étoit d'environ douze mille hommes, commandée par le Duc de Montpensier, Dauphin d'Auvergne, descendit le long du Rhône, & après avoir commis une infinité de ravages, elle mit le siége devant *le Poussin*, situé sur les bords de ce fleuve. Les habitans, ne pouvant plus tenir cette place, en sortirent pendant la nuit sans être aperçus de l'armée royale, & se réfugièrent à Privas. Les soldats *du Dauphin* entrèrent le lendemain dans le Poussin, & ayant trouvé cette ville déserte, ils la pillèrent & y mirent le feu.

L'armée royale reprit ensuite la plupart des places que les Religionnaires occupoient dans le Vivarais, mais elle ne put jamais s'emparer de Privas. Le Capitaine *Saint-Romain* défendit cette ville avec tant de valeur, que le Dauphin fut obligé de lever le siége.

Les Religionnaires, en 1612, tinrent à Privas un synode national des églises réformées; ce fut en cette occasion qu'ils destituèrent du ministère le Ministre *du Ferrier*, qui, à l'assemblée de Saumur, s'étoit déclaré pour le parti de la Cour. Dans la suite, cette ville fut prise par les Catholiques, & bientôt après reprise par les Religionnaires; puis elle se rendit à Louis XIII, qui fit détruire les fortifications. Enfin, en 1629, ce même Roi vint assiéger Privas avec une armée considérable. Le 21 mai, il somma *Saint-André-Montbrun*, qui commandoit dans la place avec douze cents hommes, de se remettre à sa miséricorde; & sur le refus de cet officier, il fit battre en brèche, & donna l'assaut le 26. L'attaque fut opiniâtre, & le combat dura depuis huit heures du soir jusqu'à dix; mais les troupes du Roi furent repoussées & obligées d'abandonner l'assaut, après avoir perdu cinq cents hommes. Le lendemain 27, Saint-André, sollicité par les habitans de Privas, demanda à capituler; le Roi refusa de recevoir les habitans autrement qu'à discrétion. Les assiégés effrayés voulurent sortir de la ville, & se sauver à la faveur des montagnes; mais ils furent poursuivis, & la plupart massacrés. Saint-

André s'étant réfugié, avec plusieurs habitans, dans un fort nommé *Toullon*, situé sur une montagne voisine de la place, oublia, dans le désordre de cette retraite, d'y porter des vivres. Ce Capitaine, ne pouvant plus résister, se rendit lui même, accompagné de plusieurs autres Gentilshommes, au camp du Roi, pour implorer sa miséricorde : ce Prince aussi-tôt les fit tous arrêter prisonniers, & les fit pendre quelques jours après.

Le fils & le successeur du bon Henri IV auroit sans doute signalé sa clémence en cette occasion, s'il eût agi d'après son cœur ; mais ce n'étoit pas lui qui dirigeoit, le Cardinal de Richelieu étoit présent à ce siége, & faisoit tout aller.

Par malheur, le feu prit à un sac de poudre ; on raconte même que les troupes du Roi y mirent le feu exprès, afin d'avoir un motif d'accuser les habitans & de piller leur ville : on fit entendre au Roi que c'étoit une mine qu'on avoit fait jouer pour faire périr ses troupes. Alors les soldats de l'armée royale, entrant dans le fort & dans Privas, massacrèrent cruellement tous les habitans, pillèrent & brûlèrent cette malheureuse ville qui fut entièrement consumée ; de deux cents Officiers faits prisonniers, le Roi en fit pendre la moitié, & l'autre fut condamnée aux galères.

Après tant de désastres, cette ville n'a pu devenir bien considérable.

Ses environs offrent au Naturaliste plusieurs objets de curiosité.

CURIOSITÉ Naturelle. Dans les environs

de Lavoute, qui est à deux lieues de Privas, sur les bords du Rhône, on a fait la découverte bien remarquable d'un squelette d'éléphant presque entier; ses os gigantesques furent employés par le propriétaire d'une vigne à la construction d'une muraille, pour soutenir le terrain, disposé en pente; M. l'Abbé Soulavie rapporte ce fait, & ajoute : « M. *Rast*, Chevalier de Saint-Louis, m'ayant fait part de cette découverte, j'observai que le sol étoit composé de terre & de pierres détachées des montagnes plus élevées, & que le lieu où le squelette est devenu fossile, est de formation récente ».

ROCHEMAURE.

C'est un bourg avec un ancien château ruiné, situé proche la rive droite du Rhône : ce bourg est bâti en amphithéâtre; les ruines du château, & le rocher sur lequel il est élevé, offrent un site très-pittoresque. Dans ce bourg il existe une butte considérable de basalte qui a percé dans les matières calcaires; sur la sommité de cette butte, on voit encore les débris d'une espèce de fort. On passe tout auprès, par un chemin rapide & escarpé, pour monter à l'ancien château, situé sur la montagne supérieure. En y montant du côté droit du rampart, dans le voisinage des maisons les plus élevées, au dessus de l'église, on aperçoit un courant de lave basaltique, qui s'est fait jour en descendant à travers des lits de cailloux roulés, mêlés d'agates grossières & de silex de la nature des pierres à fusil.

Dès qu'on est parvenu aux maisons qui sont à la droite du château & sur la même ligne, on trouve plusieurs murs en talus d'un basalte noir, configuré en très-petits prismes irréguliers & imparfaits, & où le schorl noir abonde.

Rien n'est aussi singulier que cette suite de maisons dont les unes ont pour escalier & pour perron, de petites colonnades de basalte, tandis que les autres sont adossées contre les masses inclinées des laves. Les fenêtres, les portes sont encadrées dans de gros prismes réguliers de basalte; la lave en table y est employée pour figurer des espèces d'avant-toit pittoresques; enfin toutes ces maisons placées en amphithéâtre dans des débris de ruines volcaniques, présentent à l'œil un tableau aussi nouveau que piquant.

Le château n'est qu'à trente pas de ces maisons; il devoit être immense; il est fortifié par des masses escarpées de basalte, par des murs fort élevés & d'une épaisseur considérable; on y entre par plusieurs grandes avant-cours; mais tout n'est que ruines, confusion & n'offre que de vastes appartemens renversés ou découverts. On voit en plusieurs endroits d'anciennes peintures à fresque qui ont conservé toute leur couleur; ce sont des chiffres, des écussons, reste des monumens de l'empire féodal. Là, ce sont des débris d'une immense salle d'armes, d'une église détruite; d'une part on voit des citernes, des prisons, des cachots, une espèce d'antre où l'on frappoit la monnoie; de l'autre des salles d'appareils, une suite de chambres spacieuses; tout est grand, tout est vaste ici; mais tout y porte l'empreinte du désordre & de la destruction.

On voit avec admiration, dans une des cours, de grands murs naturels de basalte en colonnes disposées en plusieurs sens, dont on a su profiter adroitement pour y élever dessus des parapets, des murs avec d'autres colonnes transportées; les premiers présentent de lourdes masses qui étonnent par leur couleur sombre & par leur organisation; les seconds annoncent la hardiesse des hommes, & contrastent merveilleusement avec les boulevarts que la puissance des feux souterrains a élevés : mais le temps a tout altéré; on voit avec surprise & avec admiration les ruines de la nature parmi les ruines de l'art.

Lorsqu'on parvient à la dernière tour, on est frappé du spectacle qui s'y présente; c'est une butte basaltique prodigieusement élevée : on reste stupéfait, & on cherche d'où a pu venir une masse aussi étonnante, aussi isolée, & perchée sur un plateau volcanique (1).

Ce donjon inaccessible, placé comme dernier retranchement sur la sommité de la butte, présidoit sans doute à la conservation du château; on y monte par un escalier de quatre-vingts marches, très-adroitement pratiqué dans une fissure de la lave. Lorsqu'on est parvenu au plus haut de ce donjon où il est possible de mon-

_____

(1) Ce morceau a été gravé dans l'ouvrage *in-folio* des *Volcans éteints du Vivarais*, par M. *Faujas de Saint-Fond*, & c'est de cet ouvrage que nous empruntons les détails que nous donnons ici.

ter, on est saisi d'étonnement & d'une espèce d'horreur de se trouver sur un mont isolé, d'une élévation si prodigieuse, taillé à pic & escarpé de toutes parts; la partie qui fait face au Rhône est absolument inaccessible, & a plus de six cents pieds d'élévation; du côté du sud la vue se précipite dans une ravine volcanique escarpée, d'une largeur & d'une profondeur considérables; on y découvre des chûtes & des courans d'anciennes laves qui descendent par ondulations jusques dans la plaine; un torrent d'eau coule avec fracas là où étoit jadis une rivière de feu, & y forme une cascade bruyante; d'autre part, si on se tourne du côté de l'ouest, on aperçoit une vaste & profonde déchirure, espèce d'abîme d'autant plus effrayant, que la terre est ici d'une couleur noire & brûlée, & qu'on ne peut pas douter que ce soit une ancienne bouche à feu.

Les amateurs d'Histoire Naturelle, curieux de parcourir les montagnes volcaniques qui entourent Rochemaure, pourront passer à la ferme *des Creusets*, située à une demi-lieue de ce château, pour arriver à la montagne de *Chenavari*, volcan intéressant par ses colonnes basaltiques & autres productions volcaniques.

Le Rocher de Maillas, qui est proche du village de *Saint-Jean le noir*, offre des accidens fort singuliers.

De Maillas on rejoint le grand chemin pratiqué, à grands frais, sur une montagne fort escarpée, & formant diverses rampes ménagées avec

avec art pour adoucir la montée; on peut suivre les différentes coupures qu'on a été obligé de faire dans la montagne pour l'exécution du chemin. Ces coupures forment cinq grandes rampes qui offrent le tableau curieux de la composition de cette montagne, à la cîme de laquelle est le hameau & le cratère de *Montbrul*; c'est un abîme vaste & profond, situé sur la partie gauche de la dernière rampe, & qu'on appelle les *Balmes de Montbrul* ; cet abîme a quatre-vingts toises de profondeur sur cinquante toises de diamètre ; il est de forme circulaire, fait en entonnoir, avec une large déchirure dans la partie qui est entre le midi & le couchant : l'entrée de cet abîme offre le spectacle le plus étrange & le plus nouveau ; on ne voit ici que des laves calcinées de toutes les formes, de toutes les couleurs ; les parois sont taillées à pic, & coupées dans certaines parties comme des murs de maçonnerie ; dans d'autres, la matière, entièrement poreuse & réduite en scories, forme des espèces de tours, de bastions, & de demi-lunes, qui imitent des ouvrages de fortifications. On voit dans plusieurs endroits des crevasses & des enfoncemens qui paroissent avoir été autant des bouches à feu ; aussi tout est brûlé ici à un tel point, qu'on croiroit que le feu s'y est éteint depuis peu, quoique ce cratère soit de l'antiquité la plus reculée.

Cet ancien soupirail du feu le plus ardent, a été long-temps habité par des hommes qui, profitant des crevasses faites par le cours de la flamme, ou trouvant que ces rochers de lave étoient tendres & faciles à couper, ont pratiqué un

Partie II. E

assez grand nombre d'habitations dans ces espèces d'antres.

On se rendoit dans ces maisons souterraines, & placées les unes au dessus des autres, par des plates-formes ou des rampes taillées dans la matière calcinée ; il existe encore plus de cinquante de ces habitations qui ont été délaissées à cause des accidens que les pluies & les fortes gelées occasionnoient, en faisant rompre & détacher des parties considérables de cette montagne volcanique ; ce qui a mis à découvert l'intérieur de plusieurs de ces logemens, & rend ce tableau extrêmement piquant ; il existoit encore, il y a quelques années, deux familles logées avec leurs enfans dans ces affreux repaires.

On voit sur une des saillies les plus élevées du cratère, les ruines d'un ancien château & d'une chapelle en partie creusée dans la matière volcanique ; on montre encore *la prison* qui dépendoit de ce château ; elle est souterraine, & on y remarque les anneaux de fer qui servoient à attacher les prisonniers.

FONTAINE *intermittente de Boulaigue.* En allant de Rochemaure à la ville d'*Aubenas*, proche le village de Fraissinet, à deux petites lieues de Villeneuve-de-Berg, dans les montagnes du Coiroux, on trouve la fontaine intermittente de *Boulaigue*. Voici la description qu'en donne, en style fort négligé, M. l'Abbé Roux, Prieur de Fraissinet.

« Cette fameuse fontaine, qui donneroit de l'eau presque de la grosseur de deux hommes, si tous ses différens conduits étoient réunis en un, coule rarement; elle reste sans couler quelquefois vingt, quelquefois vingt-cinq ans, d'autres fois dix, d'autres fois quinze, plus ou moins; le temps que dure son cours n'est pas non plus réglé: elle ne coule guère jamais au delà d'une année, & toujours par des intervalles séparés, coulant pendant l'espace d'environ une heure, après laquelle elle cesse pendant une autre heure, & ainsi de même pendant tout son cours.... Elle coule environ dix ou douze fois pendant l'espace de vingt-quatre heures.

» Le rocher d'où elle part a différens tuyaux de figure ronde & de matière calcaire, environnés de toutes parts de matière volcanique, dans laquelle il est emboîté; à son couchant coule un ruisseau du nord au midi, plus bas que le rocher d'environ deux pieds. Du côté de l'orient il est couvert, de même que la moitié de ses tuyaux, d'un tas de pierres entremêlé de sables de la hauteur de quatre ou cinq pieds.

» A travers ce tas de pierres passe le canal d'un moulin, de façon que cette fontaine passe en partie, & même en plus grande partie, dans ce canal, & fournit seule de l'eau pour le faire tourner... »

Cette fontaine croît pendant une demi-heure, & dès qu'elle est parvenue dans sa force, elle décroît tout de suite d'une manière sensible pendant un quart d'heure; elle balance ensuite tour à tour, paroissant & disparoissant, jusqu'à ce qu'elle disparoisse tout à fait pour une heure.

M. l'Abbé *Roux* répond aux systêmes invraisemblables de plusieurs Savans qui ont tenté

E ij

d'expliquer la cause de l'intermittence de cette fontaine; il prétend que le mécanisme du syphon, que l'on attribue ordinairement aux fontaines intermittentes, ne peut point être appliqué à celle-ci. Si c'est un syphon, dit il, pourquoi ne coule-t-elle pas aussi fort, & même plus au commencement que vers le milieu de son cours ? pourquoi ne cesse-t-elle pas tout d'un coup, sans balancer pendant un quart-d'heure ? pourquoi ce syphon reste-t-il quelquefois vingt ans sans couler ? &c. &c.

Quelle que soit la théorie de ces écoulemens qu'on ne peut facilement démontrer, voici l'opinion singulière qu'autrefois les gens du pays avoient de l'intermittence de cette fontaine. Dans un manuscrit intitulé, *Les commentaires d'un soldat du Vivarais sur les guerres civiles*, on lit que cette fontaine est nommée, « *La source de la paix*, lorsque la paix est, & *la source de la guerre*, lorsque la guerre est, pour les différens effets qu'elle fait paroître en l'un & l'autre temps; étant manifeste à toute cette contrée, que de tout temps immémorial, quinze jours ou trois semaines avant que la guerre soit venue, cette source s'est changée à plus de quatre cents pas, & de l'autre côté d'un ruisseau qu'il y a entre deux, ne restant aucune apparence d'eau à sa première source. Et ce qui est encore de merveilleux, c'est que, durant la guerre elle fait un bruit très-grand, & en la paix s'étant remise en son premier lieu, elle y est fort calme; mais lorsque quelque grand massacre doit arriver, environ quinze jours devant, la source se partage en l'une & en l'autre, comme on l'a vu arriver aux troubles de la Ligue, lorsque M. de Montréal prit & perdit le Montelimart, où il mourut quinze cents hommes d'un party ou d'autres, & freschement lorsque le Roi est venu assiéger Privas (Voyez *Privas*); de sorte que les paysans d'alentour ont tellement en usage cette prédiction, qu'ils se moquent quand on parle de la guerre, si la fontaine n'a pas bougé; que si elle a changé, sans autre cognessance de cause, ils débagagent des maisons champêtres, pour se retirer aux lieux fermés, & prennent assurance certaine de la guerre; & au contraire lorsque la paix doit arriver, & plutôt qu'elle, ils s'en réjouissent ».

C'étoit ainsi que pensoient les paysans & quelques Historiens du bon vieux temps.

AUBENAS.

Petite ville de Vivarais, située sur la rivière d'Ardesche, à quatre lieues & demie de Viviers, & à sept du Saint-Esprit.

Du temps des Croisades contre le malheureux Comte *Raimond VI*, Aubenas étoit un château considérable. En 1562, le sieur de l'*Estrange*, Capitaine des Catholiques du Vivarais, entreprit d'assiéger cette place; mais le Capitaine *Baudiné* marcha contre l'*Estrange*, qui, sur l'avis de sa venue, décampa aussi-tôt, & leva le siége. Suivant l'édit de pacification, Aubenas fut accordé aux Religionnaires pour y faire le libre exercice de leur religion. Pendant les troubles du Languedoc, en 1574, les Religionnaires de Villeneuve-de-Berg, après avoir

E iij

taillé en pièces quelques troupes catholiques, prirent la ville d'Aubenas, dont ils passèrent la garnison au fil de l'épée. Au mois de février 1587, le Capitaine *Montlaur*, à la tête des Catholiques du Vivarais, surprit cette ville, & la saccagea; les habitans furent forcés de se retirer dans le château, puis de capituler & de se rendre. *Chambaud*, Capitaine des Religionnaires, se présenta, la veille de Pâques, pour reprendre cette ville; mais cette fois son entreprise ne réussit point : il fut plus heureux quelque temps après; il la surprit par escalade, & ayant assiégé le château, il parvint bientôt à s'en rendre maître presque sous les yeux de *Montlaur* & de *Montréal*, deux Capitaines catholiques qui s'étoient mis en marche pour secourir cette place.

Cette ville fut, quelque temps après, prise, perdue, & reprise par les Royalistes.

DESCRIPTION. *Le Collége* d'Aubenas a commencé par un petit hospice que les Jésuites y établirent eux-mêmes, & où ils logèrent quelques-uns de leurs Missionnaires. Ces Missionnaires employèrent beaucoup de zèle, mais peut-être pas assez de prudence, pour convertir les habitans de cette ville à la foi catholique, & leur faire abandonner la religion de leurs pères, pour embrasser celle de leurs ennemis. Dans le cours d'une mission que firent ces Religieux, la contrariété des opinions causa une émeute, au milieu de laquelle le Père *Jacques de Sales*, natif de Lezoux en Auvergne, & le Frère *Sautemouche*, furent massacrés le 7 février 1590. Cet hospice ne fut cependant point détruit; il prit dans la suite une meilleure consistance. Marie de *Rasimond*, Comtesse de Montlaur, le dota, & y fut enterrée avec son mari, Jean-Baptiste *d'Ornano*, Maréchal de France, qui mourut prisonnier au château de Vincennes, & dont le corps fut transporté en cette ville.

Aubenas est une assez jolie petite ville, bâtie sur une montagne calcaire où l'on trouve des corps marins, entre autres des *cornes d'Ammon*, & de très-grandes bélemnites. Les environs d'Aubenas sont bien plus curieux par les productions de la nature, que l'intérieur de cette ville ne l'est par les productions des Arts ; c'est pourquoi je vais donner ici un court détail des lieux voisins qui peuvent intéresser les amateurs d'Histoire Naturelle.

Pont de Bridon. A quelque distance d'Aubenas, & près le village de *Vals*, est le pont de *Bridon*, sur la rivière du *Volant* ; c'est là qu'on voit des basaltes prismatiques qui servent, pour ainsi dire, de digue à ce torrent ; c'est là que commence la plus belle suite de chaussées qui existe dans tout le Vivarais. Les colonnes basaltiques, assez grandes sans être colossales, sont d'une forme agréable, disposées dans un bel ordre, & placées auprès du grand chemin, d'où l'on peut les observer sans gêne. De loin on croiroit que c'est un ouvrage de l'art ; mais à mesure qu'on approche, on voit les prismes se développer, former une belle mosaïque qui s'exhausse en talus, & par gradation, jusqu'au pied d'un grand rocher de granit ; tous ces prismes sont perpendiculairement placés les uns à côté des autres

& imitent un buffet d'orgues ; leur superficie est à découvert, & l'on peut aisément se promener sur le plateau qu'ils forment.

PONT *de Rigaudel.* La chauffée du *pont de Rigaudel* est placée dans le voisinage, & sur les bords de la même rivière ; ici la plupart des prismes sont articulés, mais leur emboîtement n'est pas en général toujours exact, & les articulations ressemblent quelquefois plutôt à des cassures qu'à des disjonctions ; ces prismes sont d'ailleurs d'une grande beauté, & bien proportionnés ; ce qu'il y a de remarquable, c'est que plusieurs renferment des noyaux de granit à fond blanc, d'une conservation parfaite ; on y trouve aussi quelquefois des fragmens de schor noir, & quelques petits points de chrysolite.

COL D'AISA. A deux lieues d'Aubenas, proche le village d'*Entraigues*, on voit la montagne appelée *la Coupe* ou *col d'Aisa* ; elle offre le cratère le plus curieux, le mieux caractérisé & le plus remarquable de tout le Vivarais. Cette montagne, de forme conique, d'une grande hauteur, est entièrement volcanique depuis sa base jusqu'à sa sommité.

On arrive avec peine vers les bords du cratère, qui sont rapides & contournés en manière d'entonnoir, dont le plus grand diamètre est d'environ cent quarante ou cent cinquante toises sur cent de profondeur. Les laves ont été tellement calcinées dans cet endroit, qu'elles sont en partie converties en une espèce de pouzzolane graveleuse, légère & calcinée, mêlée de grosses masses de scories noires & tranchantes ; on ne descend qu'avec beaucoup de peine dans le *cratère*, & on entre dans la pouzzolane jusqu'à mi-jambe. Dans le fond, on voit une plantation de grands & magnifiques châtaigniers qui ont très-bien prospéré dans cette ancienne bouche de volcan, n'ayant pour toute terre & pour tout engrais qu'une pouzzolane sèche & friable, mais en général très-propre à la végétation.

Dès qu'on est au fond du cratère, on aperçoit une coupure dans la partie qui fait face aux maisons du *Col d'Aisa* ; l'aire totale du fond du creuset incline vers cette grande ouverture qui peut servir de sortie ; dès qu'on est parvenu vers cette issue, on remarque un beau ruisseau de lave qui part de l'intérieur, & prend son cours sur le penchant de la montagne ; on y descend par ondulation parmi les laves poreuses. Sa largeur apparente est de six ou sept pieds dans sa naissance, du moins on ne peut en voir que cela, les scories & les autres déjections volcaniques cachant le reste qui doit être dix fois plus considérable. Cette lave est un vrai basalte noir & compacte, de la nature de celui des prismes. Dès qu'on est parvenu, en suivant ce courant, jusqu'au chemin qui est au pied de la montagne, & jusqu'au torrent qui est un peu plus loin, on jouit du spectacle le plus satisfaisant pour un Naturaliste. On voit d'une manière distincte & non équivoque, que la lave, dans une pente encore rapide, & avant d'avoir coulé sur un terrain égal, a affecté la forme prismatique ; que cette même lave, en descendant dans le bas-fond, a formé une belle colonnade avec laquelle elle est adhérente ; en effet : on trouve ici que la lave, avant d'être arrivée sur la partie horisontale du fond, est configurée en prismes sur la partie en talus qui joint le pavé. La nature donne ici une démonstration bien curieuse & bien simple de ses propres opérations, & il seroit difficile de la trouver ailleurs.

Pont de la Beaume. Les amateurs d'Histoire Naturelle doivent aller voir la chaussée du *pont de la Beaume*, ou de *Port à Loup*, située sur les bords de l'Ardesche. Le pavé est un des plus curieux qui puisse exister, tant par la différente configuration de ses prismes, par leur disposition & leur arrangement, que par la grandeur & l'ensemble de cette belle masse.

On y voit une belle grotte volcanique qui imite parfaitement un ouvrage de l'art. Cette voûte naturelle présente dans l'intérieur les extrémités des colonnes basaltiques, qui, jointes & adhérentes, offrent l'effet d'une espèce de mosaïque.

Le basalte de cette chaussée est sain, & de la plus grande dureté ; c'est une superbe coulée de lave qui se prolonge au moins à deux mil. toises, & qui paroît produite par le volcan de *la Gravenne*, ou par celui qui est au dessus de *Neyrac*.

Volcan de Neyrac. Sur la montagne de *Souliol*, qui est située presque au confluent de l'Ardesche & de l'Alignon, entre *Jaujac* & *Meyras*, on voit un volcan bien caractérisé ; mais celui de *Neyrac* ou de *Saint-Leger*, situé au bas de cette montagne, proche l'Ardesche, est bien plus intéressant ; il semble n'être pas éteint. Les environs de son cratère offrent d'un côté des amas de lave triturée, mélangée avec des blocs de granit, des cailloux roulés & aglutinés par un suc lapidifique, & des courans de basalte. D'un autre côté, sort un torrent d'eaux minérales chaudes, & qui exhalent une vapeur abondante & gazeuse. Ces émanations vaporeuses & méphitiques se font jour à travers un terrain sec, se répandent dans l'air, & donnent la mort à tout être vivant qui les respire. Les bains de Saint-Leger sont très-salutaires pour les maladies de la peau.

Nous ne finirions pas si nous voulions entrer dans tous les détails des curiosités volcaniques dont ce pays abonde; nous invitons les voyageurs, à les parcourir, & à lire l'ouvrage de M. Faujas de Saint-Fond, où nous avons puisé ces détails. (Voyez *Viviers*.)

BURZET. En allant d'Aubenas à la ville du Puy, on trouve le bourg de *Burzet*, curieux par les mouvemens considérables qu'éprouve le clocher lorsqu'on en sonne les cloches.

Quand c'est la cloche supérieure qu'on met en branle, le mur éprouve deux mouvemens; l'un le frémissement, par lequel toutes ses parties semblent trembler comme la main d'un vieillard; & l'autre de translation, par lequel le haut du mur change effectivement de place, de telle manière que depuis la flèche du clocher jusqu'à ses fondemens, ce mur imite les allées & les venues du balancier renversé d'une horloge; le changement est même si considérable, que lorsqu'on considère ce clocher en profil avec sa girouette supérieure, lorsqu'on observe leur correspondance à un point fixe de la montagne, on juge que le sommet du clocher s'écarte, dans chaque allée & dans chaque venue, de six à huit pouces, à droite & à gauche de son aplomb.

Lorsqu'on sonne les cloches inférieures, le mouvement de translation est moins considérable; mais le mouvement de frémissement est double. Les habitans ont cru diminuer ou faire cesser l'ébranlement du clocher, en substituant un joug plus léger à la cloche ; mais cet expédient, loin de diminuer les oscillations, n'a contribué qu'à les accroître ; on a fait à cet égard de curieuses observations. (Voyez *Histoire Naturelle de la France méridionale*, tom. 7.)

L'ARGENTIÈRE.

Petite ville, une des baronnies du Vivarais, située au milieu d'une profonde vallée, sur les bords de la petite rivière de *Ligne*, à deux lieues & un quart d'Aubenas, à cinq & un quart de Viviers.

ORIGINE. « La ville d'Argentière doit son origine à la cupidité des Evêques de Viviers, des Comtes de Toulouse, & de plusieurs co-Seigneurs. Avant que ses mines d'argent eussent aiguillonné ces chefs spirituels & temporels de la province, elle portoit le nom peu significatif de *Segnalières* ; mais quand son minérai eut occasionné des établissemens, & que la jalousie des propriétaires eut fait bâtir *maintes forteresses, maintes tours & bastions*, l'humble village ou hameau de Segnalières s'appela *la ville* ; *& la ville d'Argentières* fut la capitale, pendant quelque temps, d'un pays floriffant & riche en mines, appelé *pays d'Argentière* (1) ».

Ce pays d'Argentière a joué un rôle important dans les guerres contre les Albigeois. Un Evêque de Viviers, nommé *Burnon*, homme ambitieux, qui, ayant époufé les querelles de fes prédéceffeurs fur les mines du pays, contre les Comtes de Touloufe, parvint, à force de cabales, de perfécutions & d'excommunications, à dépouiller ces Comtes de leur propriété. Le Pape, qui, en fulminant contre les hérétiques Albigeois, ne perdoit pas de vue les mines d'Argentiere, après avoir menacé, excommunié, foulevé les princes voifins contre le Comte Raimond VI, le dépouilla de fes biens, le fit conduire dans l'églife à demi nu par fon notaire, qui le fouetta à coup de verges, & lui donna l'abfolution (2).

Le Pape s'empara de l'Argentière. Le fougueux Evêque *Burnon* obligea, par ferment, les habitans de cette ville, le 30 juillet 1209, d'obéir aux ordres de l'églife, & de ne donner aucun fecours à Raimond, qui, dépouillé, fouetté & abfous, fut encore forcé de venir faire hommage à la cathédrale de Viviers, une chaîne au cou, dont Burnon tenoit un bout pendant que ce Comte baifoit l'autel.

Enfin après bien des défaftres éprouvés par les Comtes de Touloufe, des violences exer-

---

(1) Hiftoire Naturelle de la France méridionale, par M. l'Abbé Géraud Soulavie tom. 7, pag. 9.
(2) Voyez *Saint-Gilles*.

cées par le Pape, par son Légat, ou par des Evêques; après que cette ville eut passé successivement à un Comte de Toulouse, à un Evêque, à un Pape, à un Général de Croisés; elle fut soumise au Roi de France, sous l'autorité duquel elle est restée.

En 1562, l'Argentière, comme plusieurs autres lieux, fut livré aux fureurs des Religionnaires, qui brûlèrent les statues des Saints, les reliques, les ornemens & le couvent des Cordeliers qui avoit autrefois contenu jusqu'à cent cinquante Religieux.

DESCRIPTION. L'église paroissiale de l'Argentière est construite d'une pierre de grès dure, compacte, & tirée des mines d'argent. Cette église est gothique; on y remarque toute l'élégance & la légèreté qui sont les qualités supérieures de ce genre d'architecture. Les trois nefs sont soutenues par six piliers & dix demi-piliers taillés avec goût. Le clocher, les chapelles, excepté celles de l'évangile & de l'épître, & la voûte du chœur sont beaucoup plus modernes que la primitive construction, & en cachent la beauté.

« On y voit les armes de France avant la réduction des fleurs de lis au nombre de trois; elles sont dans cet ordre, trois, deux & une. Cette église gothique, cachée dans un pays montagneux, est la plus belle du Vivarais; elle seroit curieuse à Paris même. C'est avec la même pierre qu'ont été bâties les fortifications qui environnent la ville, & qui lui donnent un air si pittoresque, en la voyant de quelque hauteur.

« Un anonyme, citoyen d'Argentière, a établi,

en 1784, une bibliothèque en cette ville, que l'Histoire Naturelle du Vivarais rendoit nécessaire dans ce pays, si fameux depuis quelque temps par les découvertes, & qui a donné naissance à plusieurs personnes illustres. Cette collection contient quatre mille volumes, consistant en livres de l'Imprimerie royale, dont Sa Majesté a gratifié le fondateur, ou provenus du contrôle général &c. »

Cette bibliothèque sera publique en faveur des étrangers, voyageurs & habitans du Vivarais. Elle ne renfermera, pour l'Histoire, rien de bien rare ni de bien curieux, puisqu'on n'y admettra jamais aucun livre contre la religion nationale ou contre les Rois de France; elle restera permanente à Argentière, de préférence à toutes autres villes du Vivarais, parce que celle-ci est située au centre du pays, & se trouve environnée de plusieurs autres villes.

En reconnoissance des dons que Louis XVI a faits à cette bibliothèque, son buste y doit être placé dans un lieu apparent & élevé, avec cette inscription :

Louis XVI, le meilleur des Rois & le pere des François, a donné en 1782 des ouvrages de son Imprimerie royale, qui ont été les premiers fonds de cette bibliotheque, la premiére qui ait été établie dans ces pays agrestes & montagneux.

Sur la porte d'entrée doit être gravée cette autre inscription :

Bibliothèque publique du Vivarais, fondée

en 1784, *la dixième année du règne de Louis XVI.*

Le clocher de l'église des Pénitens éprouve des oscillations lorsqu'on sonne fortement ; mais elles sont imperceptibles, & l'on voit que la partie la plus élevée du clocher ne devance ou ne recule à chaque allée & venue de la cloche, que d'environ un pouce & demi ; ce mouvement n'est pas comparable à celui qu'éprouve le clocher du bourg de *Burzet.* (Voyez *Aubenas.*)

USAGES. « L'Argentière est remarquable par quelques usages particuliers. Le jour du mardi gras, après les divertissemens auxquels ce jour est consacré, la jeunesse de la ville passe pendant la nuit devant la porte de chaque fille nubile ; on trace en gros caractères romains le nombre de ses années ; on continue ainsi tous les ans, jusqu'à ce que la fille soit mariée ; mais on observe que plusieurs d'entre elles, en vieillissant, ont soin d'effacer, le matin du mercredi des cendres, la double ou la triple X qui occupe toute la porte.

» A Montreul, les garçons peignent quelquefois ces chiffres avec de la lie des tonneaux ; le lendemain les filles viennent jeter à leurs portes la graine du foin qu'on trouve au fond du grenier.

» A Laurac, Montréal & autres paroisses voisines, un étranger qui emmene une fille de la paroisse pour l'épouser, doit payer vingt ou trente sous à chaque jeune homme non marié de cette paroisse.

» Enfin

» Enfin, la première nuit des noces tous les camarades portent vers minuit aux jeunes mariés une salade de poivre long ou de céleri, & les obligent d'en manger; on a vu la jeunesse, à qui on refusoit cette prérogative, escalader une maison, & enlever une cloison pour servir la salade » (1). *Histoire Naturelle de la France méridionale*, par M. Geraud de Soulavie.

L'air qu'on respire à l'Argentière est pur, quoique cette ville soit située dans un fond. Sa partie orientale ne jouit en hiver des rayons du soleil que vers trois heures du soir, encore n'est-ce que pour peu d'heures, parce que la montagne de la Croisette éclipse bientôt le soleil couchant; la partie occidentale, plus élevée, en profite quelque temps le matin.

ÉVÉNEMENT. En 1768, vers la fin de décembre, de fortes pluies firent enfler la rivière de la Ligne qui borde les remparts; le 3 janvier suivant on vit jaillir, de plusieurs caves, des sources d'eau vive & claire. On vit sortir encore du lit de la rivière d'autres jets également limpides; toutes ces sources étoient nouvelles dans le pays, & jamais on n'avoit ouï dire qu'il eût paru dans ces lieux aucun filet d'eau. Ces écoulemens qui durèrent trois jours, firent juger qu'il étoit sorti 43,200 toises cubes d'eau. La plupart des sources étoient fumantes, à cause de la froide température de l'air, & de la chaleur fixe des concavités d'où elles sortoient; ce phénomène,

---

(1) Ces deux derniers usages, à quelques différences près, sont communs à plusieurs lieux de France.

Partie II.

qui n'a plus reparu, excita dans le temps les recherches des curieux.

Mines de l'Argentière. Sur les hauteurs qui environnent cette ville, s'élèvent de tous côtés des tours qui attestent le grand nombre de propriétaires des mines. On voit encore une infinité d'excavacations, faites anciennement dans des rochers de grès. L'argent n'y est pas pur, mais seulement mélangé avec le plomb en petite quantité : aujourd'hui l'extraction ne payeroit peut être pas la moitié des travaux : sans doute qu'autrefois il n'étoit pas plus abondant ; mais l'argent avoit en Europe une plus grande valeur. On ne trouve pas la mine en filons, elle y existe par nodosités, répandues rarement dans la masse.

VIVIERS.

Ville épiscopale & capitale du Vivarais, située sur la rive droite du Rhône, à deux lieues de Montelimart.

La ville d'*Albe*, capitale des *Helviens*, connue sous les noms d'*Alba Helviorum* ou *Alba Helvia* (1), ayant été entièrement ruinée par *Crocus*, Roi des Allemands & des Vandales ; le siége épiscopal fut transféré d'Albe à Viviers, qui devint alors la principale ville du pays.

---

(1) On croit que cette ville existoit dans l'endroit où est aujourd'hui le bourg d'Aps, situé à deux lieues nord-ouest de Viviers ; on a trouvé dans ce bourg plusieurs antiquités qui ont confirmé cette opinion.

En 1562, la ville de Viviers fut une des premières qui se déclarèrent contre le Roi pour le parti du Prince de Condé & des Protestans. En 1567, lorsque la plupart des villes du Languedoc embrasèrent pour la seconde fois le parti de la révolte, celle de Viviers fut de ce nombre; les Religionnaires s'en assurèrent. Après l'édit de pacification, plusieurs villes révoltées se soumirent au Roi. Le sieur *Saint-Auban*, qui commandoit alors dans Viviesr pour le parti Protestant, refusa de rendre cette place; mais elle fut prise le 17 mai 1568. Saint-Auban fut fait prisonnier, & condamné à soixante mille livres d'amende pour être appliquées aux réparations de l'église de Viviers, qu'il avoit pillée à plusieurs reprises; ensuite le parlement de Toulouse lui fit couper la tête.

C'étoit par force que la ville de Viviers s'étoit soumise à la puissance du Roi : les massacres affreux de la Saint-Barthelemy, exercés contre les Protestans, à Paris, à Toulouse, à Gaillac, à Rabastens, & dans une infinité d'autres villes du royaume, devinrent un motif suffisant pour faire secouer un joug aussi odieux; la plupart des villes du Vivarais, & principalement Viviers, ne balancèrent point à s'élever contre un Prince qui violoit ses sermens, & se rendoit si indigne de son titre de Roi. Ces massacres furent le signal de la quatrième guerre civile; enfin on se trouva dans la nécessité de négocier la paix; & pendant cette négociation, le Maréchal *Damville* & le Duc d'*Uzès*, &c., en dépit du traité qui établissoit une suspension d'armes, continuèrent les hostilités dans le Languedoc. Par leur ordre, ou de son autorité, le Capitaine *Gueidan* tenta de surprendre, à la fin de février 1576, la ville de Viviers, qui n'étoit alors défendue que par les habitans; il s'empara du château en y entrant par les latrines : entrée digne d'un tel conquérant !

Moutault, Gouverneur de Viviers, rassembla bien vîte quelques troupes dans les environs, & força *Gueidan* à se retirer.

En 1577, Viviers fut forcé de se rendre au Roi.

DESCRIPTION. Cette ville, située entre des rochers, est, comme presque toutes les anciennes villes, mal bâtie, & les rues en sont étroites; son enceinte est fort circonscrite.

La cathédrale est assez belle, le chœur mérite quelque attention. Elle fut consacrée solennellement sous le titre de *Saint-Vincent*, au mois de février 1119, ou 1120, par le Pape Calliste II. Il est souvent parlé dans l'Histoire, des Evêques de Viviers & de leurs prétentions à l'indépendance des Rois de France. Ce fut dans cette cathédrale que le malheureux *Raymond*, Comte de Toulouse, après avoir été dépouillé de ses biens, fouetté par des Prêtres, vint faire hommage à l'Evêque de Viviers pour un fief qu'il fut contraint de reconnoître tenir de cette église; Il est marqué dans l'acte : *Tandis que Raymond baisoit l'autel, l'Evêque tenoit la chaîne qui étoit pendue au cou de ce Prince.*

USAGES. Parmi les églises de France qui avoient adopté & pratiqué, pendant les siècles d'ignorance, des cérémonies ridicules & indécentes, celle de Viviers s'est sur-tout distinguée dans la célébration de la fête des foux pendant le temps de Noël.

Les jeunes Chanoines, les Clercs, les Enfans de chœur, &c., commençoient la fête par l'élection d'un *Abbé du Clergé.* Après la cérémonie on chantoit le *Te Deum*, & l'on portoit le nouvel élu sur les épaules, dans le lieu où le chapitre étoit assemblé ; aussi-tôt que l'Abbé du Clergé entroit, tous les Chanoines, & l'Evêque lui-même, s'il s'y trouvoit, se tenoient debout par respect.

Après une collation copieuse & de longue durée, le haut-chœur d'un côté, le bas-chœur de l'autre, entonnoient & chantoient, sans mesure & sans accord, des paroles dépourvues de liaisons & de sens ; une partie des Chantres cherchoit à surpasser l'autre par des voix plus fortes, par des cris plus aigus ou plus éclatans. Ceux qui restoient victorieux de ce singulier combat, célébroient leur triomphe par des clameurs, des éclats de rire, des sifflemens, des hurlemens, des claquemens de mains, & se moquoient des vaincus par des gestes ridicules, des bouffonneries dans lesquelles chacun s'efforçoit de prouver ses talens ; ce tapage étoit terminé par une procession qui se continuoit tous les jours de l'octave.

Le jour de Saint-Etienne on procédoit à l'élection de l'*Evêque des Foux*, personnage différent de celui de l'*Abbé du Clergé.* Cet Evêque, pendant les trois jours de Saint-Etienne, de Saint-Jean, & des Innocens, assistoit à l'église, revêtu des habits pontificaux, tels que la chappe, la mître & la crosse, &, suivi de son Aumônier aussi en chappe, il s'asseyoit dans la chaire épiscopale, & recevoit les mêmes honneurs que le véritable Evêque.

A la fin de l'office, l'Aumônier disoit à pleine voix : *Silete, silete, silentium habete* ; le chœur répondoit : *Deo gratias*. L'Evêque des *Foux*, après avoir dit : *Adjutorium*, &c. donnoit gravement au peuple sa bénédiction, qui étoit suivie des indulgences suivantes, qu'accordoit ce Prélat postiche, & que son Aumônier prononçoit avec un ton doctoral :

De par Mossenhor l'Evequé,
Que Dieou vos doné mal al besclé,
Avez una plena banasta dé pardos,
Et dòs dés de raschâ de fòl lo mentô.

C'est-à-dire :

De part Monseigneur l'Evêque,
Que Dieu vous donne mal à la rate,
Avec un grand panier plein de pardon,
Et deux doigts de rache au menton.

Les jours suivans, la cérémonie étoit à peu près la même ; mais l'indulgence que cet Evêque accordoit, étoit différente :

Mossenhor qu'es eissi présen,
Vos dona XX banassas dé mal dé dens,
Et à tos vos aoutrés aoussi,
Dona una coa de Roussi.

C'eſt-à-dire :

Monſeigneur qui eſt ici préſent,
Vous donne vingt paniers de maux de dents,
Et à tous vous autres auſſi,
Il vous donne une queue de Rouſſin.

Nous aurons plus d'une fois occaſion de parler de ſemblables fêtes; en les comparant, on verra que celle-ci eſt une des plus décentes.

B A R J A C, &c.

Petite ville, avec le titre de baronnie, ſituée ſur le ruiſſeau de Molinez, à ſix lieues & un quart d'Uſès, & à cinq de Viviers.

HISTOIRE. En 1567, les Religionnaires la prirent avec les autres places des environs. Louis XIII, en 1629, parti le 4 juin du camp de Privas, alla coucher à Villeneuve-de-Berg; le lendemain il paſſa la rivière d'Ardeſche, à Vallon, & reçut la ſoumiſſion de *la tour de Salavas* & du *pont d'Arc*, dont nous allons parler dans cet article. Saint-Florent étoit alors Gouverneur de *Barjac*; il vint trouver Louis XIII, & lui porta les clefs de cette ville; ce Roi y fut coucher le même jour, y ſéjourna le 6, & n'en partit que pour entrer à Saint-Ambrois qui venoit de ſe ſoumettre, ainſi que pluſieurs autres places du Vivarais.

Cette ville eſt renommée dans le pays par une pierre blanche tendre, appelée *pierre de Barjac*; ſon tiſſu eſt fort ſerré, la ſcie la partage néanmoins fort aiſément : lorſqu'elle eſt sèche elle devient sonore, ce qui annonce la continuité de ses parties; le temps la durcit, & elle est propre à la sculpture.

Environs de Barjac. Le environs de cette ville renferment plusieurs curiosités intéressantes, telles que *la tour de Salavas, le pont d'Arc, le gouffre de la goule, &c.*

Tour de Salavas. Cette tour, après avoir été prise en 1573 par les Religionnaires, fut rendue, comme nous l'avons dit, à Louis XIII, en 1629. Ce monument curieux des guerres de la religion, & le village qui l'avoisine, ont appartenu à *Jean*, Baron d'*Apchier*; il vendit cette terre au Capitaine *Mathieu Merle*, qui prit alors le titre de *Baron de Salavas*. Ce Capitaine *Merle* fut célèbre pendant les guerres civiles par son courage féroce. On a une relation de ses exploits militaires, dressée par le Capitaine *Gondin*, & imprimée dans les pièces fugitives de l'Histoire de France.

La rivière d'Ardesche passe à côté de cette tour. Dans le siècle dernier, cette rivière se divisoit & formoit une île où s'élevoit le rocher sur lequel est bâtie la tour, qui se trouvoit fortifiée par l'art & la nature. Sa forme est carrée; elle est fort élevée, & entourée d'une enceinte. On s'y rendoit par un pont qui n'existe plus. Ce qu'il y a de remarquable, c'est que le bras du ruisseau qui passoit sous ce pont, a laissé son lit à sec, & que ce lit se trouve maintenant à cinq toises au dessus du niveau des eaux moyennes du lit actuel; ainsi, dans l'espace d'environ un siècle, la rivière d'Ardefche a creufé fon lit de cinq toifes de profondeur.

LE PONT D'ARC, fitué fur la rivière d'Ardefche, près de la Gorce, dans la paroiffe de *Valon*, offre un phénomène digne de curiofité des Voyageurs & de l'attention des Phyficiens.

Voici la defcription qu'en fait M. l'Abbé *Geraud de Soulavie* (1). « Pour avoir une idée nette de ce pont, il faut fe repréfenter deux hautes montagnes coupées à pic, qui referrent à droite & à gauche la rivière d'Ardefche. Ces deux montagnes fervent de fondement & de fortes culées à cet édifice, ouvrage majeftueux qui s'élève au deffus des eaux à près de deux cents pieds, & qui eft formé d'une feule roche.

» Cette élévation eft perpendiculaire dans la façade qui eft du côté de *Valon*, l'oppofée eft un peu inclinée; la largeur du pont eft de foixante-fix pieds.

» L'ouverture du pont d'Arc offre une voûte la plus hardie peut-être qui exifte dans le monde; elle eft haute de quatre-vingt-dix pieds depuis la clef jufqu'au niveau moyen de la rivière.

« La largeur prife d'une pile à l'autre vers le fondement, eft de cent foixante-trois pieds.

___

(1) M. Gerard, Docteur en Médecine, dans les Nos du *Journal de Monfieur*, du 1er août & du 15 juillet 1780, donne la defcription de ce pont.

» Toutes ces dimensions forment un ouvrage superbe & très-imposant ; & quoique cette voûte soutienne une énorme montagne, ses proportions géométriques portent en l'air tout ce fardeau qu'elles ont conservé jusqu'à nos jours pour l'étonnement des Naturalistes ».

Un angle de terre saillant & fort aigu, qui s'avançoit dans cette rivière, heurté dans les crues d'eau par les flots & les cailloux roulés, a été insensiblement miné, au point que les eaux se sont fait une ouverture à travers cet obstacle, & ont enfin abandonné leur ancien lit.

Cet ancien lit est aujourd'hui fort remarquable, & dans les fortes crues, l'eau y reflue encore.

Des colonnes milliaires romaines, trouvées dans le voisinage, font conjecturer que les Romains avoient fait passer sur ce pont la voie qui partoit de Nîmes, & qui aboutissoit à *Albe*, ancienne capitale des peuples appelés *Helvii*; dont il ne reste que des ruines, & le bourg nommée *Aps*; il en est fait mention ci-dessus, au commencement de l'article *Viviers*, page 82.

Ce pont, servant de passage d'une province à une autre, étoit, du temps des guerres civiles, une forteresse importante ; il fut tour à tour occupé par les Religionnaires & les Catholiques qui faisoient leur logement des sombres cavités de ce rocher. Lorsque les troupes de l'un ou de l'autre parti s'étoient emparées de ce fort, les vainqueurs s'amusoient à faire sauter leurs prisonniers, du haut de ce rocher, dans la rivière d'Ardefche; il fut foumis, comme nous l'avons dit, à Louis XIII.

LE GOUFFRE DE LA GOULE, peu éloigné du pont d'Arc, eft situé entre ce pont & *Barjac*. La montagne fur laquelle eft ce gouffre, femble compofée d'une feule roche vive & calcaire. Au milieu du plateau que forme cette montagne, & dans le vallon appelé l'*enfoncement de la Goule*, on voit le *baffin de la Goule*, creufé dans la roche vive, coupé à pic ou en pente rapide, depuis les lieux les plus élevés des montagnes environnantes jufqu'au fond du baffin. Les montagnes qui environnent ce baffin, ont huit lieues de tour, en parcourant leurs fommets d'où partent les eaux qui vont fe jeter dans le gouffre. Ces eaux, dit M. l'Abbé de Soulavie, ramaffées vers le gouffre dans un petit baffin creufé par leur chute..., tombent en forme de cataracte dans le précipice qui eft de figure ovale; elles tombent enfuite d'un baffin dans un autre: une cataracte fouterraine fuccède à la première, & une troifième à la feconde jufqu'à ce qu'on perde les eaux de vue; l'on n'entend plus alors, dans ces concavités, qu'un bruit fourd qui annonce des cataractes plus profondes encore.

Après avoir circulé dans l'intérieur de la montagne, les eaux de la Goule vont fe faire jour dans le voifinage du pont d'Arc, & fortent par deux ou trois conduits fouterrains. (*Voyez* Hiftoire Naturelle de la France méridionale, tom. 3, pag. 297.)

GROTTES *de Valon*. Au delà de l'Ardefche,

presque en face de *Salavas*, est le château de *Valon*, fameux par les grottes qui se trouvent dans le voisinage. Voici les détails du voyage & des expériences faits par M. l'Abbé *Geraud de Soulavie*, qui, après une heure de trajet, parti du château de Valon, arriva au pied de la montagne où sont ces fameuses grottes. « On parvient, dit-il, au sommet avec beaucoup de difficultés & de peines, à cause de la rapidité du penchant ; mais lorsqu'on est arrivé à l'entrée des grottes, située à près de cinquante toises au dessus du niveau de la rivière ou de la base de la montagne, on observe au dessus de l'entrée une roche coupée à pic ; c'est l'énorme carrière horizontale de pierres calcaires grisâtres qui sert de toît à la grotte souterraine dans laquelle nous pénétrâmes de cette sorte.

» Couchés sur le ventre, nous nous y introduisîmes d'abord avec quelques difficultés, à cause du passage étroit ; on nous dit même qu'une dame Valonoise, de beaucoup d'embonpoint, ayant voulu y entrer, s'étoit tellement embarrassée, qu'il avoit fallu enlever des pierrailles pour la délivrer, ce qui nous facilita beaucoup le passage : nous rampâmes néanmoins l'espace de quelques toises.

» L'ouverture étroite s'agrandit ensuite tout à coup : un majestueux corridor s'offrit à nos regards ; nous *éclairâmes* les bougies, & nous jugeâmes qu'il s'étendoit à perte de vue.

» Mille espèces d'insectes avoient choisi ce vestibule pour y passer le reste de l'automne & l'hiver ; on sait qu'il est plusieurs familles de ces animaux qui viennent jouir de la chaleur bénigne de la terre pendant les frimas.

» Nous observâmes des chauves-souris engourdies, suspendues sur leurs petites griffes, & nos conducteurs nous avertirent de prendre garde aux serpens qui viennent en foule passer l'hiver dans ces lieux.

» Il faut remarquer au reste, que tous ces animaux fixent leur demeure vers la porte des concavités ; on ne les trouve jamais à des profondeurs totalement privées de lumière.

» Après avoir fait quelques pas dans les grottes, nous observâmes de loin plusieurs stalactites gigantesques, en forme de pyramides, qui nous parurent fuir au loin dans ces lieux obscurs. Quelques-uns crurent apercevoir alors une suite de fantômes ; illusion nocturne, qui provenoit de ce que ces stalactites éclairées, placées entre les yeux de l'observateur & un lointain ténébreux, n'avoient dans leur voisinage aucun autre corps éclairé, pour que l'esprit pût les comparer & juger de leur grandeur & de leur nature ! De là ces images fantastiques, créées par l'imagination dans une pareille circonstance ; aussi ne fus-je point surpris d'apprendre que les femmes du village, & même des hommes peureux ou pusillanimes, étoient souvent épouvantés des objets illusoires & inopinés qui s'offrent dans ces souterrains.

» .... Un bon villageois nous avoua qu'il avoit cru voir des diables ; l'un des domestiques crut apercevoir un Jacobin ; un bon dévot enfin crut reconnoître des revenans.

» Ce beau corridor, d'une largeur variée depuis dix jusqu'à trente pas, se subdivise en plusieurs autres petites avenues latérales ; la plupart sont creusées en pente, & vont aboutir à des tribunes supérieures, semblables aux chaires des églises.

» Ces allées sont ornées d'une tapisserie de stalactites les plus blanches, sculptées la plupart en relief, & remarquables par leurs formes singulières, qui offrent à l'imagination mille objets divers dont elles semblent porter l'empreinte.

» En nous enfonçant toujours dans cet antre spacieux & longitudinal, nous trouvâmes les revenans & les diables qu'on avoit vus de loin. C'étoit un amusement bien singulier de voir nos gens revenir de leur erreur les uns après les autres; je les observai palper avec un certain contentement ces diables & ces revenans, rectifiant par le toucher leur jugement antérieur.

» Ces stalactites pyramidales méritent réellement une place distinguée parmi les plus magnifiques productions de la nature; elles ont plus de six pieds d'élévation sur quatre à cinq de diamètre pris sur la base; les unes & les autres ont une stalactite correspondante, suspendue à la voûte, de manière que leurs aiguilles pointent l'une contre l'autre.

D'autres fois une colonne de la hauteur de la grotte est attachée à la voûte & au sol, ne faisant qu'une seule masse, offrant de petites colonnes secondaires juxtaposées, comme les piliers des églises gothiques.

Souvent la partie inférieure de ces colonnes finit en une pente qui s'élargit considérablement, formant tout à l'entour un plan incliné; la matière spathique s'étend alors en forme de nappe d'eau, agitée de quelques petites ondulations.

» Mais j'admirai davantage des ftalactites ramifiées partant d'un tronc commun ; d'autres, attachées à un petit pédicule, repréfentoient des efpéces de melons gigantefques, qui fembloient menacer la tête des obfervateurs.

» Quelques ftalactites creufes étoient fufpendues aux voûtes, & laiffoient fuinter de leur centre quelques gouttes d'eau la plus limpide, qui, n'ayant pas eu encore le temps de fe convertir en ftalactite inférieure & correfpondante, formoit fur le fol de petits creux, & découvroit des amas de cailloux roulés ; j'en obfervai de bafaltiques, de calcaires, & de graniteux.

. . . .

» Le thermomètre de Réaumur étoit au deffus du tempéré en entrant dans la grotte : il s'y foutint d'abord quelque temps ; mais il fe fixa enfuite au tempéré, où il s'arrêta demi-heure.

» Arrivé au centre de la grotte, fitué à bien près d'un demi-quart de lieu de l'entrée, le thermomètre monta à une ligne & demie au deffus du tempéré.

» Craignant que la chaleur naturelle de celui qui le portoit ne fût la caufe de cette fingulière augmentation de chaleur au deffus de la température ordinaire des fouterrains, je pris le thermomètre, & je le plongeai dans un petit baffin d'eau de la grotte, qui, fans erreur, pouvoit donner dans l'inftant le degré de température des grottes : mais l'efprit de vin fe foutint toujours au même degré.

» Avant d'arriver à l'iffue des grottes, la

liqueur du thermomètre paſſa au même degré où elle ſe fixe dans les caves de l'Obſervatoire de Paris.

» Mais un demi-quart d'heure après être ſorti des grottes, la liqueur du thermomètre s'étoit rendue au degré où elle étoit avant d'y entrer, c'eſt-à-dire, à deux degrés de chaleur au deſſus de la température des caves de l'Obſervatoire de Paris ».

Il paroît par ces expériences, que l'air atmoſphérique étoit plus chaud que celui de la grotte; que cette température de l'intérieur des grottes étoit égale à celle des caves de l'Obſervatoire & de tous les ſouterrains conſidérables.

BOURG-SAINT-ANDEOL.

Petite ville, autrefois nommée *Gentibus*, ſituée ſur la rive droite du Rhône, preſque vis-à-vis *Pierrelatte*, à une lieue & deux tiers de *Viviers*.

ORIGINE. L'Empereur Sévere vint pour la ſeconde fois dans les Gaules, afin d'appaiſer les troubles de la Bretagne; on croit que ce fut alors que ce Prince fit ſouffrir le martyre à *Saint-Andeol*, le premier qui ait arroſé de ſon ſang cette partie de la Gaule Narbonnoiſe. L'an 855, on découvrit les reliques de ce Saint dans ce village, qui alors étoit appelé *Gentibus*, & qui depuis prit le nom du ſaint Martyr. Voilà ce qu'une tradition fort incertaine a conſervé ſur l'origine de cette ville, & ſur le Saint qui lui a donné ſon nom.

En 1562, le Baron *des Adrets*, à la tête des troupes du parti Proteſtant, s'empara de bourg-Saint-Andeol. Les Catholiques reprirent cette ville dans la même année, & les Proteſtans, en 1577, s'en emparèrent pour la ſeconde fois.

DESCRIPTION. Cette ville, fort agréable, eſt le ſéjour ordinaire des Evêques de Viviers.

Dans la principale égliſe, on remarque le tombeau de Saint-Andeol, orné de menuiſerie.

A cent pas de la ville, près la fontaine de Tournes, eſt une grotte taillée dans le roc vif, ſituée entre deux fontaines, ou plutôt deux gouffres profonds. Cette grotte offre un des plus remarquables monumens des Gaulois. C'eſt un temple au dieu *Mithras*; on y voit encore l'autel où ſont ſculptées pluſieurs figures en bas-relief.

Ce bas-relief repréſente un jeune homme vêtu d'une draperie légère; ſa tête eſt couverte d'un bonnet que les Perſes appeloient *Tiare*; il ſaiſit de ſes mains un taureau qu'il s'efforce de dompter, & auquel il a déjà fait plier les deux jarrets de devant. Un chien s'élance & ſe dreſſe ſur le cou du taureau, entre les pieds duquel on voit un ſcorpion, ou quelque autre animal ſemblable; au deſſous eſt un grand ſerpent qui rampe.

Au deſſus, & à droite de la figure du jeune homme, eſt une tête entourée de neuf rayons, repréſentant le ſoleil, & à gauche eſt une autre tête déformée par le temps, mais à laquelle on diſtingue encore de grandes cornes; elle eſt peut être l'image de la lune. Au bas de l'autel eſt une eſpèce de cartouche où l'on voit bien qu'il y avoit une inſcription, mais

Partie II. G

dont il reste peu de caractères distincts ; on juge seulement que cette inscription avoit deux lignes.

Dans les Mémoires de Trevoux, du mois de février 1724, on trouve une dissertation publiée par le Père Guillemeau, Provincial des Barnabites de France, dans laquelle il est suffisamment prouvé, d'après plusieurs monumens de l'antiquité, que cet autel fut consacré au Dieu que les Perses adoroient sous le nom de *Mithras*, & les Auvergnats, peuples limitrophes du Vivarais, sous celui de *Belinus* ; & que la figure du jeune homme sculptée dans le bas-relief est celle de ce Dieu ; il étoit toujours représenté sous l'emblême d'un jeune homme vigoureux, vêtu à la phrygienne, domptant ou poignardant un taureau abattu à ses pieds.

Si l'on pouvoit déchiffrer l'inscription qui est au bas de cet autel, on y trouveroit peut-être ces mêmes mots qui se lisent sur un bas-relief représentant le même Dieu, conservé dans la vigne Borghese, & sur les autres monumens qui nous restent de cette Divinité :

DEO SOLI INVICTO MITHRÆ.

C'étoit toujours dans la profondeur des antres que se célébroient les mystères du dieu Mithras. Ces mystères étoient impénétrables au vulgaire ; pour y être initié, il falloit subir des épreuves cruelles ; l'aspirant perdoit souvent la vie au milieu des tourmens.

Ce Dieu étoit l'emblême du soleil, de la fécondité, de la force génératrice des êtres ; c'est pourquoi ses temples étoient toujours placés auprès des sources vives, qui sont un des principaux agens de la végétation. Quelques Ecrivains de l'antiquité disent qu'il étoit né d'une pierre, & que lui-même eut un fils nommé *Diorphus*, qui étoit de pierre; c'est aussi à cause de cette affinité avec les pierres qu'on choisissoit des cavernes, des rochers pour servir de temples à ce Dieu.

PONT-SAINT-ESPRIT.

Ville avec une très-bonne citadelle, située sur la rive droite du Rhône, à deux lieues de Bagnols, à quatre de Viviers, à six d'Usez, & à sept d'Avignon.

ORIGINE. *Geraud*, Archevêque d'Aix, voulant renoncer à sa dignité pour embrasser la vie religieuse, donna, en 945, à l'abbaye de Cluni, de grands biens & une église de *Saint-Saturnin*, située à la droite du Rhône.

Cette église & ces biens furent employés à la fondation du prieuré de *Saint-Saturnin du Port*, dont la ville du Pont-Saint-Esprit, bâtie depuis au même endroit, tire son origine.

Ce prieuré subsistoit déjà en 959; quant au nom de Saint-Esprit, ce n'est que depuis la fin du treizième siècle que cette ville l'a pris du célèbre pont qui y fut bâti alors sur le Rhône.

Ce pont, autrefois beaucoup plus célèbre qu'aujourd'hui, fut commencé en 1265; ce temps-là étoit le règne de l'ignorance & de la superstition; tout ce qui passoit un peu les bornes étroites des connoissances humaines, étoit regardé comme surnaturel ; ainsi, la construction de ce pont, fort étonnante alors, ne fut attribuée qu'à un miracle : voici comme on le raconte.

Les fréquens naufrages que causoit en cet endroit l'extrême rapidité du fleuve, faisoit depuis long-temps désirer aux habitans du pays qu'on y pût bâtir un pont. Bientôt un Ange apparut à un Berger du voisinage, lui ordonna d'entreprendre ce travail, d'y bâtir une chapelle avec un hôpital ; & le Berger, inspiré de Dieu & aidé des aumônes des Fidèles, devint architecte & construisit le pont, la chapelle & l'hôpital (1).

Ce qui est plus croyable, c'est que les habitans du lieu de *Saint-Saturnin du Port*, ainsi appelé à cause du passage qu'il y avoit en ce lieu sur le Rhône, s'étant associés, résolurent de construire un pont sous le nom du *Saint-Esprit*, parce qu'ils attribuèrent leur résolution à une inspiration de l'esprit divin.

En conséquence ils firent une quête dans les environs. Les habitans, intéressés au succès d'une construction aussi utile, y contribuèrent abondamment. La somme amassée étoit suffisante ; les matériaux étoient préparés, & on avoit déjà bâti sur la rive droite du Rhône une maison

---

(1) Le plus ancien monument qui rapporte cette fable, est une Bulle du Pape Nicolas V, de l'an 1448 ; il est évident que ce Pape a confondu l'Architecte du pont Saint-Esprit avec celui du pont d'Avignon, qui étoit un Berger nommé *Benezet*, & qui, de même, devint Architecte miraculeusement.

pour logèr les ouvriers ; tout étoit difposé, la faifon étoit favorable, les eaux étoient baffes, & chacun attendoit avec impatience le commencement d'un ouvrage auffi important ; lorfqu'un obftacle imprévu vint arrêter les travaux, & jeter la confternation dans tous les efprits. Cet obftacle n'étoit ni le défaut d'habileté des Architectes, ni la profondeur du fleuve, ni fa rapidité effrayante ; c'étoit un Moine.

Ce Moine, nommé *Jean de Thianges*, étoit malheureufement Prieur de Saint Saturnin du Port, & malheureufement encore le Prieur de ce monaftère eft Seigneur de la ville en pariage avec le Roi. En cette qualité, il s'oppofa à la conftruction du pont, fous prétexte qu'il étoit préjudiciable au droit du monaftère ; il porta l'affaire devant le Sénéchal de Beaucaire, qui ajourna les parties, & ordonna qu'en attendant, les chofes demeureroient au même état. Cependant les ouvriers, les entrepreneurs & les principaux habitans du voifinage fommèrent le Prieur, le 16 août 1265, de confentir à la conftruction du pont, attendu que tout étoit prêt pour commencer, que le moment étoit favorable, & que le moindre retard cauferoit un grand préjudice. Le Moine Prieur répondit qu'il avoit fait fon oppofition, & qu'il attendoit la décifion du Sénéchal de Beaucaire ; enfin fa prétention étoit à la fois fi peu fondée & fi révoltante, qu'il fe vit forcé de l'abandonner.

Les habitans, pour adoucir fon opiniâtreté monacale, & obvier à de nouvelles chicanes de fa part, flattèrent fa vanité en le priant de pofer lui-même la première pierre de ce pont; ce qu'il fit solennellement le 12 septembre suivant, à la première arche de la rive gauche du fleuve.

Depuis ce jour, les travaux furent continués sans interruption, avec des peines & des dépenses étonnantes, & durèrent pendant quarante-cinq ans; car le pont ne fut achevé que vers la fin de l'an 1309.

Les habitans de Saint-Saturnin eurent la principale direction de ce grand ouvrage auquel les Religieux du prieuré présidoient; tous les trois ans ils élisoient trois d'entre eux, qui, sous le nom de *Recteurs*, inspectoient les travaux, & rendoient compte, à la fin de l'année, de leur administration & de l'emploi des quêtes qu'ils faisoient faire de toutes parts; ces quêtes, autorisées par les bulles des Papes & par des chartres de nos Rois, furent très-abondantes. On institua même une société ou confrérie de *frères Donnés* ou *Donnats*, & de *sœurs Données*; les premiers furent employés au travail de la construction, ou à quêter; les autres, à servir les ouvriers ou à les soigner dans leurs maladies.

Les Moines, pour être dédommagés des soins qu'ils avoient donnés à la construction de ce pont, sollicitèrent auprès de Philippe le Bel le droit de percevoir un péage. Ce Roi leur accorda un droit appelé *Petit blanc*, qui consiste dans la levée de cinq deniers tournois sur chaque minot de sel qui remonte le Rhône, & dont la perception produit aujourd'ui au moins douze mille francs tous les ans.

DESCRIPTION. Ce pont, qui n'est point bâti en droite ligne, a quatre cent vingt-cinq toises de long, depuis l'angle flanqué du bastion de Saint-Michel de la citadelle, qui fait un des pieds droits de la première arcade du côté de la ville, jusqu'au bout de la rampe qui termine la dernière arcade de l'autre côté du Rhône; sa largeur est de douze pieds dans œuvre, & de dix-sept pieds hors d'œuvre, y compris l'épaisseur des parapets; il est fort élevé, & composé de vingt-six arches, dont dix-neuf grandes & sept petites qui sont aux extrémités; les plus grandes ont dix-huit toises d'ouverture; il y a deux cent soixante toises fondées sur le roc, & cent cinquante-trois sur pilotis.

Il paroît que les Architectes, par nécessité ou par choix, ont préféré, dans cette construction, l'architecture antique à la gothique : l'on doit remarquer que rien de ce pont n'indique le temps où il a été bâti; les arches forment une portion de cercle dont le centre seroit à environ cinq toises au dessous de la naissance de l'arc, le massif au dessus des piles est percé à jour, & offre un portique à plein cintre, d'une bonne proportion.

La ville du Pont Saint-Esprit est assez jolie. La citadelle, construite en 1622, offre dans son plan quatre bastions; elle renferme l'église du Saint-Esprit. Pour la construire, on détruisit l'hôpital qui avoit été bâti dans le même temps que le pont; on en construisit un nouveau en 1690, avec une petite chapelle sous l'invocation de Saint-Louis.

ANECDOTES. A la fin de l'année 1361, la

ville du Pont Saint-Esprit fut prise par une compagnie de brigands, composée d'Anglois & de Gentilshommes François, & commandée par les Capitaines *Gui Dupin* & le petit *Mechin*. *Jean Souvrain*, Sénéchal de Beaucaire, la défendit quelque temps ; mais étant tombé d'un échafaud, il fut pris & la ville aussi. Froissard raconte que « ce fut pitié, car ils occirent maints » prud'hommes, & y violèrent maintes damoi- » selles, & y conquirent si grand avoir, qu'on » ne le sauroit nombrer, & assez grande pour- » véance pour vivre un an ». Ces compagnies de Gentilshommes & de vagabonds qui désoloient la France, se choisirent, dans la ville de Saint-Esprit, un Capitaine souverain qui se faisoit communément nommer *Ami de Dieu, & ennemi de tout le monde*.

Ces brigands, qu'on appeloit *Routiers*, s'étoient emparés du Pont Saint-Esprit dans l'intention d'être plus à portée de ravager le Comté Vénaissin & la ville d'Avignon. Le Pape Innocent VI, extrêmement inquiet de leur voisinage & de leurs entreprises, les fit sommer de se retirer, déclara leur association nulle, & les menaça de lancer contre eux les peines spirituelles, s'ils refusoient plus long-temps d'obéir ; il les excommunia même : mais ce moyen ne fit qu'irriter les Routiers, qui s'attachèrent surtout à désoler & à piller les terres papales. Il fallut d'autres armes pour les soumettre, encore n'en vint-on pas parfaitement à bout. Pour leur faire abandonner le Pont Saint-Esprit, le Pape fut obligé de traiter avec eux, de leur accorder soixante mille florins d'or, & par dessus le marc ché, de leur donner l'absolution de tous les crimes qu'ils avoient commis.

Cette ville, mais non pas la France, fut ainsi délivrée de cette troupe de voleurs & de brigands, parmi lesquels se trouvoient plusieurs Nobles du royaume.

Pendant les troubles des règnes de Charles VI & de Charles VII, la ville du Pont Saint-Esprit se soumit volontairement aux Bourguignons; le Dauphin Charles VII vint en faire le siége au commencement de mai 1420; les habitans d'Avignon & de la Provence lui fournirent de l'artillerie pour battre cette place, qui fut enfin obligée de se rendre. Les soldats du parti Bourguignon qui étoient dedans, furent tués ou faits prisonniers; après y avoir laissé une garnison, ce Prince partit ensuite pour le Puy en Velai.

Pendant les guerres de la religion, la ville du Pont Saint-Esprit partagea le sort des villes voisines, & éprouva des révolutions malheureuses. D'abord elle se déclara pour le parti du Prince de Condé & pour les Religionnaires. Les Catholiques la soumirent: elle se révolta ensuite contre Charles IX; les Protestans alors s'en assurèrent pour la seconde fois. Les Catholiques la reprirent, & l'abandonnèrent ensuite, puis elle fut reprise par les Protestans qui en furent chassés; enfin, après plusieurs autres siéges ou combats, après avoir éprouvé tous les maux des guerres civiles, elle fut en proie aux ravages de la peste.

Louis XIII y vint ensuite, & ce fut là que ceux qui le conduisoient signalèrent leur tyrannie en refusant les propositions que Monsieur, frère de ce Roi, faisoit en faveur de plusieurs grands Seigneurs qu'il avoit entraînés dans sa révolte, & qui étoient moins coupables que lui.

Enfin les habitans du Pont Saint-Esprit ne portèrent point seuls les marques des désastres de la guerre; le pont lui-même fut, en plusieurs endroits, endommagé par le canon.

C'est proche du Pont Saint-Esprit que la grande route qui vient de Lyon se divise en deux autres routes, dont l'une, prenant à droite, va, par le Pont du Saint-Esprit, en Languedoc, en Roussillon &c., & l'autre, par la Principauté d'Orange, mène en Provence & en Italie.

ENVIRONS du Saint-Esprit. En montant du Pont Saint-Esprit vers Saint-Remèse, on parcourt toujours des vallons ou des plaines de nature calcaire; la vue du voisinage de *Bidon*, village de la dépendance de Saint-Remèse, attire toute l'attention du Voyageur. C'est, dit M. l'Abbé Soulavie, une région immense, formée d'un rocher tout d'une pièce, horisontal, avec la consistance du marbre le plus dur, susceptible du plus beau poli, fendu intérieurement en mille sens divers, de couleur de fer, très-homogène dans sa texture, n'ayant dans son sein que quelques cornes d'ammon, & des bélemnites qu'on trouve de cent en cent pas.

Ces cornes d'ammon ne sont vides dans aucune de leurs parties; leur substance est absolument changée en marbre de la même nature, couleur & dureté que le marbre ambiant; de sorte qu'on ne distingueroit jamais ces anciens corps marins, s'il n'y avoit une séparation entre eux & le marbre qui les contient. Or cette séparation est peu considérable, ou plutôt l'espace qui est entre le corps pétrifié & le marbre, est si petit, qu'on ne peut souvent l'apercevoir sans lentille ; à l'aide de cet instrument, on distingue la section, qu'on peut comparer à celle d'un morceau de bois fendu & réuni dans le même moment.

Tel est l'état de l'immense rocher des environs de Bidon ; les eaux, les gelées, l'air & tous les agens destructeurs de la nature en ont altéré le sommet, qui est plus tendre que les parties inférieures. Cet énorme rocher se montre néanmoins à nu ; il est élevé de telle manière, qu'il forme une véritable plaine en montagne, sur laquelle il n'y a aucune couche de terre végétale, & les habitans de Bidon, les plus misérables des environs, ne tirent leur substance que de quelques champs qu'on trouve dans deux ou trois petits ravins secs, où la terre s'arrête, & où ils sement du blé ; ils ont d'ailleurs quelques bestiaux se nourrissant de l'herbe qui vient fortuitement sur leur rocher pelé qui offre quelques petits creux où la terre & l'humidité produisent des plantes & des buis.

Mais outre ces creux, le rocher de Bidon présente encore, de part & d'autre, des précipices affreux, des fentes longitudinales qui s'étendent depuis son sommet jusques sans doute vers son fondement. Ce qui étonne davantage, c'est de voir que ces fentes sont de véritables scissions du rocher, qui étoient auparavant réunies ; chaque partie saillante de marbre s'avance vers la partie enfoncée qui est vis-à-vis, & offre une véritable retraite de la matière par l'effet d'une force quelconque qui a condensé cette masse énorme de marbre.

Ces fentes perpendiculaires sont d'une profondeur étonnante ; on compte jusqu'à huit battemens de pouls avant qu'une pierre soit arrivée au fond ; elle tombe alors dans l'eau, & un bruit sourd succède à sa chûte : la largeur des fentes est depuis un demi-pied jusqu'à deux ; elles sont prolongées en droite ligne, & se croisent entre elles, formant des carrés, des trapèzes, des triangles de toutes les formes ; de sorte que la masse totale est ainsi divisée en colonnes comme des basaltes énormes.

Toutes ces fentes ne sont pas de la même profondeur ; quelques-unes sont remplies de déblais calcaires, granitiques, & même volcaniques ; d'autres ne sont pas exactement perpendiculaires.

M. l'Abbé Soulavie a fait tirer de l'eau qui est au fond, pour savoir si elle étoit minérale, & quel étoit son degré de chaleur ou de froid ; il l'a trouvée très-pure & très-fraîche ; l'ayant observée en hiver, il a vu ces fentes laisser exhaler des vapeurs humides que la chaleur souterraine de la terre volatilisoit.

Telle est l'histoire du rocher immense de marbre de *Bidon* ; il a du midi au nord près de trois quarts de lieue de largeur, & de l'orient au couchant, il forme une zône de deux lieues de distance. En suivant la même ligne du couchant au levant, des rochers de la même nature, sans couches & sans divisions horizontales, succèdent ensuite à ces masses juxtaposées.

Ruoms est un bourg situé au côté gauche de l'Ardesche ; ses landes sont entre cette rivière & la montagne des Bulliens ; elles offrent dans le désordre le plus singulier, des rochers & des pics qui s'observent sur un terrain en forme de zône longitudinale d'occident en orient, parellèle avec le niveau de la mer, & d'environ demi-lieue de large.

De tous côtés on ne voit que des masses énormes de rochers coupés, mutilés, séparés les uns d'avec les autres ; & comme par-tout ailleurs le système général des pierres de nature calcaire se présente en forme de couches ordinairement inclinées ou horizontales, on est très-étonné de voir cette singulière séparation verticale des rochers, les uns d'avec les autres.

On admire encore davantage des espèces d'auges creusées dans le rocher fondamental, qui supporte toutes ces masses ; ces auges, qu'on rencontre de toutes parts, ont une sorte de régularité qui attire sur-tout l'attention : ce sont de grandes sphères concaves, des creux gravés dans le marbre en ovale, des enfoncemens de quatre, six & huit pieds de profondeur.

Rien n'est ici l'ouvrage de l'art, nulle part on ne voit les traces du travail ni de l'industrie humaine ; tout est pratiqué avec tant de soin par la nature, & ces enfoncemens sont si polis, qu'on ne sauroit croire que les hommes ayent jamais passé leur temps à opérer ces merveilles dans des déserts.

On ne peut pas même imaginer que ces creux aient été ainsi formés par la présence d'un corps étranger qui auroit été tiré de ces moules après la pétrification de la matière ambiante : car on trouve dans plusieurs creux des enfoncemens qui ont plus de capacité que leur bouche ; jamais ces couches n'eussent laissé extraire des corps étrangers qui auroient été plus larges que l'ouverture.

Les masses cubiques du même canton n'étonnent pas moins que tous ces objets. Ici la régularité & l'ordre succèdent à la confusion précédente ; de toutes parts on voit des blocs de marbre s'élever au dessus de l'horizon d'une figure quadrilatère, & quelquefois pentagone ; ils sont attachés au grand rocher de même nature, qui est leur fondement, & ne font qu'un seul & même corps avec lui.

On voit des cubes d'une hauteur de vingt à trente pieds, d'autres de quatre à cinq ; quelques-uns ont vingt pieds de diamètre, d'autres en ont plus encore.

Leur distance est aussi variable que leur grandeur & leur grosseur ; tantôt ils sont éloignés les uns des autres d'environ trois pieds, tantôt de douze, tantôt de quinze à vingt & au delà.

On considère quelquefois de lourdes masses posées sur un très-petit piédestal de même nature, mais rongé vers son fondement.

D'autres fois on voit quelques cubes renversés ; un de leurs angles les soutient sur le grand rocher fondamental inférieur ; le reste de la masse est appuyé sur l'autre partie du cube qui s'est maintenue en place sans se détacher du grand rocher fondamental.

La vue générale de toutes ces régularités & de toutes les irrégularités voisines, offre plusieurs tableaux très-expressifs de quelque ville ruinée, incendiée ou renversée par des tremblemens de terre; mais dans la réalité, ce ne sont que des ruines de la nature.

L'étonnement augmente encore, si l'on fait attention que des chênes fort élevés & majestueux croissent parmi ces masses. On voit ces arbres se cramponner entre les rochers, étendre leurs racines fort loin tout le long des sillons gravés dans le roc, & quelquefois, lorsqu'ils ne peuvent point les envoyer d'un côté, on voit dans ces arbres un surcroît de substance ligneuse munie de son écorce, qui embrasse très-étroitement le roc fondamental, & qui se glisse dans les parties enfoncées, en entourant celles qui sont saillantes. (Voyez l'*Histoire Naturelle de la France méridionale*, par M. l'Abbé *Geraud de Soulavie*.)

VALBONNE. A quelques lieues du Pont Saint-Esprit est la *Chartreuse de Valbonne*, fondée par *Guillaume de Venejan*, Evêque d'Usez, qui échangea, au commencement de l'an 1204, l'église d'Ornols contre celle de Bondillons, dans son diocèse, avec l'Abbé d'Aniane & le Prieur du monastère de Gourdaques, dépendant de cette abbaye, pour en gratifier les Chartreux, qui y établirent une maison de leur ordre, & lui donnèrent le nom de *Valbonne*.

Les environs de cette Chartreuse sont fort intéressans pour le Naturaliste; mais l'intérieur contient quelques objets capables de satisfaire l'amateur des Beaux-Arts. On y voit plusieurs grands tableaux, dont les plus modernes repréſentent Jéſus-Chriſt chez le Phariſien, & l'Extrême-Onction, par M. *Bardin*, de l'Académie de Peinture, &c. de Paris.

USEZ.

Ville épiſcopale & chef-lieu d'un pays appelé l'*Uſégeois*, ſituée entre des montagnes, ſur la rivière d'Eyſent, à ſept lieues du Pont Saint-Eſprit, & à quatre lieues de Nîmes.

ORIGINE. On conjecture que l'ancienne ville appelée *Vindomagus*, ſituée au milieu du pays des *Volces arécomiques*, & qui tenoit le ſecond rang parmi les villes de ces peuples, eſt la même que la ville d'Uſez. Quoi qu'il en ſoit, cette ville n'eſt connue que par les anciennes notices qui lui donnent le nom d'*Ucecia*, & de *Caſtrum Ucecienſe*; ſous les Romains elle avoit un collége de Sevirs Auguſtales (1).

Sous le règne de Théodebert, la ville d'Uſez avoit une monnoie; ce qui eſt prouvé par une petite pièce trouvée à Genève, & par une diſſertation faite à ce ſujet, qui eſt recueillie dans le tome V de l'Hiſtoire du Languedoc, page 669.

---

(1) Prêtres conſacrés au culte d'Auguſte; la ville de Narbonne avoit élevé des autels à cet Empereur trois ans avant ſa mort; les villes de Nîmes, de Beziers & d'Uſez ſuivirent cet exemple que la raiſon condamnoit, mais qui étoit en quelque ſorte juſtifié par la religion payenne, & par la douceur du gouvernement d'Auguſte.

Le protestantisme fit de grands progrès dans cette ville. Un ministre de Genève, le 10 septembre 1560, y vint prêcher publiquement les nouvelles opinions. Les gens de l'Evêque & du Comte de Crussol, Seigneur de la ville, en étant avertis, se présentèrent pour se saisir de sa personne ; ils n'y parvinrent point, à cause du grand nombre de ceux qui l'accompagnoient : mais ils réussirent à faire prendre la fuite au Prédicant.

En 1561, le Prince de Condé ayant perdu l'espérance de soumettre la ville de Toulouse, en fut dédommagé d'un autre côté par un grand nombre de villes qui embrassèrent son parti ouvertement ; de ce nombre fut Usez.

Les malheurs des guerres civiles produisirent un fléau presque aussi destructeur qu'elles. La peste, en 1564, se répandit dans le Languedoc, se manifesta sur-tout à Usez & dans les villes voisines, & causa beaucoup de ravages.

Après les massacres de la Saint-Barthelemi, les Protestans voyant que la rebellion étoit le seul moyen qui leur restoit pour défendre leur fortune & leur existence, se soulevèrent par-tout dans le Languedoc contre une autorité perfide.

Le Roi, instruit de ces troubles, fit partir aussi-tôt le Maréchal de Damville pour y remédier. Quelque temps après son arrivée dans le Languedoc, il envoya sommer les habitans de Nîmes de se soumettre au Roi ; mais au lieu d'obéir, ils surprirent la ville d'Usez le 21 octobre 1572, tuèrent les Prêtres, & rançonnèrent les autres habitans Catholiques.

Après la mort d'Henri IV, des courtisans

ambitieux, plus jaloux de leur fortune que de la gloire de l'Etat & du bonheur des peuples, rompirent une paix qui avoit coûté tant de peines à établir, & rallumèrent le feu de la sédition.

Les Protestans, poursuivis de tous côtés, songèrent à se défendre vigoureusement contre les Catholiques : indignés de voir qu'à leur égard on violoit les traités, ils s'abandonnèrent à plusieurs excès. Ils ne massacrèrent pas leurs ennemis, mais ils pillèrent & détruisirent leurs églises. C'est en cette occasion, au mois de décembre 1611, que la cathédrale d'Usez fut détruite, & les Protestans, qui formoient le plus grand nombre des habitans de cette ville, obligèrent les Catholiques qui y restoient, d'en sortir ou d'aller aux prêches.

7 Après le siége de Montpellier & la pacification des troubles du royaume, le Roi ordonna la démolition de plusieurs places des Protestans ; & quoique, par des brevets particuliers, il eût promis à la ville d'Usez que ses fortifications ne seroient détruites qu'à moitié, il en fit démolir les deux tiers.

Pendant la fin des guerres que les Ministres de Louis XIII firent aux Réformés, Usez se déclara pour le parti du Duc de Rohan ; le Duc de Montmorenci s'y transporta avec les troupes du Roi, en ravagea les environs ; enfin la paix étant faite, Louis XIII, le 10 juillet 1629, entra dans cette ville à la prière des habitans, y resta jusqu'au 14, & en partit pour se rendre à Nîmes.

Il semble que la destinée de la ville d'Usez

l'entraînoit constamment vers le parti de la rebellion ; elle embrassa, en 1632, celui de *Monsieur* & du Duc de Montmorenci ; mais dans cette occasion elle fut déterminée par les sollicitations insidieuses de *Paul-Antoine de Perraud*, qui en étoit Evêque, & qui se trouvoit un des chefs de la conspiration. Enfin la mort tragique du Duc de Montmorenci ayant changé la face des affaires, les habitans d'Usez s'empressèrent de se remettre sous l'obéissance du Roi. L'Evêque, qui les avoit portés à la révolte, fut obligé de quitter la ville ; il se réfugia au château de Beaucaire, d'où les troupes du Roi voulurent bien lui permettre de sortir avec ses équipages.

DESCRIPTION. La ville d'Usez, quoique petite & mal bâtie, est assez riante ; les fauxbourgs contiennent presque autant d'habitans que la ville.

La Cathédrale, dédiée à Saint-Thierry, ayant été détruite, comme nous l'avons dit, est moderne ; il ne reste de l'ancienne qu'une grande tour ou clocher qui est un beau morceau d'architecture gothique ; la terrasse voisine de cette église offre une assez belle vue.

Le Château ducal est un gros bâtiment dont les tours rondes, à l'antique, sont hautes & fort grosses.

ANTIQUITÉS. On a trouvé dans ce château ainsi que dans quelques autres édifices de cette ville, des inscriptions antiques dont plusieurs sont rapportées dans le tome I du Voyage Littéraire, par deux Bénédictins. On a découvert aussi dans ce siècle une ancienne crypte, ou un souterrain dans lequel on croit que les premiers Chrétiens d'Uſez s'aſſembloient pour célébrer les myſtères de leur religion. Le lieu eſt fort petit, & l'on y voit un crucifix en relief, habillé & couronné, avec des cloux aux mains & aux pieds; cette découverte s'eſt faite chez les Jéſuites. « Et ce qu'il y a de plus ſurprenant, diſent les » Auteurs du Voyage Littéraire, c'eſt que cet » endroit ſervoit de lieu commun à un Hugue-» not avant que les Jéſuites en fuſſent les » maîtres ».

Au deſſous de la maiſon épiſcopale on voit la fontaine d'*Aure*, qui fourniſſoit l'eau à l'aquéduc du pont du Gard.

La ville d'Uſez avoit depuis long-temps le titre de Vicomté. Charles IX, au mois de mai 1565, l'érigea en duché en faveur d'Antoine, Comte de *Cruſſol* & de *Tonnere*, Baron de Lévis, & pour le récompenſer de ſes ſervices, avec la clauſe de réverſion à la couronne par défaut d'hoirs mâles de lui & de ſes frères, comme les terres données en apanage. Au mois de janvier 1572, le même Roi érigea ce duché en pairie en faveur du même Antoine de Cruſſol, avec la même clauſe, & attribution au Parlement de Paris, de toutes les cauſes dépendantes de ladite pairie; mais il déclara que les appellations des Juges de la même pairie reſſortiroient au Parlement de Touloſe pour les affaires ordinaires.

BEAUCAIRE.

Ville fameuſe autrefois par l'étendue de ſa ſénéchauſſée, & aujourd'hui par une des plus belles foires de l'Europe, située sur la rive droite du Rhône, vis-à-vis Tarascon, à quatre lieues d'Avignon, à deux & deux tiers d'Arles, & à quatre & un tiers de Nîmes.

ORIGINE. Beaucaire étoit l'ancien *Ugernum* dont Pline, Strabon & autres Auteurs font mention, & qu'ils placent au rang des vingt-quatre petites villes ou bourgades qui dépendoient de Nîmes. *Berenger*, Vicomte de Narbonne, reçut, en 1018, l'hommage ou serment de fidélité de *Pierre*, fils de Blimode & de Bermond, fils de Garsinde, pour le château *Ugerno*, qui est aujourd'hui Beaucaire. Il conserva son nom d'*Ugernum* jusqu'au onzième siècle. En 1070, il commença à être appelé *Bellum-Cadrum* ou *Belli-Cadrum* ou *Belcadro*; ce château, bâti sur un rocher, étoit d'une forme carrée; on croit que cette forme lui donna son nom, ainsi qu'à la bourgade qui se construisit au bas, & que de beau carré, on a fait Beaucaire.

Ce château, qui étoit une place importante, ne fut démoli qu'en 1632, sous le règne de Louis XIII.

Beaucaire fut long-temps possédé par les Comtes de Toulouse, sous la mouvance de l'église d'Arles.

Après le Concile de Montpellier, où le malheureux Comte de Toulouse fut religieusement dépouillé de ses biens, Michel *de Morése*, Archevêque d'Arles, & son Chapitre, donnèrent, le 30 janvier 1215, en fief, à Simon de Montfort & à ses héritiers, la ville de Beaucaire & la terre d'Argence; mais les domaines du Comte de Toulouse, usurpés par des Prêtres

& par *Simon de Montfort*, revinrent bientôt à leur légitime Seigneur. Le fils de Raimond VI, Comte de Toulouse, passa le Rhône à Avignon ; alors les habitans de Beaucaire invitèrent ce jeune Prince à se rendre dans leur ville, avec offre de la leur livrer. Il entra en effet dans Beaucaire, aux acclamations du peuple, qui lui prêta serment de fidélité ; mais le château de cette ville, où Simon de Montfort avoit laissé une forte garnison, commandée par *Lambert de Limoux*, ne se rendit point ; au contraire, ce Lambert n'attendit pas l'attaque, & fit bientôt une sortie sur les troupes du jeune Raimond ; ce Prince le reçut avec courage, & l'obligea à rentrer, après lui avoir tué bien du monde.

Ce siége dura long-temps ; le jeune Comte ayant refusé de capituler, eut lieu de s'en repentir, par la défense opiniâtre de ceux qui défendoient le château. Sur ces entrefaites, Simon de Montfort arriva avec plusieurs troupes pour reprendre la ville de Beaucaire, & pour donner du secours au château ; les combats furent fréquens & animés ; les tentatives de Simon furent inutiles, il se vit obligé de lever le siége, & de renoncer au projet de secourir le château, qui se rendit.

Le Pape Honoré III, qui favorisoit toujours l'usurpateur Simon de Montfort, écrivit à la fin de décembre 1217 aux habitans de Beaucaire, pour leur défendre de faire la guerre à ce Général, avec promesse, s'ils obéissoient, de lever la sentence d'excommunication, d'interdit, & d'abandon de leurs biens au premier occupant, que le Cardinal Bertrand, son Légat, avoit lancée contre eux.

Pendant les différens troubles qui agitèrent le Languedoc lors des guerres des Anglois & celles de la religion, Beaucaire fut toujours regardé comme une place importante; elle soutint plusieurs siéges, & plusieurs Souverains y séjournèrent. Sa sénéchaussée, dont le siége fut depuis transféré à Nîmes, son château, sa situation sur les bords du Rhône, & sa foire, causèrent sa célébrité, qui devint souvent, aux habitans de cette ville, plus funeste qu'avantageuse.

Le 2 juin 1562, les Religionnaires de Beaucaire se saisirent des portes de la ville, & y firent entrer quelques Capitaines de leur parti, qui s'en rendirent maîtres, ainsi que du château. « Ils n'ôtèrent la vie qu'à peu de Catholiques, disent les Auteurs de l'Histoire du Languedoc; mais ils renverserent les autels, brûlèrent les images, & dispersèrent les reliques. Les Catholiques de Tarascon, au nombre de mille ou douze cents, vinrent la nuit suivante au secours de ceux de Beaucaire, avec lesquels ils étoient d'intelligence, & ils reprirent la ville par escalade; mais au lieu de s'assurer du château où commandoit le sieur *de Meillane*, ils s'amusèrent à piller les maisons des Religionnaires, qui, ayant reçu du secours de Nîmes & des environs, firent main-basse sur une partie des habitans de Tarascon » : les autres passèrent par dessus les murs de la ville, & se jetèrent dans le Rhône, où plusieurs furent noyés; alors les Protestans irrités saccagèrent les maisons des Catholiques de Beaucaire, & en firent périr un grand nombre : ainsi, cette ville fut prise par les Catholiques, & reprise le même jour avant midi par les Protestans; & dans cet intervalle il y eut plus de deux cents hommes de tués.

Après les troubles excités par Monsieur, frère de Louis XIII, le château de Beaucaire, dont les rebelles s'étoient rendus maîtres, fut démoli en 1632 par ordre de ce Roi. Pour récompenser la fidélité des habitans de la ville, Louis XIII leur accorda la confirmation de leurs privilèges, entre autres la franchise des deux foires qui s'y tiennent tous les ans.

LA FOIRE. La foire de Beaucaire est une des plus célèbres que l'on connoisse. On peut la considérer comme un point de réunion des principaux marchands de l'Europe, du Levant, & de l'Afrique; la franchise dont jouit cette foire, en vertu du privilège accordé, dit-on, par Raimond VI (1), Comte de Toulouse, privilège qui a été confirmé depuis par plusieurs Rois de France, excite les négocians à y faire transporter autant de marchandises qu'ils peuvent; le numéraire y est très-abondant : on croit qu'en espèces ou en échanges, le commerce qui s'y fait chaque année, en cette occasion, monte à dix-huit ou vingt millions.

Cette foire, qui se tient tous les ans le 22 juillet, doit durer trois jours francs, sans compter

___

(1) On trouve bien dans l'Histoire la charte datée de Beaucaire, du 28 mars 1217, par laquelle Raimond accorde plusieurs priviléges aux Consuls & habitans de cette ville ; mais on ne trouve point celle qui y établit la fameuse foire.

les fêtes; mais la fête de la Madelaine, celle de Saint-Jacques, & celle de Sainte-Anne, font cause qu'elle dure six jours.

La foire se tient hors de la ville, dont l'étendue ne seroit pas suffisante pour loger & contenir les marchands & leurs marchandises; on construit en conséquence un grand nombre de baraques appelées *cabanes*, faites en planches, & l'on dresse également plusieurs tentes qui forment des rues & une nouvelle ville beaucoup plus étendue que la première.

Quoique cette foire soit appelée *franche*, elle n'est cependant pas exempte d'impositions. Lorsqu'en 1632 Louis XIII confirma les priviléges de Beaucaire, & en fit démolir le château, l'esprit fiscal qui commençoit à faire des progrès en France, détermina ce Prince à établir, sur toutes les marchandises, un droit appelé *réappréciation*. Outre ce droit, les Fermiers en ont établi un autre qu'ils nomment *abonnement*, qui consiste en douze sous par chaque balle de marchandises qui ne sont point déballées à la foire.

La peste qui, en 1720 & 1721, ravagea la Provence & une partie du Languedoc, détermina le Gouvernement à suspendre cette foire, par arrêt du 17 mai 1721; elle fut rétablie deux ans après, le 23 février 1723, « avec les » mêmes priviléges & franchises, est-il dit dans » l'arrêt, dont la ville de Beaucaire a accou- » tumé de jouir pendant la foire ».

DESCRIPTION. Cette ville est petite, mais dans une riante situation; une de ses portes, appelée *la porte du Rhône*, est remarquable par sa construction : le pont qui communique de cette ville à celle de Tarascon, l'est bien davantage.

Ce pont, qui en forme deux, parce que vers le milieu du Rhône il y a une île qui le divise, est soutenu par des bateaux ; il est bordé de garde-fous, de banquettes, & offre une promenade singulière & agréable (1).

CANAL. Depuis long-temps on avoit projeté un canal de navigation qui prendroit sa naissance à Beaucaire, & qui communiqueroit à Cette & à Montpellier par Saint-Gilles & Aigues-Mortes ; enfin ce canal, très-avantageux pour le commerce, & dont l'exécution n'offroit pas de grandes difficultés, se construit depuis quelques années par les soins de l'administration de la province, qui ne néglige rien de ce qui concerne l'utilité publique. Le 19 octobre 1786, la communication en étoit déjà libre ; le jour où ce canal fut ouvert pour la première fois, fut un jour de fête pour les habitans.

En 1730, le Roi, conjointement avec la province, fit construire à Beaucaire un quai magnifique, qui forme un port commode sur le Rhône.

ANTIQUITÉS. Pendant cette construction, M. *Vergile de la Bastide* découvrit un grand chemin romain qui conduisoit de Beaucaire à Nîmes, & qui est le moins dégradé de toutes les voies romaines que l'on connoisse en France. On y voit encore dans l'espace de quatre lieues de Languedoc, douze colonnes milliaires, six desquelles, ou peut-être sept, n'ont point été

_____

(1) Voyez *Tarascon* en Provence.

déplacées; il y a même apparence qu'aucune ne l'auroit été, si *Constancius*, Général, ensuite beau-père de l'Empereur Honorius, n'en avoit pris quelques-unes pour marquer les tombeaux des personnes de distinction qui furent tuées dans une sanglante bataille que gagna ce Général dans cette contrée, l'an 411. On lit sur ces colonnes des inscriptions gravées sous trois Empereurs; une d'*Auguste*, qui est la seule de cet Empereur, qui se trouve dans la province, & les autres de *Tibère* & de *Claude*. On peut remarquer, dans tout cet ouvrage, l'attention des Romains à construire, autant qu'il étoit possible, leurs grands chemins sur un même alignement, & à leur procurer de la solidité par des encaissemens de pierre. Un des plus grands avantages qui résultent de la découverte de ce chemin, pour l'Histoire & pour la Géographie, c'est la mesure précise du *mille* romain qui s'y trouve nettement déterminée par deux pierres non déplacées, lesquelles marquent un espace de sept cent cinquante-deux toises quatre pieds. Ainsi, M. Cassini, qui avoit évalué le *mille* romain à sept cent soixante-trois toises, s'étoit un peu écarté de la vérité.

M. de la Bastide, qui a publié sur cette découverte une dissertation fort curieuse, dans laquelle il rapporte les inscriptions des colonnes milliaires, croit que ce chemin étoit autrefois une partie de la *voie aurelienne* qui commençoit à la ville de Rome, & alloit aboutir aux extrémités de l'Espagne. Ce chemin passoit à la rive droite du Rhône, & à la tête d'un pont de pierre, appelé *Pons ærarius*, ou

Pont du trésor, dont il reste encore des vestiges sur la rive de ce fleuve.

Aujourd'hui on ne peut apercevoir ce chemin qu'à trois ou quatre cents pas de Beaucaire, à l'endroit appelé *les cinq Coins*, derrière le château de *Gaujeac*; c'est là qu'on distingue son alignement & sa largeur, & en suivant dans la plaine de Saint-Romans, on voit deux pierres milliaires.

Beaucaire fut plusieurs fois le lieu où se tinrent, pendant les guerres civiles, les assemblées de la province; le réfectoire ou l'église des Cordeliers fut presque toujours le lieu des séances. Il s'agissoit ordinairement, dans ces assemblées, d'accorder des subsides que le Roi demandoit, & de lui proposer quelque réforme; mais l'assemblée la plus remarquable qu'il y ait eue à Beaucaire, c'est celle qu'y tint, en 1174, le comte de Toulouse.

ANECDOTE. Cette assemblée, qu'on nommoit dans le temps, *cour plénière*, avoit été convoquée par le Roi d'Angleterre pour y négocier la paix entre le Comte de Toulouse & le Roi d'Arragon. Ce dernier Roi, & le Roi d'Angleterre ne s'y trouvèrent point; ainsi, l'on ne put conférer sur l'objet principal de cette assemblée. En conséquence, on ne s'occupa que de fêtes où la magnificence ridicule & barbare de nos bons aïeux parut dant tout son éclat.

La Comtesse *Urgel* envoya à cette assemblée brillante & nombreuse une couronne estimée quarante mille sous, ce qui valoit alors environ quarante-huit mille livres de notre monnoie (1). On avoit proclamé *Guillaume Mite*, *Roi des Bateleurs*; sans doute cette précieuse couronne lui étoit réservée; mais par malheur il fut absent.

Le Comte de Toulouse, pour donner des marques de sa grandeur, fit présent à un Chevalier nommé *Raimond d'Agoust*, de *cent mille sous*; mais ce Chevalier, excité par tant de générosité, voulut en montrer à son tour; il distribua sur le champ ces cent mille sous à dix mille Chevaliers qui assistoient à cette Cour.

Un Seigneur nommé *Guillaume Gros de Martel*, pour prouver combien il étoit digne de considération, régala trois cents Chevaliers de sa suite, & voulut que tous les mets ne fussent apprêtés qu'à la flamme de plusieurs flambeaux de cire.

Bertrand Rimbault parut, & se fit admirer par un trait de profusion & de singularité, qui, dans ce siècle-ci, auroit peut-être conduit ce magnifique Seigneur aux Petites-Maisons; il fit labourer tous les environs du château de Beaucaire, & y sema glorieusement trente mille sous en deniers; ce qui peut faire aujourd'hui environ trente-six mille livres de notre monnoie.

Un autre Seigneur nommé *Raimond Venous*, voulut encore renchérir sur ces nobles extravagances; il fit attacher trente de ses plus beaux chevaux sur un vaste bûcher, & en présence de toute l'assemblée, il eut le courage

---

(1) Cinquante sous valoient alors un marc d'argent fin.

d'y mettre le feu, & de faire périr ces animaux au milieu des flammes.

Voilà quels étoient les plaisirs, voilà quelles étoient les mœurs, & voilà quelle étoit la raison des nobles Chevaliers du bon vieux temps !

GANGES.

Petite ville située sur la rivière de l'Heraud, à sept lieues & demie de Montpellier.

Cette ville, connue par sa tannerie, n'a rien de remarquable. Dans les environs on trouve plusieurs grottes fort intéressantes pour les amateurs d'Histoire Naturelle. La *grotte des Demoiselles* ou *des Fées*, est une des plus curieuses. M. *Marsollier*, qui, après de grandes difficultés, a pénétré dans les réduits les plus profonds de ces cavernes, en a publié une description dont nous allons donner un extrait.

Cette grotte est située à trois quarts de lieue de Ganges, près de Saint-Bauzile, dans un bois placé sur la cîme d'une montagne fort escarpée, appelée *le roc de Thaurach*; le peuple raconte plusieurs choses merveilleuses sur cette grotte qu'il nomme *la Bauma de la Doumaisellas*.

Les Voyageurs, munis d'échelles de corde, de vivres, &c., partirent, le 7 juin 1780, pour cette expédition souterraine, & arrivèrent à la cîme du roc escarpé.

L'ouverture, en forme d'entonnoir, a environ vingt pieds de diamètre & trente de profondeur ; cette ouverture est ombragée de plantes, d'arbres & de vigne sauvage ; « une corde tendue, & accrochée à un rocher, nous permit de descendre, disent ces Voyageurs, en nous y tenant fortement, jusqu'à l'endroit où l'on fit tomber une échelle de bois qui se trouva assez solidement établie : cette difficulté vaincue, nous nous sommes trouvés à l'entrée de la première salle; cette entrée va en descendant, elle est couverte de capillaires; à droite, est une espèce d'antre qui ne mène pas loin ».

En face, se voyent quatre magnifiques piliers ayant la figure de palmiers alignés, & formant galerie; ces piliers peuvent avoir trente pieds de haut, & sont déjà des stalactites; ce qu'ils offrent de plus singulier, c'est qu'ils ne touchent point à la voûte qui est parfaitement unie, & qu'ils sont plus larges par en haut que par en bas, ce qui n'est pas la forme ordinaire des stalactites, qui tiennent à la terre.

Dans cette première salle, séparée en deux par ces piliers, les Voyageurs allumèrent leurs flambeaux, renoncèrent à la clarté du jour pour long-temps, & entrèrent dans une seconde salle : on y pénètre en descendant par un passage fort étroit, où le corps ne peut aller que de côté; cette descente est d'environ vingt pieds.

Cette seconde salle est immense; à gauche en entrant, on voit un rideau de congellation d'une hauteur qu'on ne peut mesurer, parsemé de brillans, plissé avec grace, & touchant la terre de sa pointe, comme s'il avoit été drapé par un habile artiste. Des cascades pétrifiées, blanches comme l'émail, d'autres jaunâtres, qui semblent tomber en vagues amoncelées; plusieurs colonnes, les unes tronquées, d'autres en obélisques; la voûte chargée de festons & de lances, les unes transparentes comme du verre, les autres blanches comme de l'albâtre, &c. L'assemblage de ces objets nouveaux, le silence, l'obscurité de cette vaste caverne remplirent nos Voyageurs d'effroi & d'admiration.

En continuant sur la gauche, on trouve une troisieme salle assez large, & sur-tout fort longue; sa forme est celle d'une galerie tournante; on y marche assez long-temps, & on s'arrête pour entrer sous une petite voûte écrasée où l'on ne peut marcher que courbé; on appele cette voûte *le four*, à cause de sa forme ronde & basse. Ce four a deux issues; les congellations y sont blanches, graineuses, & ressemblent, à s'y méprendre, à des dragées de toutes les formes.

On laisse sur la droite un second four moins curieux, & on entre dans une salle assez grande, où l'on ne voit autre chose que des rochers renversés, brisés, roulés, suspendus, qui annoncent des convulsions violentes dans le sein de la terre; tout est triste, lugubre dans cette caverne, & l'on en sort promptement, dans la crainte de voir se détacher une de ces énormes pierres, qui souvent semblent menacer votre tête.

Ces salles souterraines étoient connues dans le pays. Nos Voyageurs voulurent pousser plus loin leurs découvertes; ils arrivèrent enfin à un passage étroit, où l'on ne peut avancer qu'en rampant. Ce trou conduit à une petite pièce où peuvent tenir une douzaine de personnes. Derrière trois petits piliers, se trouve un réservoir dont l'eau étoit sale & bourbeuse. Des chauvessouris habitoient ce réduit, où l'on voit des cristallisations en forme de plantes, blanches &
brillantes,

brillantes, & qui contraſtoient avec le fond noir ſur lequel elles étoient appliquées. Cette ſalle eſt ouverte par le côté oppoſé à ſon entrée. Par cette ouverture on apercevoit un eſpace dont l'œil ne pouvoit ſaiſir l'étendue, & pour pénétrer dans cette profondeur, un rocher taillé à pic, de cinquante pieds, formoit le premier eſcalier à deſcendre; une pierre jetée dans ce précipice horrible, mettoit un temps aſſez conſidérable dans ſa chute; on l'entendoit ſauter & rouler de rochers en rochers; puis on ne l'entendoit plus.

Nos Voyageurs, d'abord intimidés par l'horreur de cet abîme, puis encouragés par l'eſpoir d'une découverte, affrontèrent le danger, & tentèrent de s'y laiſſer couler par une échelle de corde; leurs tentatives furent longues, pénibles, & très-périlleuſes; mais ſentant que les moyens leur manquoient, que leurs machines étoient inſuffiſantes, ils abandonnèrent leur expédition & la remirent à un autre voyage.

Le 15 juillet ſuivant, ils vinrent en plus grand nombre, munis de tous les outils, inſtrumens, vivres, dont le premier voyage leur avoit fait ſentir la néceſſité. Enfin arrivés au lieu où ils avoient été arrêtés dans le premier voyage, après avoir marché long-temps ſur un plan incliné, le pied tout à fait en dehors, les genoux gênés par le rocher, & ayant derrière eux un précipice; après s'être laiſſé gliſſer le long des cordes & le long d'une pièce de bois; enfin après des travaux & des dangers conſidérables, ils ſe trouvent dans une vaſte ſalle dont le ſol eſt affermi. A chaque pas des ſtalactites de

Partie II. I

toutes les formes, des congellations bizarres ou régulières, blanches comme la neige, dures comme le marbre, les étonnent, & les ravissent en admiration ; d'abord c'est un autel blanc comme la plus belle porcelaine, haut de trois pieds, d'un ovale parfait, avec des marches régulières ; plus loin, quatre colonnes torses, jaunâtres, mais transparentes en plusieurs endroits ; leur grosseur est telle, que quatre hommes ne peuvent les embrasser ; leur hauteur ne peut s'apprécier. » Nous avons supposé, disent les Voyageurs, qu'elles touchoient la voûte, cependant nous n'avons pu nous en assurer ».

Cette salle est ronde ; on pourroit la comparer à une vaste Basilique, entourée de chapelles plus ou moins élevées. Les Voyageurs l'ont jugé grande à peu près comme la moitié de la ville de Ganges. Le milieu est un dôme dont l'élévation est d'environ cinquante toises ; dans plusieurs autres petites salles qui sont adjacentes, la terre est noire, & l'on y enfonce ; il en est une remarquable qui, ayant un pilier au milieu, ressemble parfaitement à une salle de manège... Nous étions entourés, dit l'Auteur de la relation, d'une quantité si prodigieuse d'objets, qu'elle nous plongeoit dans une admiration muette & stupide : entre autres un obélisque aussi haut qu'un clocher, terminé en aiguille, parfaitement rond, de couleur roussâtre, ciselé dans toute son élévation, & dans les proportions les plus exactes ; des masses aussi grosses que des églises, tantôt en forme de cascades, tantôt imitant des nuages ; des piliers brisés en toutes directions, des choux-fleurs, des dragées, tout ce que le hasard peut offrir de combinaisons variées.... Une tête de mort fut le seul objet qui troubla notre ivresse ; nous fûmes très-embarrassés de concevoir par où cet être malheureux avoit pu pénétrer dans cette grotte, puisque nous n'y étions entrés qu'en faisant jouer la mine... Nous conclûmes que l'eau qui inonde ce souterrain tous les hivers avoit apporté avec elle cette tête...

» Une des merveilles de cette grotte est une statue colossale, posée sur un piédestal, représentant une femme qui tient deux enfans. Ce morceau seroit digne du plus grand Souverain de l'Europe, si, hors de la place où il est, il conservoit la forme que nous lui avons trouvée très-distinctement, & sans nous faire la moindre illusion.

» Cette statue de femme, ajoute le même Auteur, se voyoit de plusieurs endroits ; ce n'étoit point un effet de l'imagination : la ressemblance frappa les paysans qui nous accompagnoient ; ce ne fut qu'un même cri, qu'une même admiration. Un, entre autres, s'écria, séduit par-tout ce qui l'entouroit : *Qu'on m'apporte du pain, & je reste ici un mois.*

» Par-tout, dans ce vaste souterrain, on voit des franges, des rideaux, des baldaquins, des enduits d'émail & de cristal, des dentelles, des rubans si délicatement travaillés, qu'il faut savoir que jamais l'homme n'a pénétré dans ces profondeurs, pour croire que ce ne sont pas des ouvrages d'un artiste... Le spath calcaire qui se trouve dans cette grotte, est de la plus belle espèce, & doit produire un albâtre précieux ».

Les Voyageurs y admirèrent aussi un portique qui leur parut avoir quarante pieds de haut sur vingt de large. Derrière, on apercevoit deux files de stalactites alignées, qui forment une galerie dont ce portique est l'entrée. Ce fut près de ce lieu, & au plus profond de la grotte, que les Voyageurs, après avoir dîné, placèrent une bouteille bien scellée, qui renfermoit le procès-verbal de leur descente, & une boîte de fer-blanc qui contenoit leurs noms. Près du portique, ils attachèrent aussi une plaque de plomb où les mêmes noms étoient gravés. Enfin, après douze heures & demie, passées, tant dans cette salle que dans celles qui sont adjacentes, nos Voyageurs, avertis sur-tout par les flambleaux qui finissoient, pensèrent à sortir de ces antres profonds. Le chemin en montant leur parut moins difficile & moins dangereux ; d'ailleurs les fiches de fer qu'ils avoient posées, les autres travaux qu'ils avoient exécutés pour leur descente, facilitèrent leur sortie, & rendront à l'avenir l'accès de ces souterrains plus commode.

D'après cette description, on voit que celle de la grotte d'*Antiparos*, qu'on a cru fabuleuse dans M. Tournefort, & qui n'étoit qu'exagérée, suivant le récit qu'en a fait M. le Comte de Gouffier, n'a rien de plus merveilleux que la grotte de Ganges.

Il y a encore quelques grottes curieuses dans les environs de Ganges, mais qui le sont bien moins que la grotte *des Fées*. On remarque celle qui se trouve sur le chemin même de Saint-Baufile à Ganges, dans une vigne, au pied d'un olivier; tout y est blanc, transparent, cristallisé, parsemé de brillans; elle n'est point humide; on y voit des morceaux délicatement travaillés, un vaste bassin, & un précipice qui la termine; elle n'offre rien de particulier qu'une grande pièce d'eau qui se précipite avec bruit dans un gouffre profond.

NÎMES.

Ville ancienne, grande & commerçante, avec un Gouvernement particulier militaire, un Evêché suffragant de Narbonne, une Académie des Sciences & Belles-Lettres, &c., située dans une plaine fertile & agréable, à quatre lieues de Beaucaire, à trois de Saint-Gilles, cinq d'Arles, sept d'Avignon, quarante-deux un quart de Toulouse, & à cent cinquante lieues de Paris.

ORIGINE. Nîmes, appelée du temps des Romain, *Nemausus Arecomicorum*, étoit la capitale du pays des *Volces Arécomiques*, & l'une des plus célebres des Gaules. L'époque de sa fondation & le nom de son fondateur sont également ignorés. Quelques anciens Auteurs, & la plupart des modernes prétendent qu'elle fut fondée par un des enfans ou descendans d'Hercule, qu'ils appellent *Nemausus*; mais il est plus vraisemblable de croire, avec le célèbre *Flechier*, Evêque de Nîmes, qui a composé une dissertation sur cette ville, qu'elle dut son origine à celle de Marseille, & que les Phocéens s'étant établis dans cette ville, Nîmes devint, par leur moyen, une espèce de colonie grecque ; on remarque en effet qu'elle eut même langage, même religion, mêmes coutumes, mêmes armes que les Grecs ou les Marseillois. Ses habitans, qui prirent le nom d'*Arécomiques*, dont l'étymologie est grecque, le donnèrent en même temps à vingt-quatre bourgs ou villages de leur dépendance, qui composoient une petite république, dont Nîmes étoit le chef-lieu.

Cette ville devint par la suite colonie romaine, & porta le nom d'Auguste, *Colonia Augusta Nemausensis*; elle eut le privilège des villes latines, celui de faire battre monnoie & d'avoir un Intendant des trésors ; il n'y avoit que quatre autres villes des Gaules qui jouissent de ce dernier privilège.

Cette colonie obtint une grande célébrité, &, selon les anciennes inscriptions, elle fut en petit ce que Rome étoit en grand ; elle eut, comme cette capitale du monde, sept collines dans son enceinte, les mêmes Magistrats & les mêmes Pontifes.

Un grand nombre d'illustres Romains, attirés par la beauté de son climat & la fertilité de son terroir, vinrent s'y établir, elle eut alors tout l'éclat des villes les plus florissantes ; ses temples somptueux, ses édifices magnifiques, conservés malgré le temps, l'ignorance & les conquérans, attestent encore son antique splendeur.

Les *Vandales*, commandés par leur Roi *Crocus*, ravagèrent la Gaule en 408, & s'emparèrent de Nîmes. Soixante-trois ans après, d'autres barbares appelés *Goths*, commirent les mêmes ravages, & se rendirent maîtres de cette ville ; enfin, après avoir été plusieurs fois assiégée, prise & ravagée par les Sarrasins, elle fut, en 752, réunie à la couronne de France sous le règne de Pepin.

Au neuvième siècle, cette ville fut encore en proie aux pillages des Normands. Si à tant de ravages on joint ceux qu'elle a éprouvés pendant les Croisades contre les Albigeois, pendant les guerres contre les Anglois, contre le parti des Bourguignons, enfin pendant les dernières guerres de la religion ; on sera surpris d'y voir les monumens de son antique magnificence si nombreux & si bien conservés.

DESCRIPTION. On prétend que l'enceinte de cette ville, dont les murs étoient très-forts, fut, sous les Romains, onze fois plus grande & plus étendue qu'elle n'est aujourd'hui ; que son circuit étoit pour lors de quatre mille cinq cents toises, & ses murs fortifiés de quatre-vingt-dix tours, avec dix portes, & que cette ville subsista ainsi jusqu'au temps de Charles Martel, qui en fit détruire presque toutes les fortifications; de sorte que, de ce grand nombre de tours, il ne reste qu'une partie de celle qu'on appelle *la Tourmagne*, dont les ruines font encore l'admiration des curieux.

La Tourmagne, qui étoit bâtie sur les anciens murs, se trouve aujourd'hui hors de la ville, sur une éminence assez considérable ; elle offre des ruines qui indiquent suffisamment la forme & la magnificence de son architecture. On y remarque une espèce de soubassement dont la circonférence est de quarante toises cinq pieds, la hauteur de cinq toises deux pieds, & qui se lioit avec les murs de la ville. Sur ce soubassement s'élève la tour, dont le plan est octogone; un escalier à repos, pratiqué dans l'intérieur, étoit éclairé par neuf fenêtres; il portoit dix pieds de large, & avoit vingt-deux montées de six marches chacune; ce qui faisoit cent trente-deux marches.

La hauteur de cette tour, y compris celle du soubassement, avoit dix-neuf toises trois pieds; cette hauteur étoit divisée par trois ordonnances; la partie au dessus du soubassement offre encore un massif de maçonnerie, revêtu de pierres de taille à assises égales, couronné d'une corniche; au dessus de cette corniche étoit une ordonnance plus riche, composée de pilastres doriques, avec l'entablement du même ordre, dont on voit encore une grande partie bien conservée : la partie supérieure offroit des pilastres doriques d'une plus petite proportion, accompagnés d'entablement & d'un attique; mais cette partie est ruinée ou absolument déformée.

Cette tour s'élevoit en pyramidant; & au dessus de chaque corniche, la maçonnerie avoit deux pieds de retraite vers son centre; elle s'est conservée, malgré le temps & les ordres de *Charles Martel*, dans l'état où on la voit; elle est de cinq à six toises moins haute qu'avant sa démolition, & son soubassement est encore comblé de ses ruines d'environ une à deux toises.

On conjecture, avec assez de fondement,

que cette tour, fort élevée au dessus de la ville, & même au dessus des autres tours, étoit destinée pour donner des signaux, ou pour découvrir de loin les démarches des ennemis. On croit aussi que du temps des Romains elle fut le dépôt des finances de l'Empire. Ces deux opinions sur la destination de cet édifice, ne sont pas les seules ; on a prétendu encore qu'il étoit un mausolée des anciens Rois du pays, qu'il servoit de *phare* pour l'embouchure du Rhône, en supposant que la mer venoit jusqu'à Nîmes, d'où elle est aujourd'hui éloignée de cinq grandes lieues ; qu'il fut consacré à l'apothéose de *Plotine* ; enfin que c'étoit le temple des Volces.

La Fontaine de Nîmes est située au bas de l'éminence sur laquelle est bâtie la *Tourmagne*; c'est une magnifique promenade qui renferme plusieurs objets intéressans & antiques qui ont été découverts lors du rétablissement de ce local.

En 1730, les Etats généraux de la province de Languedoc s'étant assemblés à Nîmes, les Négocians de cette ville présentèrent un mémoire sur la nécessité de conserver les eaux de la fontaine, qui commençoient à se perdre ; on sentit l'importance de cette demande, & l'on travailla à déblayer l'antique fontaine de Nîmes, détruite par les barbares, & qui étoit restée ensevelie sous ses ruines pendant l'espace de treize siècles. En creusant dans les environs de la source, on trouva des vestiges de bains antiques : alors le zèle des citoyens s'échauffa ; ils songèrent à rétablir les monumens de l'ancienne gloire de leur ville ; chacun s'empressa de présenter des plans : la Cour décida, & M. *Maréchal* fut, en 1744, chargé de la direction des travaux qui furent aussi-tôt commencés.

On découvrit d'abord le bassin de la source ; ensuite, au bout du bassin, un temple taillé dans le roc, revêtu de pierres de taille, où l'on trouva plusieurs débris d'architecture ; on découvrit ensuite un pont formé de trois petites arches, & une infinité de choses curieuses : des anneaux d'or, d'acier, tels que les portoient les Chevaliers romains ; des vases brisés de toutes matières, sur-tout de terre sigillée ou de Lesbos, si estimée chez les Romains ; on y trouva aussi des autels, des inscriptions sans nombre, des statues de marbre, de pierre, & quelques unes de bronze ; enfin une infinité de médailles très-précieuses, en bronze, en argent, & deux coins romains à battre monnoie, dont l'un est au cabinet du Roi, &c. &c. (1).

Quoique la plupart de ces objets précieux devinssent la proie du premier venu, & que la ville ne receuillît pas tout ce qui lui appartenoit

---

(1) On trouva un si grand nombre de médailles qu'il s'en établit sur les lieux un commerce où chacun contentoit avec empressement son goût ou son intérêt, selon l'abondance des curieux & la connoissance des vendeurs. Un seul paysan qui trouva trois cent soixante livres pesant de médailles renfermées dans une urne, & qui les vendit, quoique très-belles & très-rares, à raison de quinze sous la livre, fit considérablement baisser la valeur de ces antiquités.

dans ces découvertes; elle a néanmoins tiré un parti considérable des matériaux nombreux & de toute espèce dont elle s'est servie pour le rétablissement de cette fontaine: mais cela ne lui suffisoit pas; elle obtint de la Cour un droit de subvention pour fournir aux dépenses nécessaires; en conséquence les travaux n'éprouvèrent plus aucun retard; on conserva dans ces constructions beaucoup de choses antiques, & on y en ajouta beaucoup de modernes.

La source de la fontaine est enfermée par une muraille faite sur la ligne de l'ancienne; les escaliers demi-circulaires, par lesquels on y descend, sont aussi faits sur l'antique; l'escalier à deux rampes qui est au dessus de ces premiers, est un ouvrage moderne. Le pont, par où les eaux de la fontaine s'écoulent dans le premier bassin, n'est aujourd'hui qu'à deux arches; l'antique, lorsqu'on le découvrit à la même place, en avoit trois.

Le premier bassin, que l'on nomme mal-à-propos le *Nymphée*, étoit la place destinée aux bains. C'est au même lieu de l'antique qu'est construit le stylobate ou grand piédestal qui porte la statue; la frise de ce stylobate est exactement copiée d'après celle de l'antique. Les chambres des anciens bains y ont été conservées, & l'on a mis au devant d'elles une nouvelle file de colonnes qui soutiennent une corniche en saillie. Ce bassin, qui, du temps des Romains, n'avoit sans doute de l'eau que dans ses rigoles, en est maintenant toujours rempli, & les chambres demi-circulaires qui servoient autrefois à placer des cuves pour les bains, ne fervent plus à rien aujourd'hui ; de manière, dit un Anonyme qui a publié un ouvrage fur cette ville, qu'un homme qui voit pour la première fois la fontaine, & qui demande le but de ce baffin dans toutes fes parties, eft étonné qu'on lui réponde qu'il eft l'ornement d'une chofe dont les anciens fe fervoient, & que cependant il n'eft pas praticable pour le même ufage (1).

Ce baffin verfe fes eaux dans un fecond que l'on nomme communément *le baffin des Romains*, & qui autrefois fervoit de réfervoir ; il eft carré, & a fix arceaux de chaque côté ; ceux du midi font feints, ceux du nord fervent à l'entrée des eaux qui découlent du premier baffin, ceux de l'orient & de l'occident donnent iffue aux mêmes eaux qui vont remplir les deux canaux latéraux de la fontaine.

Le Parterre, entouré d'eau, forme une île de figure elliptique, qui peut avoir environ cent vingt toifes dans fon plus grand diamètre : on y arrive par trois ponts ; ce parterre eft bordé de trois terraffes, chacune de huit toifes de largeur ; la première eft terminée, à fes deux extrémités, par deux grands efcaliers garnis de leurs baluftrades, où l'on monte pour arriver aux deux autres terraffes plus élevées.

---

(1) On voit que ces travaux ne font pas fans défauts ; on pourroit critiquer encore les voûtes furbaiffées, l'air rétréci des pavillons, &c. qui font bien fentir la différence de l'architecture françoife & de la romaine.

De la première terrasse qui est au milieu de l'ovale on descend, par trois escaliers, dans trois belles allées de cinquante toises de longueur; elles coupent, par le milieu, le parterre dont chaque partie offre des broderies & des fleurs; huit grands vases de marbre & quatre statues avec leurs piédestaux, complètent l'ornement de cette promenade.

Le Cours, qui mène de la ville à ce parterre, a trente-trois toises de largeur sur plus de trois cents de longueur; il est planté de quatre rangées d'arbres qui forment trois belles allées couvertes.

Il y a plusieurs projets d'embellissemens relatifs à ce cours, à la partie de la ville qui y aboutit, & même à la fontaine, qui ne sont pas exécutés, & qui ne le seront peut-être pas de long-temps.

Le temple de Diane est situé près de la fontaine dont nous venons de parler; on n'est pas plus autorisé à attribuer ce temple à Diane, qu'à quelques autres Divinités auxquelles plusieurs Savans ont prétendu qu'il étoit consacré; on a même dit, peut-être avec plus de raison, que c'étoit un *Panthéon*.

Le plan de cet édifice a la figure d'un carré long; il forme un vaisseau de neuf toises de longueur, de sept & demie de largeur, & de six & un pied six pouces de hauteur dans œuvre; il est voûté en tonne, à plein cintre, & couvert de dalles. Dans l'intérieur, la voûte étoit supportée par seize colonnes corinthiennes, avec un entablement dont la corniche est à denticules. Douze niches sont pratiquées dans les murs, cinq à chacun des deux murs lateraux, & deux aux deux côtés de la porte. Dans ces niches étoient placées douze statues qui repréſentoient ſans doute les douze grands Dieux; c'eſt ce qui a fait conjecturer que cet édifice étoit plutôt un *Panthéon*, qu'un temple conſacré à une ſeule Divinité.

La principale ſtatue étoit placée au fond du temple; vis-à-vis la porte d'entrée, dans un réduit ou renfoncement aſſez ſemblable aux chapelles de nos égliſes, décoré de ſix pilaſtres, dont quatre étoient de face, & deux en arrière dans l'enfoncement.

A chaque côté de ce réduit, étoient deux ouvertures carrées, profondes d'une toiſe un pied trois pouces, au fond deſquelles on avoit pratiqué un ſoupirail qui pouvoit ſervir ou à exhaler la fumée de victimes, ou à rendre des oracles. Les plafonds de ces réduits étoient ſculptés avec délicateſſe. Ce temple étoit éclairé par une fenêtre pratiquée au deſſus de la porte d'entrée; ſon ouverture avoit de hauteur cinq pieds, & quinze de largeur. Le pavé étoit en moſaïque.

La porte d'entrée à plein cintre avoit trois toiſes deux pieds trois pouces de haut, ſur une toiſe cinq pieds trois pouces de large.

A chaque côté du temple régnoit une galerie couverte, de neuf toiſes dix pouces de long, ſur une toiſe un pied un pouce de large; on arrivoit à ces deux galeries par deux perrons placés aux deux côtés de la porte du temple; l'une & l'autre aboutissoient au réduit du sanctuaire dont nous venons de parler. Une cour étoit jointe à chacune de ces galeries; l'une servoit sans doute de retraite aux victimes destinées aux sacrifices, & l'autre communiquoit du temple à l'appartement des Prêtres.

Ce temple est fort dégradé, mais ce qu'il en reste est assez précieux, & suffit pour faire juger de ce qu'il étoit.

La Maison carrée est située dans la ville, entre la porte de la Madelaine & celle de la Bouquerie. Cet édifice est un des plus beaux, des plus élégans, & des mieux conservés de tous ceux qui nous restent des anciens Romains. Pendant long-temps les sentimens étoient fort partagés sur sa destination; on l'a successivement qualifié de Capitole, de maison consulaire, de Prétoire, & de Basilique consacrée à Plotine; feu M. *Seguier* fixa enfin les opinions par un moyen aussi nouveau qu'ingénieux; il découvrit que ce temple avoit été consacré à *Caius* & à *Lucius*, deux *fils adoptifs d'Auguste*, & *Princes de la jeunesse, l'un étant Consul, & l'autre Consul désigné.*

C'est ce qu'exprimoit l'inscription qui étoit dans la frise & dans l'architrave de la principale façade de ce temple, que M. Seguier est parvenu à déchiffrer, quoique les caractères en bronze qui la composoient, eussent été enlevés par les barbares. Il a rapporté sur du papier les trous dans lesquels étoient fichés les crampons qui attachoient les lettres de métal; les indications de ces trous & quelques traces de lettres qui étoient restées sur le mur, lui ont fait découvrir l'inscription suivante :

C. CÆSARI. AUGUSTI F. COS. L. CÆSARI.
AUGUSTI F. COS. DESIGNATO.
PRINCIPIBUS. JUVENTUTIS.

On a placé sur la porte une nouvelle inscription latine qui annonce que l'an 1689, par les soins & par le zèle de *Nicolas Lamoignon*, Intendant en Languedoc, Louis XIV fit réparer cet ancien temple, & de profane qu'il étoit autrefois, le rendit un temple consacré au vrai Dieu.

Ce temple offre à ses faces extérieures un péristile de trente colonnes cannelées, d'ordre corinthien, dont les chapiteaux sont à feuilles d'olivier, sculptées dans la plus grande perfection. Excepté les colonnes du porche, les autres sont engagées d'un demi-diamètre dans la maçonnerie; la frise est chargée de rinceaux, d'un travail précieux; un soubassement qui règne tout autour, porte cette ordonnance.

Le plan de l'édifice, y compris le porche, est un parallélogramme de quatorze toises de long, sur huit de large & six de hauteur; la façade offre un porche formé par six colonnes couronnées d'un fronton, & de la même ordonnance que le reste de l'édifice. Au fond de ce porche est la porte d'entrée, de figure carrée; elle a une toise quatre pieds de largeur, & trois toises quatre pieds de hauteur; elle est accompagnée de deux beaux pilastres.

Le comble de cet édifice n'étoit point soutenu par une voûte, mais par une charpente recouverte de dalles; au dessous du porche étoit un souterrain voûté qui avoit son ouverture du côté de l'orient.

En 1670, les Religieux Augustins firent l'acquisition de cet ancien temple, & l'adoptèrent pour leur église; ils en sont encore en possession, & c'est à eux que l'on doit, en grande partie, le bon état où l'on voit encore ce superbe édifice.

Les Arênes ou *l'Amphithéâtre*. Cet édifice, que l'on croit le plus ancien de tous ceux de l'antiquité dans ce genre, est situé entre la porte de Saint-Gilles & celle de Saint-Antoine; sa forme est un ellipse parfait, dont le grand axe se trouve dans la direction de l'orient à l'occident; sa longueur est de soixante-six toises trois pieds hors d'œuvre; le petit axe a cinquante-une toises, aussi hors-d'œuvre. La hauteur est de dix toises quatre pieds six pouces; cette hauteur est divisée par deux rangs de portiques au nombre de soixante chacun; au rez de chaussée les portiques forment une galerie couverte qui règne au pourtour de l'édifice. Aux quatre points cardinaux sont quatre portes principales, par lesquelles on entre dans l'amphithéâtre. L'étage supérieur, composé du même nombre d'arcades, entre lesquelles sont des colonnes toscanes, se termine par un attique.

Dans l'intérieur de cet amphithéâtre trente-deux rangs de siéges régnoient tout à l'entour, & servoient à y placer les spectateurs; il n'en

Partie II.

reste plus aujourd'hui que dix-sept dans les endroits les moins délabrés. On arrivoit à ces siéges par trois rangs de *vomitoires*, espèces de corridors situés aux extrémités des escaliers, qui partoient des portiques. Suivant le calcul fait, en donnant à chaque personne vingt pouces de place, les siéges de cet amphithéâtre devoient contenir environ dix-sept mille spectateurs.

Au dessus de l'attique, on trouve à égale distance des consoles au nombre de cent vingt, qui font saillie de dix-huit pouces; chacune de ces consoles a dans le milieu une ouverture perpendiculaire; dans ces ouvertures on plaçoit les poteaux qui soutenoient des tentes destinées à mettre les spectateurs à l'abri des injures de l'air.

La principale partie de cet édifice est bâtie sans mortier & sans ciment; les pierres ont trois toises de long.

On a formé plusieurs conjectures sur l'époque de la construction & sur le fondateur de ce monument; la plus raisonnable établit qu'il a été bâti pendant le règne d'Antonin.

Sous les François, cet amphithéâtre ne fut plus employé à des jeux publics, on le travestit en forteresse. Charles Martel, qui, en 737, avoit détruit les murailles & fait brûler les portes de Nîmes, mit aussi le feu à cet édifice qui étoit déjà un château fort, mais il ne put réussir à sa destruction. Cet amphithéâtre devint ensuite le chef-lieu de la Vicomté de Nîmes; il y a eu même une juridiction particulière, & des Consuls des *arènes*, qui avoient leurs sceaux à part, & différens de ceux de la ville. Sous le règne de Charles VI, cette juridiction fut réunie à celle de Nîmes.

Dans l'intérieur de cet amphithéâtre, on a trouvé plusieurs bas-reliefs qui ont beaucoup exercé les antiquaires.

Celui de *Remus & Romulus allaités par une louve*, se voit sur la face d'un des pilastres qui sont près de la porte septentrionale; on croit qu'il est l'emblême d'*Antonin Pie*, dont l'excellent gouvernement le fit regarder comme un second fondateur de Rome; on a découvert plusieurs médailles de cet Empereur, qui portent au revers le même sujet.

Le bas-relief *des Gladiateurs* est entre la porte de l'amphithéâtre, dont le fronton est orné de taureaux, & le pilastre de la louve, sur un garde-fou du portique supérieur: ce bas-relief marque la destination de cet édifice; on en voyoit un autre semblable, que le temps a détruit.

Des *Priapes*. On voit dans l'amphithéâtre trois de ces figures; la première est près du palais, après avoir passé le pilastre de la louve; ce Priape est d'une forme singulière, il est triple, il a des pattes & des aîles; deux de ses parties sont béquetées par des oiseaux; à la troisième est attachée une sonnette, mais cette dernière partie a été dégradée.

Le second Priape est semblable au premier, avec la différence qu'on n'y voit ni sonnette ni oiseaux qui bequetent, & qu'il est monté par une femme qui tient les deux grandes parties avec des rênes, & semble vouloir les conduire.

Le troisième *Priape* se trouve dans le linteau d'un vomitoire du portique du second rang d'arcades, vis-à-vis du jeu de paume; il est double seulement, & n'a ni pattes ni aîles.

Plusieurs Auteurs pensent que ces Priapes formoient des emblêmes moraux, dont le sens n'étoit connu qu'aux initiés. Ce ne seroit pas aujourd'hui avec de pareilles figures qu'on réussiroit à inculquer la morale aux modernes. Quelques Auteurs conjecturent avec plus de vraisemblance que ces Priapes sont des symboles de la population, & le symbole est énergique.

Depuis long-temps l'intérieur de cet amphithéâtre étoit rempli, déshonoré & obstrué par plusieurs masures. Les habitans de la ville de Nîmes obtinrent, le 28 août 1786, un arrêt du Conseil d'Etat, qui ordonne la restauration de l'amphithéâtre, & la démolition des maisons qui sont tant dans l'intérieur que dans le pourtour extérieur de cet antique monument; on lit dans le préambule de cet arrêt : « Sa Ma-
» jesté a jugé digne de l'accueil le plus favo-
» rable, une entreprise qui doit rendre aux
» Arts & à l'admiration publique un édifice
» célèbre, échappé aux ravages des guerres & du
» temps, &c. »

Nîmes contenoit encore plusieurs autres monumens des Romains qui n'ont pu résister au temps & aux barbares, & sur l'existence de la plupart desquels on n'a que des conjectures; tels sont *le temple de Plotine*, qui étoit bâti, à ce qu'on croit, dans l'emplacement où est aujourd'hui le palais du présidial; *le* temple d'*Isis* & *Sérapis*, le temple d'*Auguste*, le temple d'*Apollon*, &c.

On a découvert aussi, à différentes époques, un grand nombre d'antiquités, telles que des fragmens d'inscriptions, de colonnes, de statues ; parmi les fragmens de statues, on distingue une tête colossale d'Apollon. On a également trouvé, dans les ruines des anciens bains dont nous avons parlé, une autre statue d'Apollon toute tronquée, mais dont les fragmens annoncent qu'elle avoit sept pieds quatre pouces de proportion, & qu'elle étoit d'une grande perfection. On a découvert des aigles, des termes, des statues d'histrions, une déesse *Salus*, des dieux Pénates, des pavés en mosaïques, & surtout de belles médailles, entre lesquelles il en est de très-anciennes, frappées du temps que Nîmes étoit colonie, & qui représentent un crocodile attaché à un palmier ; emblême qui sert aujourd'hui de blason à la ville.

L'Hôtel de ville, situé entre la cathédrale & la maison carrée, n'est guère remarquable que par son horloge. Dans la grand'salle, on voit un *crocodile* que la ville se procura en 1597, & plusieurs autres qu'elle fit venir dans la suite ; le crocodile, comme nous venons de le dire, est le type d'une médaille frappée du temps que Nîmes étoit colonie ; les habitans l'ont, au seizième siècle, adopté pour leur blason.

La Citadelle, qui consiste en quatre bastions, est au nord, à l'extrémité supérieure de la ville ; elle a été bâtie, en 1687, par ordre du Roi Louis XIV, & a servi à prévenir plusieurs désordres.

La plase de la Salamandre, située du côté de la porte de la Couronne, est remarquable par un obélisque élevé en mémoire du séjour que fit à Nîmes, en 1533, François Ier : ce monument offre une colonne surmontée d'une salamandre que ce Roi s'étoit choisie pour devise : on y voit cette inscription :

FRANC. F. RE. P. P. M. P. Q. NEMAUSI. DD.

C'est-à-dire :

Francisco, Francorum Regi, Patri Patriæ, Magistratus Populusque Nemausi dedicaverunt.

L'Eglise cathédrale, située entre l'hôtel de ville & la porte des Carmes, étoit autrefois connue sous le nom de *Sainte-Marie* & de *Notre-Dame*; elle porte aujourd'hui celui de *Saint-Castor*, que l'on prétend avoir été le premier Evêque du diocèse. Le 5 juillet 1096, le Pape Urbain II arriva à Nîmes, y assembla le Concile qu'il avoit indiqué à Arles, & le lendemain il dédia la cathédrale en présence de *Raimond de Saint-Gilles*, qui s'étoit rendu dans cette ville pour recevoir ce Pontife. Ce Comte *Raimond*, afin de donner au Pape, en cette occasion, une preuve de son amour pour l'église, voulut absolument *épouser* la cathédrale de Nîmes : il l'épousa en effet, la dota considérablement, & fit exprès dresser un acte pour conserver la mémoire de ce religieux mariage.

Ceux que le souvenir des vertus intéresse, ne doivent pas oublier d'aller voir le tombeau de *Fléchier*, Evêque de Nîmes, plus illustre encore par son humanité que par son éloquence. Ce tombeau se voit dans la cathédrale & dans la chapelle paroissiale, à droite du chœur, avec une épitaphe latine qui est fort belle. Quelque temps avant sa mort, ce Prélat ordonna lui-même la construction de ce simple monument, dans la crainte que ses neveux ne lui en élevassent un plus magnifique (1).

Le nom de Fléchier est encore gravé dans le cœur de tous les habitans de Nîmes, & c'est moins son talent que ses bienfaits qui lui ont valu cette vénération; il légua à l'hôtel-dieu de cette ville huit mille livres; à l'hôpital général, vingt mille, & trois mille à la maison du refuge, qu'il avoit fondée; il fit encore plusieurs autres établissemens utiles, tels que ceux des maisons des *Filles de la Charité* & de *la Providence*, destinées à recevoir les pauvres orphelins. Pendant le désastreux hiver de 1709, il ouvrit ses greniers aux malheureux; les Protestans comme les Catholiques eurent une part égale à ses bienfaits; il ne consideroit pas leur croyance, mais leurs besoins; il refusa d'em-

---

(1) Le Sculpteur chargé de cet ouvrage fit deux desseins; mais les neveux du Prélat empêchèrent l'Artiste de les lui présenter, cherchant à écarter, s'il étoit possible, de l'esprit de leur oncle une idée affligeante pour eux, si elle ne l'étoit pas pour lui. Fléchier se plaignit de ce délai dont le Sculpteur ne put lui cacher la cause. *Mes neveux*, répondit-il, *font peut-être ce qu'ils doivent, mais faites ce que je vous ai demandé.* Il examina les deux desseins, choisit le plus simple, & dit à l'Artiste : *Mettez la main à l'œuvre ; car le temps presse*, & il mourut peu de temps après.

K iv

ployer à la construction d'une église, des fonds destinés à des aumônes : *Quels cantiques*, disoit-il, *valent les bénédictions du pauvre; & quel spectacle plus digne des regards de Dieu, que les larmes des indigens, essuyées par ses Ministres !* Quand on lui parloit de l'excès de son zèle & de ses charités : *Sommes-nous Evêques pour rien ?* s'écrioit-il. Ce Prélat, modèle des vertus épiscopales, malheureusement trop rares aujourd'hui, digne rival des Fénelon & des Massillon, mourut le 16 février 1710, regretté des Catholiques & des Protestans, dont il avoit été sans distinction le bienfaiteur (1). Dans un autre siècle, on l'eût

---

(1) On raconte une anecdote qui, étant particulière à la ville de Nîmes, doit trouver place ici. Une fille, contrainte par ses parens d'embrasser l'état religieux, eut la foiblesse de céder à l'amour & à la nature, à laquelle elle n'avoit renoncé que par force; elle eut encore le malheur de n'en pouvoir dérober les suites à sa Supérieure. Fléchier apprit que cette supérieure l'en avoit punie de la manière la plus cruelle, en la faisant enfermer dans un cachot, où, couchée sur la paille & réduite à un peu de pain qu'on lui donnoit à peine, elle attendoit la mort comme le terme de ses maux. Ce Prélat se transporta dans le couvent, & après beaucoup de résistance de la part de quelques Religieuses, il parvint à se faire ouvrir la porte de l'obscur & affreux réduit où cette malheureuse se consumoit dans le désespoir. En l'apercevant, elle lui tendit les bras comme à son libérateur. Fléchier, indigné contre la Supérieure, lui dit : *Je devrois, si je n'écoutois que la justice humaine, vous faire mettre à la place de cette victime de votre barbarie ; mais le Dieu de clémence, dont je suis le ministre, m'ordonne d'user envers vous de l'indulgence*

sanctifié; dans celui-ci, ses talens & ses vertus l'ont placé au rang des hommes immortels de la France. Il n'étoit pas né de parens nobles ; mais quelle noblesse, quelle illustration peut égaler la sienne ? Quels titres en parchemin, acquis par argent ou par succession, peuvent être mis en parallèle avec les titres que lui valurent son éloquence & ses vertus (1) ?

Il semble que les Evêques de Nimes soient dans ce siècle-ci des modèles à offrir à tous les Evêques du royaume. M. *Becdelièvre*, que la mort a enlevé en 1787, digne, par ses vertus & par ses bienfaits, d'être un successeur de Fléchier, fut pendant cinquante années constamment vertueux, tolérant, & constamment aimé des Protestans & des Catholiques; chose rare

---

que vous n'avez pas eue pour elle, & dont il usa pour la femme adultere. Il fit aussi-tôt tirer la Religieuse de cette horrible prison, & ordonna qu'on eût d'elle les plus grands soins : mais ces ordres charitables ne purent la rendre à la vie ; après quelques mois de langueur, elle mourut, en bénissant le nom du vertueux Prélat.

(1) Un Gentilhomme, comme on en voit tant dans les provinces, & même à Paris, eut le sot orgueil de trouver fort étrahge qu'on eût tiré Fléchier de la boutique de ses parens qui vendoient de la chandelle, pour le placer sur le siège épiscopal ; il eut même l'ineptie d'en témoigner sa surprise à ce Prélat, qui lui répondit : *Si vous étiez né d'un Chandelier, on peut présumer que pendant toute votre vie vous n'auriez fait que des chandelles.* On raconte aussi que le Maréchal de la Feuillade lui ayant dit un jour : *Avouez que votre père seroit bien étonné de vous voir ce que vous êtes. — Non*, lui répondit Fléchier, *car ce n'est pas le fils de mon père, c'est moi qu'on a fait Evêque.*

aujourd'hui : dans un si long espace de temps, il ne sortit jamais de son diocèse, & n'abandonna jamais ses ouailles pour venir participer aux jouissances commodes de la capitale.

Cette église cathédrale fut, en 1567, abattue par les Protestans; la façade & le clocher qui est attenant, furent épargnés, & subsistent encore dans leur ancienne forme; elle fut réédifiée en 1590, détruite encore en 1621, enfin rebâtie en 1646, telle qu'on la voit aujourd'hui.

Dans l'ancienne église des *Jésuites*, occupée maintenant par des *Doctrinaires*, est un tableau curieux, peint par un Italien : il représente Jésus portant sa croix, & Saint-Ignace que, par anachronisme, l'Artiste a placé là en contemplation.

L'ACADÉMIE Royale de Nîmes fut établie en 1682. L'Evêque *Fléchier* obtint son association avec l'Académie Françoise, & après quelques interruptions, cette société tint, & a toujours depuis tenu ses séances avec beaucoup de régularité.

En 1786, on a proposé l'établissement d'un *Musée* & d'une Bibliothèque publique; mais ce projet, n'étant fondé que sur des bases incertaines, pourroit bien n'être pas si-tôt exécuté.

HOMMES *illustres*. Du temps des Romains, Nîmes a produit *Domitius Afer*, qui, né de parens obscurs, fréquenta à Rome le barreau & y parut avec succès; mais sa basse flatterie s'y fit encore plus remarquer que son éloquence; ce fut cependant lui qui, sous les Empereurs Tibère & Caligula, ramena dans Rome le goût de la véritable éloquence.

DU LANGUEDOC. 155

T. Aurelius Fulvius se rendit recommandable par ses vertus militaires. Il fut deux fois Consul sous l'Empereur Domitien. Il eut un fils né à Nîmes, qui illustra aussi sa patrie en recevant les honneurs consulaires qu'il méritoit; de lui naquit l'Empereur *Antonin*.

Sous les François, *Jean Nicot*, Médecin, se distingua parmi ses compatriotes. Par ses intrigues & ses talens, il s'introduisit à la Cour & devint Ambassadeur en Portugal. A son retour, il apporta en France la plante qui fut appelée de son nom *Nicotiane*. Cette plante fut présentée à la Reine Catherine de Médicis; elle reçut alors le nom d'*herbe à la Reine*, & puis celui de *tabac*, de l'île de *Tabago*, d'où elle fut tirée d'abord : ainsi, c'est à *Jean Nicot* que la France doit cette superfluité à la fois nuisible & malpropre.

M. *Seguier*, de plusieurs Académies, qui devina, pour ainsi dire, l'inscription détruite du monument de *la Maison carrée*, & qui, après avoir formé un cabinet précieux, composé d'antiques presque toutes découvertes à Nîmes, en refusa un prix considérable de l'Impératrice de Russie, & préféra en faire présent à l'Académie, dont il fut l'organe; cet homme, justement célèbre par ses vertus & son érudition, est mort en 1784, regretté des Savans & de ses amis.

ÉVÉNEMENS remarquables. Nîmes a éprouvé bien des désastres. Pendant les guerres contre les Albigeois, elle fut souvent en butte aux violences des parties belligérantes. Dans le temps des guerres de la religion, cette ville, dont le plus grand nombre des habitans étoit de la religion réformée, devint presque continuellement le théâtre des siéges, des combats, des révoltes, des massacres.

Dès l'an 1551, les nouvelles opinions religieuses avoient fait bien des progrès dans le Languedoc, & sur-tout dans la ville de Nîmes ; mais cette réformation étoit cachée sous le voile du mystère, & peut-être auroit-elle long-temps resté dans cet état d'obscurité, si la persécution & le fanatisme ne l'en eussent tirée : au lieu de chercher à convertir ces dévoyés par des exemples & par des sermons, on les faisoit périr dans les flammes. Le Parlement de Toulouse, dans la même année, en condamna un très-grand nombre à être brûlés vifs; ces exécutions affreuses se firent à Nîmes au mois d'août 1551, & leurs biens furent confisqués ; on travailla ensuite à la recherche de ceux qui avoient échappé, & l'année suivante on vit encore des bûchers s'allumer pour consumer de nouvelles victimes. La persécution ne fait qu'accroître ce qu'elle s'acharne à détruire ; les martyres des premiers Chrétiens ne servirent qu'à accélérer les progrès du Christianisme, de même les martyres de la nouvelle secte ne firent qu'augmenter le nombre des Sectaires. Nîmes, comme presque tout le Languedoc, fut bientôt peuplée d'Huguenots. La conjuration d'Amboise contre les Guises causa le massacre de douze cents Protestans; il fut suivi de plusieurs autres, & notamment de celui de Vassi : ces massacres déterminèrent tous les Protestans du royaume à se mettre en sûreté, & à se venger de leurs persécuteurs. Le fanatisme le plus acharné animoit les deux sectes. Les Protestans de Nîmes, qui composoient la partie la plus considérable & la plus distinguée des habitans, ne gardèrent plus aucuns ménagemens avec leurs ennemis. Le 9 septembre 1560, le Ministre *Guillaume Muget*, vint, à la tête de ses nombreux Auditeurs, s'emparer de l'église paroissiale de *Saint-Etienne du Capitole*; ils en chassèrent le Curé & les Prêtres, brisèrent les images, & renversèrent les autels; ils se saisirent ensuite du couvent des Cordeliers, & voulurent quelque temps après célébrer publiquement la Cêne. Le Vicomte de Joyeuse, qui commandoit dans la province, vint à Nîmes pour s'opposer à ce projet; il fit sortir de cette ville plusieurs Protestans étrangers, au nombre de cinq cents; plusieurs habitans éprouvèrent le même sort; il fit aussi mettre en prison les principaux auteurs du tumulte; mais le Vicomte de Joyeuse n'avoit pas assez de force, & les Religionnaires étoient trop nombreux.

Les exercices de la nouvelle religion se continuèrent bientôt publiquement à Nîmes; les Consuls de cette ville semblent faire l'apologie de ces pratiques, dans une lettre où ils rendent compte à Monsieur de Joyeuse, comme il le leur avoit ordonné, de ce qui se passoit dans la ville: « Il se fait de jour des assemblées ès maisons privées, sans armes, avec un Ministre qui prêche à grande troupe de gens de toute qualité, tant de la ville que des étrangers, faisant prières, & chantant les pseaumes de David, sans aucune insulte, sédition & trouble ».

L'espèce de liberté dont jouissoient les Protestans à Nîmes, n'étoit que précaire ; mais comme leur nombre croissoit de jour en jour, & que leur parti prenoit de la consistance, ils devinrent plus fiers & plus exigeans : ayant appris que leurs frères de Villeneuve avoient été attaqués & maltraités par les Catholiques, ils attendirent l'occasion favorable pour les venger. Le 21 décembre 1561, trouvant le lieu où ils tenoient leur prêche trop circonscrit pour contenir tous les Auditeurs, ils entrèrent, au nombre de deux mille, par force, dans la cathédrale, pendant que l'Evêque y célébroit la grand'messe. Le Prélat fut obligé de s'enfuir ainsi que les Chanoines & les Catholiques. Les Protestans, maîtres de cette église, la pillèrent, en renversèrent les images & statues, firent les mêmes profanations chez les Carmes, chez les Jacobins, & dans l'abbaye des filles de *Saint-Sauveur de la Font*, dans celle de *Sainte-Claire*, & dans toutes les autres églises. L'après-midi ils rassemblèrent les statues des Saints, les titres des maisons religieuses, les ornemens ecclésiastiques, les reliques, &c. &c. ; ils en allumèrent un grand feu devant la cathédrale : on ajoute qu'ils dansèrent autour de ce feu, en criant qu'ils ne vouloient ni messe, ni idoles, ni idolâtres. Le 24 décembre suivant, le Ministre *Viret* prêcha dans la cathédrale & y attira un grand concours de peuple.

Quelques années après, ils embrassèrent le parti du Prince de Condé, & le trente septembre 1567, conformément aux ordres de ce Prince, ils se livrèrent à de plus grands excès ; ils tuèrent les principaux Catholiques de la ville; les Grands-Vicaires, les Moines ne furent point épargnés: dans une nuit soixante-douze Catholiques furent massacrés dans la cour de l'évêché, & jetés dans le puits ; l'Evêque échappa à la mort, en payant cent vingt écus de rançon (1).

On auroit encore plusieurs événemens à raconter de cette nature ; mais ils révoltent, il faut les taire, & s'applaudir de ne les plus voir se renouveler de nos jours; il suffit de dire que, de toutes les villes du Languedoc, Nîmes fut celle où les Protestans devinrent les plus nombreux, & se rendirent les plus puissans & les plus redoutables.

COMMERCE. Nîmes est une des villes les plus commerçantes du Languedoc ; elle contient plusieurs manufactures, & particulièrement celle de bas de soie, qui est connue dans toute l'Europe.

---

(1) Les Protestans répondent à ces imputations, en disant que les excès dont on les accuse ont été pour la plupart commis par des gens qu'ils avoient désavoués, & qu'eux-mêmes ils avoient punis dans plusieurs occasions. « Si durant la violence des troubles, ajoutent-ils, quelques-uns se sont laissé aller à briser des images, c'est bien peu de chose en comparaison de ce qu'on faisoit contre nous. On nous brûloit, on nous écarteloit, on nous démembroit, on rasoit nos maisons, on égorgeoit à nos yeux nos femmes & nos enfans, on abattoit cruellement les images vivantes de la Divinité : il n'est pas fort étonnant qu'on ait quelquefois perdu patience, & qu'on se soit vengé sur du bois, sur de la pierre, & sur des couleurs ». (*Apologie pour la réformation, tom. II, pag.* 481.)

POPULATION. On compte environ quarante mille ames dans cette ville ; M. *Necker*, dans son ouvrage sur l'Administration des finances, fait monter cette population à cinquante mille ames.

PONT-DU-GARD.

Ce monument, situé entre Usez & Nîmes, sur la rivière nommée *le Gardon*, à trois lieues de chacune de ces villes, à quatre lieues d'Avignon, entre deux montagnes dont il forme la jonction, fait partie d'un aquéduc destiné à conduire autrefois les eaux de la fontaine d'Eure, qui prend sa source un peu au dessous d'Usez, jusqu'à la ville de Nîmes.

HISTOIRE. Les Romains, pour construire un aquéduc qui devoit conduire les eaux de la fontaine d'Eure à Nîmes, ne furent point rebutés par les nombreux obstacles qui s'opposoient à cette entreprise ; il semble que ces vainqueurs du monde se plaisoient à triompher de tous les objets de la nature ; les rochers nombreux, les aspérités, les vallons, n'arrêtèrent point l'exécution de ce grand projet. Les contours que, par la forme ingrate du terrain, on a été obligé de donner à cet aquéduc, forment, en étendue, une construction de près de neuf lieues.

La rivière du Gardon, qui descend des montagnes des Cévennes, & va se précipiter dans le Rhône, un peu au dessous de Valbregue, forme dans l'endroit où traverse l'aquéduc, un vallon profond : ce fut pour continuer la même pente au dessus de cette profondeur que l'on éleva

entre

entre deux montagnes, ce coloſſe de maçonnerie qui a près de cent cinquante pieds de hauteur.

DESCRIPTION. Ce monument, que l'on regarde comme une des plus belles antiquités qui exiſtent, eſt compoſé de trois ponts l'un au deſſus de l'autre, ou bien de trois rangs d'arcades à plein cintre, d'un ordre toſcan. Le premier rang d'en bas forme un pont de ſix arches, ſous une deſquelles coule la rivière de Gardon. Ces arches ſont de différentes grandeurs; mais leur ouverture eſt à peu près de ſoixante pieds chacune; leur élévation eſt d'un peu plus de ſoixante pieds.

Le ſecond rang d'arcades eſt compoſé de onze arches qui ont à peu près la même ouverture & la même hauteur que celles du premier rang auxquelles elles correſpondent perpendiculairement.

Le troiſième rang offre trente-cinq petites arcades, dont chacune a environ dix huit pieds de hauteur & quatorze d'ouverture; au deſſus de ces arches eſt l'aquéduc, qui fait le couronnement de toute la conſtruction; cet aquéduc eſt large de quatre pieds, haut de quatre pieds & demi, il eſt couvert de pierres plates & jointes avec du ciment.

Ce qui reſte de cet aquéduc, hors du Pont-du-Gard, eſt encore aſſez conſidérable; on trouve une ſuite de murs & d'arcades qui font juger de la magnificence de tout l'ouvrage.

Le Pont-du-Gard a des avant-becs, & point d'arrière-becs; il eſt fondé ſur un rocher vif. Autrefois on paſſoit ſur le premier pont avec

Partie II. L

des voitures; & du côté d'où vient le ruisseau, on avoit échancré les piles du second pont, & on y avoit pratiqué des encorbellemens; afin d'en élargir un peu plus le passage; mais cette échancrure ayant ébranlé ce grand édifice, M. *de Bâville*, Intendant du Languedoc, fit réparer ces piles, de même que les voussoirs qui manquoient à des arcs doubleaux; cet ouvrage est maintenant dans un état de solidité durable; on a cependant laissé au même endroit un petit chemin où un homme à pied & un cheval peuvent passer aisément.

On n'a rien de certain sur le fondateur de cet aquéduc; on croit qu'il fut bâti par l'Empereur *Adrien*. Les trois lettres A. E. A, qui forment la seule inscription qu'on ait trouvée sur le Pont-du-Gard, doivent, dans cette supposition, s'expliquer par *Aquæductus Elii Adriani*; cette opinion est la plus généralement adoptée.

On a trouvé sur ce monument plusieurs figures en bas-reliefs; telles sont une déesse Isis voilée, & un Priape qu'on croit être l'image d'Osiris son époux.

On y voit encore un Priape qu'on a appelé *Lièvre*, parce qu'étant formé de trois Priapes, il imite la forme d'un lièvre courant. On le trouve du côté de l'orient contre le haut du pilier de la troisième arche du second pont, & au dessus du côté du midi du pont.

On trouve aussi un autre Priape, sous la voûte du plus bas pont, où passe l'eau de la rivière du Gardon.

Les Goths, & autres barbares, ennemis de la gloire des Romains, après avoir inondé la province, essayèrent de détruire cet édifice; mais ils ne purent réussir qu'à démolir ses deux extrémités.

SAINT-GILLES.

Petite ville située sur le nouveau canal d'Aigues-Mortes, à six lieues de Beaucaire, à cinq de Nîmes, & à six & demie d'Aigues-Mortes.

Au commencement du sixième siècle, Saint-Gilles, Athénien de naissance, vint se retirer dans un désert, proche la rive droite du Rhône, & vers l'embouchure de ce fleuve dans la mer. Des Officiers de Théodoric étant à la chasse dans ce canton, poursuivirent une biche qui se réfugia dans la grotte de l'Hermite. Ces Officiers admirèrent la vie pénitente de Saint-Gilles, & en informèrent Théodoric, qui, quoiqu'Arien, touché des vertus du Saint, lui accorda la propriété du lieu qu'il avoit choisi, & défendit qu'on troublât sa solitude. Saint-Gilles ayant attiré un grand nombre de disciples, bâtit dans le même endroit un monastère dont il fut le premier Abbé. Après sa mort, le monastère prit son nom, & devint ensuite fort célèbre par les miracles que Dieu opéra, dit-on, sur son tombeau, & par le concours des Pélerins.

Vers le milieu du neuvième siècle, l'Abbé de Saint-Gilles éprouva bien des tracasseries de la part de l'Evêque de Nîmes. Ce Prélat, d'une humeur ambitieuse & tyrannique, s'empara du monastère, & en chassa l'Abbé & ses Moines, sans autre motif que son avidité. Le Pape Jean VIII, qui vint alors en France, se déclara en faveur de l'Abbé; mais à peine ce

L ij

Pontife fut-il sorti du Royaume, que l'Evêque envahit de nouveau l'abbaye de Saint-Gilles, en chassa les Moines & l'Abbé, & s'empara de leurs biens. Cette affaire eut des suites orageuses, & l'Evêque fut obligé de restituer les biens usurpés.

Dans les onzième & douzième siècles, les Comtes de Toulouse se firent honneur de porter le titre de *Comtes de Saint-Gilles*, ou de le faire prendre à leurs fils aînés.

Cette abbaye fut dans la suite habitée par des Religieux de Saint-Benoît, jusqu'au temps de sa sécularisation ou de son changement en collégiale, qui est son dernier état.

La réputation de ce monastère occasionna la construction d'une ville qui prit le nom de *Saint-Gilles*. Quelques Auteurs prétendent, mais sans fondement, qu'elle fut bâtie sur les ruines d'une ancienne ville nommée *Héraclée*.

Saint-Gilles contient le premier prieuré des anciens hospitaliers de l'ordre de Saint-Jean de Jérusalem; il y avoit dans cette ville, avant l'érection de ce *grand prieuré*, un hôpital pour la réception des Pélerins qui s'y embarquoient pour aller dans la Terre-Sainte.

ÉVÉNEMENS remarquables. Ce fut à Saint-Gilles que l'infortuné Raimond VI, Comte de Toulouse, Prince souverain d'une grande partie de la France, accusé d'avoir favorisé quelques-uns de ses sujets qui ne pensoient pas tout à fait comme les autres, & d'avoir commis quelques crimes dont on ne l'avoit point convaincu, reçut l'absolution la plus ignominieuse; ce Prince fut traité par un

Prêtre, comme pourroit l'être, par son Magister, un Ecolier indocile.

Milon, Légat du Pape, accompagné d'une douzaine de Prélats de France, conduisit Raimond sous le vestibule de l'église de l'abbaye, où l'on avoit dressé un autel sur lequel étoit placé le Saint-Sacrement & les reliques des Saints. Ce Prince étoit nu jusqu'à la ceinture; & en cet état humiliant, on lui fit faire, devant toute l'assemblée, un serment dont voici quelques expressions : « L'an XII du pontificat du seigneur Pape Innocent III, le 18 de juin (1209), Je, Raimond, Duc de Narbonne, jure sur les saints Evangiles, en présence des saintes Reliques, de l'Eucharistie & du bois de la vraie Croix, que j'obéirai à tous les ordres du Pape & aux vôtres, *Maître Milon*, Notaire du seigneur Pape... Sur ce que les autres ayant fait serment d'observer la paix, *on dit* que j'ai refusé de la signer; en ce qu'*on dit* que je n'ai pas gardé les sermens que j'ai faits pour l'expulsion des Hérétiques & de leurs fauteurs; sur ce qu'*on dit* que j'ai toujours favorisé les Hérétiques; sur ce qu'*on me regarde* comme suspect dans la foi... sur ce qu'*on dit* que je n'ai pas voulu rendre justice à mes ennemis lorsqu'ils m'offroient la paix; pour avoir confié à des Juifs les offices publics... En ce que j'ai fortifié les églises, & que je m'en sers comme des forteresses, &c... Si j'enfreins ces articles & les autres qu'on pourra me prescrire, je consens que sept de mes châteaux (qu'il indique) soient confisqués au profit de l'église Romaine, & qu'elle rentre dans le droit que j'ai sur le Comté de Melgeuil. Je veux & j'accorde de plus, en cas que je fois excommunié, qu'on jette l'interdit fur tous mes domaines, &c. »

Le Légat *Milon*, en vertu de ce ferment, lui commanda d'exécuter dans la fuite une infinité d'articles que l'intérêt du Pape & des Eccléfiaftiques fes ennemis exigeoit. Le Comte pénitent promit d'obéir à tout ; & pour expier fes prétendus crimes qui n'étoient pouvés que par des *on dit*, ce Légat mit au cou du Prince nu une étolle dont il prit les deux bouts, & le fouettant avec une poignée de verges, il l'introduifit dans l'églife. Après cette honteufe cérémonie, faite aux yeux d'une foule immenfe, le Prêtre *Milon* lui donna l'abfolution.

Pendant que le Pape, & Philippe le Bel excité par les Prélats de fon royaume, s'acharnoient à détruire l'ordre des *Templiers*, *Bernard de Salgues*, Chevalier & Commandeur de Saint-Gilles, fe trouva en proie au fanatifme aveugle & cruel de deux Chanoines, de deux Cordeliers, & de deux Dominicains ; ce Commandeur fut même le premier de l'Ordre expofé à la torture. L'excès de la douleur lui fit dire tout ce que ces bourreaux encapuchonés exigeoient qu'il avouât ; ainfi, il dit qu'il avoit affifté plufieurs fois aux chapitres tenus à Montpellier, que dans une de ces affemblées nocturnes, on expofa un *chef ou une tête*, & qu'auffi-tôt le *diable* apparut fous la figure d'un *chat* ; que cette tête parloit aux uns & aux autres, & qu'elle avoit promis aux affiftans des richeffes confidérables ; qu'il avoit adoré cette tête avec tous les autres

Templiers; qu'auſſi-tôt après cette adoration, une foule de diables étoit apparu ſous des figures de femmes, dont pluſieurs uſèrent à leur gré; mais qu'il ne fut pas de ce nombre; il ajouta enſuite que cette tête répondoit à toutes les queſtions du maître de l'Ordre, qui étoit préſent, &c.

On s'empara de tous leurs biens. La plupart furent brûlés, & déclarèrent en mourant qu'ils étoient innocens; que la violence de la torture leur avoit arraché l'aveu de crimes dont ils n'étoient point coupables : mais c'étoit moins leur innocence que leurs richeſſes, que l'on recherchoit.

L'abbaye de Saint-Gilles fut ſécularifée en 1538, dans le même-temps que pluſieurs maiſons régulières de France, entraînées par la corruption du ſiècle, & laſſes de porter le joug de la règle, voulurent le ſecouer pour ſuivre une vie plus commode & moins dépendante.

L'égliſe de cette ancienne abbaye étoit fort belle. Les Proteſtans, en 1621, en firent une citadelle, & d'après les ordres de *Guitri-Bertichères*, un de leurs chefs de parti, ils la détruiſirent; mais ce qui reſte encore de cet ancien édifice, ſuffit pour faire regretter la deſtruction de ſes autres parties.

La ville de Saint-Gilles eſt dans une agréable ſituation. Le magnifique canal que la province vient de faire conſtruire, qui s'ouvre à Beaucaire, paſſe à Saint-Gilles, & va à Aigues-Mortes, la rendra bien plus vivante. Le 19 octobre 1786, la communication de ce canal fut libre. La barque nommée *la Terrible*, conduite par le Patron *Pierre Chervet*, fut la première qui aborda ; elle salua, par une décharge de mousqueterie, la ville qui rendit ce salut de la même manière : cet événement fut célébré par une fête où assistèrent les principaux habitans de Saint-Gilles.

AIGUES-MORTES.

Petite ville située dans un fond, à quatre lieues & un quart de Montpellier, à cinq lieues deux tiers de Nîmes, & à huit lieues de Beaucaire.

Saint-Louis sentit le besoin d'avoir un port sur les côtes de la Méditerranée. Il n'eut pas plutôt acquis le bas Languedoc par le traité de Paris, qu'il résolut, pour attirer le commerce maritime & pour mettre ses sujets à l'abri des caprices de l'Empereur Frédéric, d'établir un port sur les côtes de cette province ; Aigues-Mortes fut choisi ; ce Roi y fit tracer en même temps l'enceinte d'une ville : il paroît que l'un & l'autre étoient déjà commencés dès l'an 1240. Louis IX, voulant s'y embarquer, donna des ordres pour avancer ces ouvrages, fit entourer de murailles la ville & le port d'Aigues-Mortes, & élever auprès une tour qu'on nomma *Constance*, pour servir de citadelle, & de phare aux vaisseaux qui entreroient dans ce port ; il établit dans cette tour un Gouverneur avec une garnison. Tous ces ouvrages étoient presque achevés en 1246, époque où ce Roi y fit quelque séjour, & pour la première fois s'y embarqua, afin de se rendre à la Terre-Sainte. Pour favoriser la population de cette ville, ce Roi lui accorda plusieurs priviléges, & y donna des coutumes (1).

Dans une lettre que Clément IV écrivit, en 1266, à Saint-Louis, ce Pape le félicite d'avoir fait construire un port à Aigues-Mortes, le *seul du royaume sur la Méditerranée*, y est-il dit, *propre aux embarquemens pour le passage de la Terre-Sainte*; il y parle également de la tour de *Constance*, qui servoit à la fois de phare pour diriger les Navigateurs, & de forteresse pour résister aux ennemis. Louis IX avoit consulté ce Pape, pour savoir s'il pouvoit mettre une imposition sur les Prélats de la province de Narbonne & sur les peuples du voisinage, &c., dont la somme devoit être employée à entourer de murailles la ville d'Aigues-Mortes. Dans cette même lettre, Clément IV lui permit cette imposition, *à condition qu'il convoqueroit les contribuables & prendroit leurs avis*.

Ces murailles furent bâties avec magnificence & solidité; on employa presque par-tout des pierres taillées en bossages & en pointes de dia-

―――――――――――

(1) Dans presque toutes les coutumes du pays, on punissoit l'adultère, en faisant courir les deux coupables nus dans les rues pendant qu'on les fustigeoit. Dans la coutume que Saint-Louis établit en 1246, dans la nouvelle ville d'Aigues-Mortes, il est porté qu'on ne fera aucune information sur le crime d'adultère; mais que si on surprend quelqu'un en flagrant délit, il pourra composer avec la Cour royale, sinon qu'on le fera courir tout nu, mais sans fustigation, & qu'on couvrira seulement la nudité des femmes.

mant; elles furent couronnées d'une corniche & flanquées de seize belles tours.

La seconde fois que Saint-Louis partit pour la Terre-Sainte, il se rendit à Aigues-Mortes, y séjourna deux mois, & le premier juillet 1270, il s'embarqua dans le port de cette ville avec le Prince *Philippe* son fils aîné, deux autres de ses fils, & un grand nombre de Seigneurs les plus distingués de la Noblesse Françoise.

La mer baignoit alors les murs d'Aigues-Mortes; mais bientôt les sables du Rhône, amoncelés par les flots, comblèrent insensiblement ce port, & en éloignèrent les eaux maritimes. Un siècle s'étoit à peine écoulé depuis sa fondation, que les obstacles s'y manifestèrent tellement, qu'ils déterminèrent les gens de la province à demander, en 1359, la permission de transférer les prérogatives de ce port à *Leucates*; ce qui fut refusé.

Cependant le commerce & la population diminuoient dans cette ville à mesure que les atterrissemens croissoient dans le port. Charles V, le 29 juillet 1373, accorda aux habitans d'Aigues-Mortes le droit de Bourgeoisie, afin de repeupler cette ville, qui, de plus en plus, devenoit déserte, tant à cause des guerres & des mortalités, que parce que la mer, achevant de remplir de sables son port, le rendoit inaccessible aux plus petits vaisseaux.

DESCRIPTION. Si ce droit de bourgeoisie augmenta la population, il est certain qu'il ne rendit ni le commerce meilleur, ni le port plus commode; ce port devint entièrement obstrué. Il se trouve aujourd'hui éloigné de la mer d'environ deux lieues ; cet éloignement feroit douter de l'ancienne destination de cette ville, si la vérité de l'Histoire ne concouroit avec l'état actuel des lieux, à prouver qu'elle étoit construite sur les bords de la mer ; on voit encore l'emplacement du port & les anneaux destinés à attacher les vaisseaux.

La tour de *Constance*, qui servoit de phare, existe encore, & sert de prison. On voit au dessous de cette tour les chaussées d'un grand canal qui aboutit à l'étang du *Repauset* ; elles sont d'une épaisseur fort considérable, & fortifiées de grosses pierres dont on a enlevé une grande partie, pour les employer à la construction du château, qui servoit autrefois à la résidence du Gouverneur, & qui est aujourd'hui celle du Lieutenant de Roi ; l'on juge qu'en cet endroit étoit le port.

Cette ville renferme plusieurs communautés religieuses, & sur-tout deux confréries de Pénitens, une de gris, l'autre de blancs.

La province vient de faire construire un magnifique canal, projeté depuis long-temps, & qui doit contribuer beaucoup à vivifier la ville d'Aigues-Mortes ; il commence à Beaucaire, où l'on a pratiqué une écluse qui donne entrée dans le Rhône ; il continue à *Saint-Gilles* jusqu'à Aigues-Mortes, où il communique ensuite, à travers les nombreux étangs qui bordent la côte, à la mer & aux villes maritimes du Languedoc. (Voyez *Saint-Gilles*.)

ANECDOTES. Au commencement du règne de Charles VII, Jean de Châlon, Prince d'Orange, allié du Duc de Bourgogne, qui étoit du parti des Anglois contre la France, s'empara de la ville d'Aigues-Mortes, & y mit garnison Bourguignone; mais les habitans, qui préféroient la domination de leur légitime Souverain à celle des Anglois, résolurent de se défaire de cette garnison, sans attendre le secours que le Roi de France leur envoyoit; ils massacrèrent tous les Bourguignons, jetèrent leurs corps morts dans une fosse; & afin d'éviter les exhalaisons meurtrières qu'auroient pu produire ces cadavres, ils répandirent dessus une grande quantité de sel; c'est de là, à ce que racontent les gens du pays, qu'est venu ce dicton: *Bourguignon salé, l'épée au côté, la barbe au menton; saute, Bourguignon.*

MONTPELLIER.

Ville la plus considérable du Languedoc après Toulouse, avec une citadelle, un évêché suffragant de Narbonne, une Université fameuse par sa Faculté de Médecine; une Société royale des Sciences, une Cour des Aides & des Comptes, une Cour des Monnoies, &c., située sur une colline, dont la rivière de Lez arrose le pied, à une lieue de l'Etang de Maguelonne, qui communique avec la mer Méditerranée, à huit lieues de Nîmes, à quatorze deux tiers d'Avignon, à quinze de Narbonne, trente-cinq de Toulouse, & à cent soixante lieues de Paris.

HISTOIRE. La ville de Montpellier n'est pas ancienne. Vers la fin du dixième siècle, elle n'étoit encore qu'un village appelé, dans le premier titre qui en fait mention, *Monspistellarius*; il conserva ce nom jusqu'à la fin du onzième siècle; depuis, on l'a différemment nommé, *Monspessulanus* ou *Monspessulus* : ainsi, ceux qui font monter plus haut l'origine de ce lieu, n'en apportent aucune preuve solide; & sur-tout ceux qui font dériver le nom *Montpellier* de *Mons puellarum*, par allusion aux deux sœurs de Saint-Fulcran, qui consacrèrent à Dieu leur virginité dans l'abbaye de Saint-Geniez, ne sont pas mieux fondés dans leurs conjectures : au reste, ce village, à cause de son heureuse situation, eut un si prompt accroissement, que dans l'espace d'un siècle & demi, il devint une des plus florissantes villes de l'Europe.

Montpellier fut d'abord gouverné par des Seigneurs particuliers. Guillaume VI, qui étoit seigneur de cette ville, voulut attenter aux droits d'un particulier puissant, & exiger des habitans un nouvel hommage & serment de fidélité; ces habitans se révoltèrent contre ce Seigneur, & le chassèrent honteusement de Montpellier; il se réfugia au château de Lates, & de là il fit savoir au Pape Innocent II la rebellion de ses sujets. Le Pape ne lui envoya point de troupes pour soumettre les révoltés; mais dans une lettre il lui témoigna beaucoup d'affection, l'exhorta à prendre patience, & excommunia tous les habitans de Montpellier, & notamment ceux qu'on appeloit *Consuls*.

Deux ans après, les habitans de cette ville, las de vivre dans l'anathême, eurent recours à Guillaume, Evêque d'Arles, qui leur donna l'absolution, à condition qu'ils se présenteroient à lui à un certain jour qu'il leur indiqua, pour écouter leurs raisons. Les habitans promirent; mais quand ils furent une fois munis de l'absolution désirée, ils oublièrent leur promesse.

Guillaume VI en informa aussi-tôt le Pape, qui écrivit à l'Archevêque d'Arles le premier janvier 1143, & lui ordonna d'excommunier de nouveau les Consuls & les habitans de Montpellier, de remettre cette ville en interdit, de défendre à ses diocésains de communiquer avec eux, & de leur donner aucuns secours.

Guillaume, voyant que les excommunications n'avançoient pas ses affaires, eut enfin, pour soumettre les rebelles, le bon sens de préférer les armes temporelles aux armes spirituelles; il implora le secours du Comte de Barcelonne, son allié, des Génois & de plusieurs Seigneurs de la province. Il assiégea Montpellier, dont les habitans se défendirent long-temps avec beaucoup de vigueur; mais enfin, manquant de vivres & souffrant une cruelle famine, ils furent obligés de se rendre.

En 1204, les coutumes de Montpellier, que *Pierre* Roi d'Arragon, & Marie fille de Guillaume VIII, Seigneur de Montpellier, avoient fait rédiger, furent confirmées conjointement par ce Prince & cette Princesse. Cette ville étoit alors divisée en sept quartiers qu'on appeloit *Echelles*, & l'on continuoit à l'entourer de murailles aux dépens des habitans, entreprise que Guillaume VIII avoit fait commencer deux ans avant. Cette ville étoit gouvernée par douze Consuls qu'on élisoit tous les ans, & qui s'occupoient de la police.

Les succeſſeurs de ce Roi d'Arrangon poſſédèrent la ſeigneurie de Montpellier juſqu'à *Jean*, Roi de Majorque, qui, en 1349, la vendit au Roi de France Philippe de Valois.

Enfin cette ville a pluſieurs fois tenté de ſecouer le joug de ſes différens Seigneurs qui l'opprimoient, s'eſt oppoſée à l'établiſſement des Gabelles, &, à cauſe des ſubſides, s'eſt ſouvent révoltée contre les Rois de France. Pendant les guerres civiles elle a eu une grande part aux malheurs & aux déſaſtres dont la province fut affligée, & après avoir joué un grand rôle dans l'hiſtoire des troubles du Languedoc, elle eſt encore aujourd'hui célèbre par ſa richeſſe & par ſon Univerſité.

DESCRIPTION. Cette ville eſt ſituée ſur le penchant d'une montagne, & cette ſituation a ſans doute nui à la diſpoſition de ſes rues, qui, à l'exception de la grande rue, ſont étroites & mal percées; c'eſt pourquoi on n'y fait uſage que de chaiſes à porteurs. On y arrive par ſept portes, parmi leſquelles on diſtingue celle qui conduit à la place appelée le *Peyrou*.

Cette porte eſt un *arc de triomphe* orné d'architecture & de quatre bas-reliefs; le premier des deux qui ſont du côté de la ville, repréſente la Religion qui renverſe & détruit l'héréſie; on y lit cette inſcription: *Extinctâ hæreſi*; l'autre fait voir la jonction des deux mers par le moyen du canal royal, avec ces mots: *Junctis Oceano & Mediterraneo marib.*

Deux autres bas-reliefs ſont du côté de la promenade; l'un repréſente Hercule qui terraſſe un lion & épouvante une aigle; on y lit cette inscription: *Fusis terrâ marique conjuratis gentibus*; dans l'autre on voit des trophées des villes & des provinces qui se soumettent à la France, & cette inscription: *Belgii arcibus expugnatis*.

Le *Peyrou*, situé hors des portes de la ville & sur le sommet de la colline, est une des plus belles places du royaume, & peut-être de l'Europe, par son heureuse situation, par la vue vaste & magnifique qu'elle présente.

Au milieu de cette place est une statue équestre en bronze que la ville de Montpellier fit ériger à Louis XIV; cette statue fut modelée & jetée en fonte à Paris par un Sculpteur nommé *Joly* (1); elle pèse quatre cent cinquante quintaux. Le piédestal, de marbre blanc veiné, a dix-huit pieds de hauteur; on y lit l'inscription suivante, composée par le sieur *Mandajor*, Maire d'Alais, & de l'Académie royale des Inscriptions & Belles-Lettres de Paris:

LUDOVICO MAGNO COMITIA OCCITANIÆ
INCOLUMI VOVERE; EX OCULIS
SUBLATO POSUERE.
1712.

On y voit aussi cette autre inscription françoise, qui, en peu de mots, contient un grand éloge:

A Louis XIV après sa mort.

---

(1) Ce Sculpteur, de Troyes en Champagne, eut peu de réputation, & travailla avec Girardon. On voit dans les jardins de Versailles quelques-uns de ses ouvrages.

Cette statue est entourée, à une certaine distance, de douze piédestaux d'un beau genre, faits pour recevoir les figures des hommes illustres du siècle de Louis XIV ; mais les statues n'y sont pas encore posées.

Cette place est décorée de belles grilles, à droite & à gauche, de balustrades ; en face est un aquéduc qu'on auroit pu rendre superbe, si des considérations particulières, qui ne devroient point avoir lieu à l'égard des monumens publics, n'eussent empêché qu'il ne fût en droite ligne.

Un château d'eau, en forme de pavillon octogone, s'élève en face de la place royale ; il est percé de portiques ; au milieu est un réservoir dont l'eau va, par cascades, remplir un bassin qui est au dessous, & d'où elle se distribue dans divers quartiers de la ville ; on monte par deux escaliers à ce pavillon, derrière lequel est une plate-forme qui domine sur toute la place, & où l'on voit la tête de l'aquéduc & les bassins. Par d'autres escaliers, on descend dans des promenades basses qui entourent la place royale, & qui sont soutenues par des murs de terrasse ; en s'y promenant tout autour, on passe sous une vaste arcade de l'aquéduc ; cet arcade, ornée d'écussons à sa clef, étant très-surbaissée, a souvent fait craindre sa chûte (1).

---

(1) Il s'en faut de beaucoup qu'en fait d'architecture on ait en province des idées nettes de bon goût. Combien de monumens modernes sont ridicules ou barbares par ce défaut de connoissance ? J'en pourrois citer un grand nombre. Un Architecte ignorant, mais célèbre dans son pays, présente ses desseins ; des Magistrats peu connoisseurs, & qui ont la présomption de se croire

La vue dont on jouit de cette magnifique promenade, est étonnante; on y voit à la fois la ville sur laquelle on domine, l'arc de triomphe dont nous avons parlé, qui est en face; une plaine charmante; la mer, sur laquelle on distingue des barques de Pêcheurs, & qui offre un horizon immense que l'œil confond avec le ciel; enfin les Pyrénées, dont on aperçoit, quand le temps est serein, les pointes aiguës & couvertes de neiges.

bon juges en architecture, les adoptent. L'édifice public est élevé; & loin de faire honneur à la ville, il devient, contre les habitans, un objet continuel de reproche, & peut-être p. leur propre goût un modèle dangereux. La multiplicité des ornemens, la hardiesse de l'architecture sont, aux yeux de bien du monde, les caractères du beau; on entend toujours louer ainsi les monumens de cette espèce : *Cela est beau, cela est hardi;* & l'on ne sait pas que la meilleure preuve du mauvais goût d'un bâtiment, est lorsque la hardiesse de sa construction se fait sentir. Ce n'étoit pas ainsi que bâtissoient les Romains dont nous admirons les ouvrages, & sur lesquels, par une misérable vanité, nous prétendons renchérir, au lieu de les imiter. Si quelquefois, dans la construction, on est forcé de recourir à des moyens hardis, c'est un art qu'il faut cacher; il faut que tout paroisse solide, soutenu, raisonné, & à sa place. C'est cette fausse opinion, trop générale en France, qui a donné lieu à une Académie de province de proposer la question de savoir lesquelles des voûtes à plein cintre ou des voûtes surbaissées, étoient préférables dans un édifice public. Je crois qu'entre la solidité, la beauté, la majesté des formes à plein cintre, & la foiblesse, la pauvreté des formes applaties, le doute sur la préférence n'est point permis à une société de gens éclairés. Cette question ne fait pas honneur au goût de ceux qui l'ont proposée.

Le *Jardin royal des plantes* eſt proche la place du Peyrou, il ſert auſſi de promenade publique; il fut établi en 1598, à la ſollicitation d'*André Dulaurens*, Chancelier de la Faculté de Médecine de Montpellier, alors premier Médecin d'Henri IV. Ce Roi en donna la direction à *Pierre Richier*, Vice-Chancelier de cette Faculté.

Ce jardin eſt diviſé en deux parties; l'une, conſacrée aux plantes, eſt fermée; il y a de diſtance en diſtance de petits robinets qui fourniſſent de l'eau deſtinée à l'irrigation de cette partie du jardin.

L'autre partie eſt une promenade publique qui n'eſt guère fréquentée, excepté au printemps; le défaut d'air, produit par l'inégalité du terrain, par la quantité d'arbres, & par la petiteſſe des allées, en eſt la cauſe.

L'*Intendance* eſt une fort belle maiſon ſituée ſur une petite place triangulaire, au milieu de laquelle eſt une belle fontaine que l'on doit à M. de *Saint-Prieſt*, Intendant du Languedoc, & où l'on voit ſes armes.

Au milieu de la place que forme l'égliſe de *Notre-Dame* & *l'hôtel de ville*, eſt une fontaine qui offre un monument élevé à la mémoire de M. le Maréchal *de Caſtries*, Gouverneur de Montpellier; on y voit un bas-relief qui repréſente le combat donné, le 15 octobre 1760, à Cloſtercamps, où M. de Caſtries montra beaucoup de valeur & de fermeté, en forçant les ennemis, après une perte conſidérable, de repaſſer le Rhin, & de lever entièrement le ſiége de Weſel; ce bas-relief eſt accompagné d'une inſcription en vers latins.

L'Hôtel des Tréforiers est un beau bâtiment, on y admire sur-tout la construction de l'escalier.

La Salle de spectacles ayant été incendiée, on s'occupe de projets pour en construire une plus magnifique que l'ancienne.

La Citadelle, bâtie dans la plaine, commande la ville & la campagne; Louis XIII la fit construire en 1623, après avoir fait démolir les fortifications de la ville; c'est un carré parfait, composé de quatre grands bastions; au pourtour règne un fossé plein d'eau, dans lequel sont trois demi-lunes, dont le fossé est à sec, parce qu'elles sont plus élevées que le reste de la place.

La Place d'armes est fort grande, & occupe presque tout l'intérieur de la citadelle.

La Cathédrale. Le siége épiscopal de ce diocèse étoit autrefois établi à Maguelone, & est resté dans cette ville jusques sous le règne de François Ier. En 1567, pendant les guerres de la religion, le service divin fut suspendu dans cette église; & en 1622, après le siége de Montpellier, Louis XIII y rétablit le culte catholique, & voulut y faire rebâtir une cathédrale, l'ancienne ayant été détruite par les Protestans. En conséquence il assigna sur les gabelles des fonds à prendre pour le prix de cette construction, qui devoit être exécutée sur la place appelée la *Canourgue*. Une petite animosité du Cardinal de Richelieu, qui alors se trouvoit à Montpellier, mit obstacle à ce projet. Ce fut ainsi que ce grand Cardinal se vengea de l'Evêque de cette ville. On fit réparer l'ancienne église de Saint-Pierre, à laquelle on a depuis ajouté plusieurs décorations.

Cette église, qui n'avoit qu'une nef, a été fort agrandie, depuis quelques années, du côté du chœur; elle est sans bas-côtés. Le chœur est orné d'une tapisserie en haute lisse, qui représente la vie de Saint-Pierre; cette tapisserie fut faite en 1634 aux frais du chapitre. Dans le sanctuaire on voit de beaux & grands tableaux, que M. Pradel, Evêque de cette ville, fit placer.

Le maître-autel est à la romaine, composé de beaux marbres d'Italie, & orné de bronze doré.

L'horloge de cette église est un présent de M. le Cardinal de Fleury, premier Ministre, que l'église de Montpellier se glorifie d'avoir possédé au nombre de ses Chanoines.

On trouve à Montpellier une infinité d'autres églises peu curieuses; on indique cependant comme un objet intéressant à voir, les catacombes des Carmes.

L'Université de Montpellier est un des plus anciens établissemens de ce genre en France. En 1180, on commença à y enseigner la Médecine, qu'on appeloit alors *Physique*. Elle fut professée par divers Médecins Arabes ou Sarrasins, chassés d'Espagne par les Goths, ou attirés par la réputation d'une ville qui commençoit à être très-florissante. En 1230, le Roi accorda à l'Evêque de Maguelone le privilége de recevoir le serment de ceux qui pourroient être élevés au grade de Docteur en la Faculté de droit canon & de droit civil, dans *l'étude* de la ville de Montpellier.

En 1289, cet établissement fut confirmé par le Pape Nicolas IV.

La Faculté de droit à Montpellier a été autrefois très-floriffante, on y a compté jufqu'à quatre mille écoliers. Les Papes & les Rois furent obligés d'enjoindre aux Confuls de la ville de pourvoir à leur logement. On prétend que dans une feule émeute il en fut tué huit cents par les habitans. *Placentin*, mort à Montpellier en 1191, fut le premier qui paffa en France pour expliquer le droit romain, compris dans la compilation de Juftinien. Ce Placentin étoit élève de *Warnerius*, & fut le maître d'*Azon Porcius*; l'Univerfité de Montpellier, pour conferver la mémoire de Placentin & de fon élève, a fait graver leurs effigies fur des plaques d'argent que portent les Bedeaux.

Depuis l'augmentation de deux chaires de médecine, fous le règne de Louis XIV, le nombre des Profeffeurs eft de huit. Les Médecins célèbres qui ont illuftré cette Faculté, font en grand nombre; nous ne citerons que le favant & joyeux *Rabelais*, qui lui rendit un fervice effentiel, en obtenant du Chancelier du Prat, le rétabliffement de fes priviléges, auxquels on avoit porté atteinte. En reconnoiffance, fon portrait fut mis dans la falle des écoles, où on le voit encore parmi plufieurs autres illuftres Médecins; on fait même endoffer à tous ceux qui font reçus Docteurs en Médecine, une très-ancienne robe qu'on dit être celle de Rabelais.

Les écoles de chirurgie de Montpellier ont pour le moins autant de droit à la célébrité que les écoles de médecine de la même ville ; plusieurs Professeurs s'y sont distingués par l'étendue de leurs connoissances, & par leurs découvertes intéressantes.

Le bâtiment destiné à ces écoles, appelé *Saint-Côme*, est magnifique ; l'amphithéâtre circulaire peut contenir deux mille personnes ; il est couvert d'une voûte sphérique, au milieu de laquelle est une lanterne qui laisse pénétrer le jour ; on admire la façade de cet édifice, & on regrette qu'elle ne soit pas située plus avantageusement.

Évènemens remarquables. La ville de Montpellier fut une des premières du Languedoc qui adoptèrent les nouvelles opinions religieuses. Le Parlement de Toulouse, qui, pour convertir les Réformés, les condamnoit au feu, ne fit qu'accroître le nombre des prosélytes. En 1560, la plus grande partie des habitans de Montpellier avoit embrassé la nouvelle religion ; on commença à la prêcher publiquement, & les Catholiques ne restèrent qu'en très-petit nombre. Comme Catherine de Médicis avoit accordé aux Protestans la liberté de conscience, & la permission d'avoir des temples, ils se crurent autorisés de ne point souffrir impunément les insultes que leur faisoient journellement les Catholiques.

Un Auteur contemporain, témoin oculaire & impartial, raconte que les Catholiques de Montpellier affectèrent, pendant cinq ou six dimanches consécutifs des mois d'août & de septembre 1561, de distribuer le pain bénit dans les maisons, avec une enseigne de guerre déployée, une grande croix de bois & une crosse, le tout porté par des femmes & des filles dissolues, suivies d'hommes armés de dagues & de sacs pleins de cailloux sous leur manteaux; qu'en cet équipage ils marchoient dans les rues au son des hautbois, des trompettes & des tambours, & crioient, *Nous danserons en dépit des Huguenots*, qu'en même temps ils insultoient les Religionnaires, & leur faisoient diverses menaces lorsqu'ils passoient devant leurs portes. L'Evêque, le Gouverneur, le Juge-mage & les Chanoines, au lieu de s'opposer à ces désordres, les encourageoient au contraire, en faisant boire ceux qui formoient cette cérémonie injurieuse, & en leur donnant de l'argent pour payer leurs trompettes & leurs tambours. Le même Auteur ajoute, que l'Evêque, abusant de sa supériorité & de ses forces, vint insulter les Religionnaires pendant qu'ils étoient assemblés chez un Avocat pour entendre le prêche de leur Ministre.

Les Religionnaires, le 24 septembre suivant, prirent leur revanche, & s'emparèrent de l'église de Notre-Dame; le principal Consul de la ville, qui leur étoit favorable, fit l'inventaire des ornemens, des reliquaires, & les fit transporter à l'hôtel de ville; ils chassèrent les Prêtres de cette église, & le même soir ils y firent leur prêche.

Les autres églises de Montpellier, craignant le même sort, firent transporter leurs richesses dans la cathédrale de Saint-Pierre, dont le vestibule & les hautes murailles formoient une espèce de forteresse où les Chanoines avoient mis une garnison.

Les Protestans voyant ces préparatifs, le 19 octobre suivant, s'attroupèrent au nombre de 1200 commandés par deux jeunes gens de la ville; Ils vinrent attaquer cette forteresse, & une grosse tour voisine, située à la porte des Carmes; après une vigoureuse résistance, ils s'en rendirent maîtres, ainsi que de la tour du Colombier, proche la porte du Peyrou, qui étoit la plus haute de la ville. Les Catholiques capitulèrent le lendemain. Il fut convenu que la garnison du fort Saint-Pierre sortiroit avec ses armes pour se retirer où elle voudroit; que l'artillerie qui étoit dans le fort, seroit conduite à l'hôtel de ville; que les Chanoines & les Catholiques pourroient demeurer dans leurs églises, pour y faire l'office divin, mais sans armes. Ces conventions arrêtées, les Protestans se retirèrent pour laisser sortir la garnison; mais les Catholiques ayant tiré, dans cette occasion, deux coups d'arquebusade qui tuèrent deux Religionnaires, cette trahison anima tellement ceux de ce parti, qu'ils entrèrent dans l'église, & firent main-basse sur tout ce qu'ils rencontroient. Les Capitaines Protestans s'opposèrent de toutes leurs forces à cette violence, & tâchèrent de sauver plusieurs personnes du carnage; mais ils ne purent empêcher que le Père *Berard*, Gardien des Cordeliers, qui avoit prêché dans la cathédrale avec beaucoup d'amertume contre les Religionnaires, ne fût tué; on compta parmi les morts deux Chanoines qui étoient armés. En sorte que, suivant le récit du Président *Montagne*, témoin oculaire, il y eut seize ou dix-sept hommes de tués. Suivant un autre Historien, le nombre des morts se monta à près de quarante. L'église fut pillée, les statues brisées. Le peuple huguenot continua les mêmes violences dans les autres églises. Les Religieuses furent forcées d'abandonner leurs cloîtres, & de se retirer chez leurs parens.

Le 12 novembre suivant, il se tint dans Montpellier un colloque général de toutes leurs églises protestantes. Quelque temps après, le Vicomte de Joyeuse envoya, dans cette ville, un édit du Roi qui enjoignoit aux chefs des Religionnaires de laisser les églises aux Catholiques, & de les remettre dans leur premier état; cependant les Protestans obtinrent pour leur prêche, qui attiroit une très-grande affluence de peuple, trois églises; celles de Notre-Dame, de Saint-Paul & de Saint-Mathieu.

Les Protestans, toujours plus nombreux & plus puissans, forcèrent les Religieuses à quitter l'habit de leur ordre, & à assister au prêche; ils obligèrent même tous les gens de robe, qui portoient, comme les Prêtres catholiques, des bonnets carrés, à prendre des chapeaux ou des bonnets ronds, afin de ne conserver aucune conformité avec les ecclésiastiques romains.

Montpellier éprouva encore, pendant près d'un siècle, des troubles de cette nature, qui font gémir sur les excès du fanatisme, & dont l'événement prouve que la modération est bien plus salutaire que la violence; aujourd'hui la moitié des habitans, & l'on peut dire même les plus riches familles de Montpellier font de la religion réformée. La raison, l'activité du commerce ont entièrement étouffé les haînes & le fanatisme qui divisoient autrefois les deux sectes; de sorte qu'on ne remarque plus entre elles aucune distinction bien apparente.

ANECDOTE. On trouve dans les additions du tome V de l'Histoire du Languedoc, un fait assez remarquable, tiré d'une ancienne chronique en langue du pays, dont voici la traduction.

« L'an 1387, le 6 septembre, une ânesse mit au jour deux enfans mâles, formés comme ceux que pourroit enfanter une femme ; ils naquirent dans le château de Montpellier. On demanda au Pape si on devoit les baptiser ; cette question causa de grands débats. Le Pape chargea le Cardinal Saint-Angel d'examiner si ces enfans devoient recevoir le baptême ; il décida qu'ils pouvoient être baptisés, & ils le furent ».

Les environs de Montpellier offrent plusieurs jolies maisons de campagne ; des plaines fertiles où l'olivier & la vigne, plantés régulièrement, forment un vaste jardin de tout le canton; mais ces campagnes monotones font, en beautés, bien inférieures à celles qu'offrent les bords de la Loire, la Touraine & la Limagne d'Auvergne.

COMMERCE. Il y a plusieurs manufactures à Montpellier : le verdet ou verd-de-gris, qu'on y fabrique d'une maniere particulière, est une branche de son commerce (1) ; les liqueurs, les

---

(1) Ce sont ordinairement les femmes qui s'occupent

parfums, les eaux spiritueuses sont les objets les plus considérables de l'industrie des habitans. Les Négocians de cette ville font la plupart des affaires du port de *Cette*; plusieurs y ont des maisons de commerce. Le canal de Grave, qui est navigable jusqu'à Montpellier, communique, par la rivière de Laz, de cette ville aux étangs & à la mer.

POPULATION. L'air de Montpellier est très-salubre; les écoles, les académies & le commerce y attirent beaucoup de monde, néanmoins on n'y compte qu'environ trente-deux mille ames.

MAGUELONE.

Petite ville autrefois épiscopal, située dans une île, entourée des eaux d'un étang qui porte son nom, & autrefois entourée de la Méditerrannée, avant que cette mer se retirât pour faire place aux atterrissemens du Rhône; elle fut bâtie

---

à fabriquer le *verdet*: on employe pour cela des cuivres rouges d'Allemagne ou de Hambourg, parce que ce sont ceux de tous les cuivres qui prennent le mieux le verd-de-gris. On coupe ce cuivre en lames de la grandeur d'une carte à jouer; on le met dans de grands pots de terre au fond desquels on a versé deux pintes de vin. On isole au dessus du vin les plaques de cuivre sur de petits bâtons en croix, entre des couches de grappes sèches de raisin. Dans l'espace de douze heures, plus ou moins, ces lames de cuivre se trouvent couvertes, par la force du vin, d'une poudre verte. On les racle, puis on les remet de la même manière dans le pot, jusqu'à ce que le cuivre soit entièrement rongé; la plupart des femmes de Montpellier tirent un grand profit de ce travail.

par une colonie de Phocéens; elle est située à quatre lieues de Cette, & à deux de Montpellier.

Le commerce de cette ville devint si considérable, qu'elle fut l'entrepôt des marchandises de l'Europe, de l'Asie & de l'Afrique.

Charles Martel la fit ruiner en 737, sous prétexte qu'elle favorisoit les courses des infidèles; le siége épiscopal fut alors transféré à un lieu nommé *Substantion*, proche Montpellier. Vers l'an 1030, *Arnaud*, Evêque de Maguelone, fut à peine élu, qu'il forma le projet de rétablir cette ville. Il obtint du Pape une Bulle, & des fidèles, des secours pécuniaires avec lesquels il parvint à rebâtir, rétablir & fortifier Maguelone; il fit ouvrir le port, dans lequel l'Abbé Suger & Alexandre III, chassés de l'Italie par l'anti-Pape Victor IV, vinrent aborder.

Bernard de Trevies donna de la célébrité à cette ville, en composant le Roman de *la belle Maguelone*. Ce lieu est le principal théâtre des aventures de ce Roman.

Cette ville n'a plus de son ancienne célébrité que le souvenir; elle consiste aujourd'hui en masures qui sont la retraite des pêcheurs.

ANECDOTES. Dans le treizième siècle, la ville & le diocèse de Maguelone étoient remplis de Juifs, dont le costume approchoit beaucoup de celui des Prêtres chrétiens. Innocent IV ordonna, le 7 juillet 1248, à l'Evêque de Maguelone, de l'ordre des Prêcheurs, nommé *Frère Raynier*, conformément aux remontrances de ce Prélat, de défendre à ces Juifs de porter des *chapes rondes* & larges, comme les Clercs & les Prêtres, & de leur enjoindre au contraire de s'habiller d'une manière différente des ecclésiastiques, & même des laïques, afin qu'ils n'eussent rien de commun avec les Chrétiens.

La discipline ecclésiastique étoit dans ce temps-là fort relâchée. Ce même Evêque de Maguelone voulant rétablir le bon ordre & les mœurs dépravées de son clergé, se fit des ennemis violens parmi les Prêtres, qui l'empoisonnèrent dans une hostie consacrée. Cet attentat donna lieu au Chapitre de Maguelone de faire un statut pour ordonner que dans la suite le Diacre & le Sous-diacre partageroient l'hostie avec le Célébrant, & qu'ils prendroient aussi avec lui une partie du vin consacré.

BALARUC.

Bourg situé sur le bord de l'étang de Thau, à trois quarts de lieue de *Frontignan*, à une lieue & demie de *Cette*, & à quatre lieues de Montpellier.

Ce lieu est fameux par ses eaux minérales, dont la source se trouve à un quart de lieue du bourg, & proche les bords de l'étang de Thau; elle sort à travers un sol situé à trois ou quatre pieds au dessous de la surface & du niveau des eaux de l'étang. « Ainsi, dit un Naturaliste, le foyer du feu qui échauffe cette source, est situé sous le niveau des eaux de la Méditerranée, de même que le terrain submergé, sans que la froideur des eaux maritimes ou de l'étang puisse jamais refroidir ni les eaux, ni le sol sous & à travers lequel elles circulent : or comme la source est située sous le niveau de l'étang, & comme il arrive quelquefois que la tempête fait refluer les eaux de la Méditerranée dans l'étang, on a pratiqué des portes qui ferment aux eaux de l'étang le passage dans les salles de bains ».

On distingue trois bains; le vieux qui est voûté & abandonné, le bain ordinaire où est la source, & le bain des pauvres; ce dernier est un écoulement du précédent.

Les propriétaires de ces bains ont prouvé que depuis plus de deux cents ans les eaux de Balaruc jouissent de leur célébrité; ils assurent aussi qu'on en buvoit avant qu'on s'avisât de s'y baigner.

En été, dans un temps chaud & sec, leur chaleur est de quarante-deux & même de quarante-trois degrés; mais cette température varie pendant les gelées, ou même quand il pleut en hiver; l'état de la chaleur est alors de trente-sept à trente-huit degrés.

L'expérience a appris que ces eaux sont excellentes contre la débilité des fibres & contre les pâles couleurs. Les personnes atteintes de cette dernière maladie par chagrin ou par amour, trouvent dans ces eaux un remède salutaire: elles ouvrent tous les conduits obstrués, & font cesser les tremblemens & le vertige. On peut aussi en faire usage avec succès dans la paralysie, dans les rhumatismes, sciatiques, &c; elles adoucissent les douleurs invétérées. Le Docteur *Chirac*, Médecin de Philippe d'Orléans, Régent de France, parvint, par le moyen des eaux de Balaruc, à calmer les douleurs de ce Prince blessé, en 1706, au siége de Turin.

ABÎME. A une très-petite distance de la source des eaux de Balaruc, dans l'étang de Thau, il existe un abîme qui rejette en haut une grande quantité d'eau, non point salée, mais fraîche & douce, quoique l'eau salée de l'étang inonde entièrement ce gouffre de tous côtés; la force expulsive souterraine empêche les eaux de cette source de se mélanger avec les eaux salées pendant leur expulsion.

Ces forces, comme le dit l'Auteur dont nous empruntons ces détails, qui font sortir cette eau de bas en haut, sont souvent si considérables, qu'elles forment des monticules fluides; alors il est dangereux de s'avancer vers cet endroit avec des bateaux; l'eau expulsée du souterrain rejette avec force tout ce qui s'oppose à sa sortie, & si les vents se déchaînent contre cette partie de l'étang, s'ils excitent la tourmente, l'abîme ouvert, occasionnant lui-même des vagues particulières, s'oppose à l'impétuosité du vent, & cette partie de l'étang n'obéit qu'à l'impulsion particulière de la force souterraine qui fait sortir ces eaux.

L'eau de cette abyme est, pour la température, différente de celle de l'étang; toujours égale à celle de l'atmosphère, elle a constamment la même chaleur, qui est de dix degrés, & cette chaleur peut faire connoître celle dont jouissent, sous le fond de la mer, les entrailles du globe. Lorsque l'étang gèle, il se forme autour de l'abîme un espace circulaire qui ne gèle point.

Dans les environs de Balaruc sont les côteaux de *Frontignan*, fameux par l'excellent vin qu'ils produisent.

CETTE

CETTE.

Ville, avec un port de mer, située sur la Méditerranée, à trois lieues & demie d'Agde, à deux de Frontignan & à cinq de Montpellier.

Cette ville n'eſt point ancienne, & ſon port n'a été conſtruit que vers le milieu du dix-ſeptième ſiècle; elle a pris ſon nom d'un petit hameau nommé *Cette*, éloigné de la ville d'un quart de lieue.

Le port de Cette offre un baſſin formé par deux môles; le plus long, qui s'avance dans la mer, dans une direction de l'oueſt à l'eſt, a environ deux cent quatre-vingt-dix toiſes; à ſon extrémité eſt une batterie de canons, & une tour ſur laquelle s'élève un grand fanal qu'on allume la nuit pour les vaiſſeaux qui abordent; un autre môle moins prolongé s'avance proche l'extrémité du grand môle, & laiſſe entre lui un eſpace qui forme l'entrée. Ce port n'a été entièrement achevé qu'en 1678, ſous la direction de M. *Clerville*.

A ſon entrée, & proche le fanal, il y a plus de trois cents pieds d'eau; mais un peu au dehors de cette entrée, eſt un banc de ſable ſur lequel on ne trouve que trois braſſes d'eau. Les ſables que tranſportent le Rhône ſur la côte du Languedoc, nuiſent beaucoup à la commodité de ce port; mais comme il eſt d'une grande importance pour le commerce de la province, & qu'il eſt le ſeul qui ſerve d'aſile aux bâtimens de la côte, on ne néglige rien pour l'entretenir. Les Etats payent annuellement des ſommes confidérables pour le creufage de fon baffin, dont les deux tiers font depuis long-temps comblés par les atterriffemens.

La plage qui fépare la Méditerranée des étangs, eft fort étroite & fort baffe; le terrain eft formé de fables & de quelques dunes.

Le canal royal aboutit à l'étang de Thau, & communique enfuite dans le port de Cette.

La ville de Cette eft bâtie fur le penchant d'une montagne fituée entre la mer & l'étang de Thau ; cette montagne, cultivée par-tout, & difpofée en amphithéâtre, eft formée de roche calcaire. Du fommet on voit la ville, la Méditerranée, & de l'autre côté les vaftes étangs qui bordent la côte.

L'Evêque d'Agde eft Prieur & Seigneur de Cette ; comme Prieur, il perçoit la dîme, & comme Seigneur, des droits de taxe : mais ce qui produit davantage à ce Prélat, c'eft la dîme de la pêche de l'étang de Thau, dans la partie de Cette, & fur-tout celle des oifeaux aquatiques que l'on prend au filet, & dont le nombre eft très-confidérable.

A G D E.

Ville affez confidérable, capitale du pays d'*Agadès*, avec un évêché fuffragant de Narbonne, &c., fituée fur la rive gauche de l'Héraut, à une demi-lieue de la Méditerranée, à une lieue du fort de Brefcou, & à vingt-neuf de Touloufe.

ORIGINE. Entre les colonies que les Phocéens ou Marfeillois établirent fur la côte du pays des Volces, pour les opposer aux habitans du voisinage du Rhône, qui les inquiétoient, celle d'Agde fut une des premières & des plus considérables. Strabon lui donne le nom de *Roen-Agatha*, & semble confondre par-là deux villes que les Critiques regardent comme différentes; son nom *Agatha* qui, en grec, signifie *bonne*, désigne assez son étymologie.

Cette ville fut incorporée dans la province Narbonnoise, ensuite elle fut prise par les Vandales. *Charles Martel* en fit raser les murailles & brûler les faubourgs; enfin elle fut réunie à la couronne vers le milieu du huitième siècle.

DESCRIPTION. Il y avoit autrefois à Agde une célèbre abbaye, dont Saint-Sevère fut Abbé, & qui souvent étoit composée de trois cents Religieux.

A un quart de lieue est un Couvent de Capucins fort renommé; les bâtimens sont beaux pour les bâtimens d'une capucinière. Le Général de l'ordre, passant, au commencement de ce siècle, à Agde, fut ravi en admiration en voyant cette magnificence anti-séraphique: *Est-ne vera domus Sancti Patris Francisci?* s'écria-t-il; « est-ce là une maison de notre Père Saint-François »?

Cette église a quelques tableaux remarquables; on y voit le tombeau d'Henri Ier, Duc de Montmorenci, Maréchal & Connétable de France, mort le premier avril 1614.

Près de ce Couvent on trouve une chapelle sous le titre de *Notre-Dame de Grace* ou *des Graces*; elle attire une grande quantité de pèlerins & d'offrandes.

PORT. Agde avoit un port du temps des Vifigoths. Le Roi Chilpéric ayant envoyé, en 580, des Ambaſſadeurs à Conſtantinople, auprès de l'Empereur Tibere, à leur retour ils n'oſèrent débarquer au port de Marſeille qui appartenoit alors à *Gontran* & à Childebert. Ils firent voile vers le port d'Agde, dans les Etats des Vifigoths; mais leurs vaiſſeaux ayant été jetés par un coup de vent ſur la côte voiſine, ils furent briſés; quelques perſonnes gagnèrent le rivage, quelques autres furent noyées (1).

Ce port fut ſans doute comblé par les ſables. Le Cardinal de Richelieu voulut en établir un nouveau dans la rade d'Agde, près de Breſcou; deux môles furent conſtruits en peu de temps, & formèrent un grand baſſin, défendu par les fortifications des roches de Breſcou; mais cette entrepriſe fut bientôt abandonnée, les flots de la mer y entraînèrent des ſables qui le comblèrent bientôt.

Les Etats du Languedoc, conſidérant l'importance de ce port relativement au canal royal, ont chargé, en 1784, M. *Groignard*, connu par ſes travaux du port de Toulon, de vérifier quelles feroient les conſtructions néceſſaires au port d'Agde. Cet Ingénieur a décidé qu'il falloit prolonger les jetées de l'eſt & de l'oueſt; en

_____

(1) Les habitans de la côte s'emparèrent de ce qu'ils purent ſauver de l'équipage, ils remirent néanmoins aux Ambaſſadeurs ce qu'il y avoit de plus riche & de plus précieux, & ſur-tout pluſieurs médaillons d'or dont Tibère les avoit chargés, pour les préſenter au Roi Chilpéric.

conséquence on a fait une caisse large de quatre toises à sa base, de trois dans sa partie supérieure, de douze pieds de hauteur, & que l'Evêque d'Agde est venu bénir. La jetée doit s'étendre en mer jusqu'à deux cents toises; ces travaux procureront à l'embouchure du port dix-sept à dix-huit pieds d'eau de profondeur; & lors de l'entière exécution, cette embouchure sera avancée à six cents toises dans la mer, & à la ligne parallèle du cap d'Agde; ce qui donnera un fond invariable de vingt-huit pieds d'eau; l'on espère que ces travaux garantiront le port des atterrissemens dont il a toujours été comblé.

ECLUSE ronde. A environ trois cent cinquante toises de la ville, est une écluse du canal royal, appelée l'*Ecluse ronde*; elle forme un double bassin qui réunit trois branches de canal de différens niveaux. Le grand bassin extérieur est de figure circulaire, & a quatre-vingt-six pieds de diamètre; les trois ouvertures ont six pieds chacune; leurs portes sont busquées, & d'une force combinée à l'effort de l'eau; l'ouverture à l'orient reçoit la branche du canal dite *Canalet haut*, qui aboutit à la rivière d'Héraud, dont le niveau est le plus élevé; l'ouverture à l'occident reçoit le canal de Beziers qui aboutit à la rivière d'Orbe, un peu au dessous de cette ville, & dont le niveau est plus bas que le précédent. C'est à cette ouverture qu'on a fait des doubles ventaux contrebusqués, pour soutenir les eaux venant du *Canalet haut*; l'ouverture au midi donne communication à la branche du canal dite *Canalet bas*, qui aboutit, ainsi que le Canalet haut, à la rivière d'Héraud, mais du côté d'Agde : c'est le plus bas des trois niveaux, à cause de la pente de cette rivière.

On a pratiqué diamétralement, au fond du bassin circulaire, un autre bassin pour recevoir les barques qui passent par la branche du canalet bas.

A un demi-quart de lieue d'Agde, est la montagne de *Cremade*, ancien volcan qui a produit vraisemblablement les laves sur lesquelles cette ville est bâtie, & dont la cathédrale & autres édifices sont construits.

Du haut de la montagne, où est placé le cratère de ce volcan, on découvre les magnifiques plaines du diocèse d'Agde, la Méditerranée, & au milieu des eaux la butte ou fort de *Brescou*.

FORT de *Brescou*. On croit que la butte de *Brescou* est un ancien volcan dégradé par l'action des vagues de la mer. En 1775, on voulut pratiquer une excavation dans le centre de ce fort, pour y construire une citerne; on trouva, à la profondeur de quinze pieds, un vuide irrégulier, d'où partoient plusieurs conduits inégaux dont les directions étoient différentes, & l'intérieur de ces conduits d'une matière vitrifiée : cette découverte a été décrite par M. *Vaugelas*, Naturaliste d'Agde.

USAGES. L'église d'Agde est fort ancienne; il s'y est tenu différens Conciles; le plus remarquable est celui de l'an 506, dont les canons sont relatifs à la discipline de l'église. Dans le quarante-deuxième on y abolit ce qu'on appeloit le *sort des Saints* ; usage superstitieux, par lequel, en ouvrant un livre de l'Ecriture Sainte, on regardoit comme un préfage certain les premières paroles que le hafard faifoit rencontrer au commencement de la page de l'endroit ouvert.

CASTRES.

Ville épifcopale fituée près du confluent des rivières d'Agout & de Thorel, à vingt-trois lieues & demie de Montpellier, à onze de Touloufe & à huit de Carcaffonne.

Ce lieu n'eft pas fort ancien; dans le neuvième, fiècle il n'étoit connu que par une abbaye du titre de Saint-Benoît & Saint-Vincent. En 1154, Louis le jeune vint de Toulouse à Caftres, qui commençoit à avoir le titre de ville, pour y honorer les reliques de Saint-Vincent. Pendant fon féjour, le Seigneur de *Capendu*, Chevalier que le Roi honoroit de fa bienveillance, fut affaffiné par trois de fes ennemis devant la maifon où étoit logé le Monarque, dont on intercéda promptement la clémence pour obtenir la grace des meurtriers. Louis le jeune l'accorda enfin; mais à condition que, par pénitence, ces affaffins fe feroient Moines, & qu'ils en prendroient auffi-tôt l'habit dans le monaftère de Caftres.

DESCRIPTION. L'ancienne cathédrale, qui étoit l'églife de l'ancienne abbaye de Caftres, détruite par les Religionnaires, fut reconftruite dans un genre moderne.

Le palais épifcopal eft un très-bel édifice; il a été bâti fur les deffins de *Jules-Hardouin Manfart*; les jardins, qui ont coûté beaucoup à faire, à caufe de l'irrégularité du terrain, sont beaux & bien dessinés; on y voit aussi plusieurs autres bâtimens publics & particuliers, qui sont remarquables par leur construction.

Il y a sur-tout plusieurs manufactures d'étoffes de laine, comme étamines, burat, ratines, &c; on y fabrique aussi des bas & des bonnets. Ces manufactures rendent cette ville très-vivante & très-riche, & la font regarder comme une des plus commerçantes du Languedoc.

On établit à Castres, en 1579, une *chambre mi-partie*, ou chambre de l'édit. Ce tribunal supérieur, composé d'un nombre égal de juges Catholiques & de juges Protestans, fut ensuite supprimé; mais à la sollicitation de Jean *de Fossé*, Evêque de Castres, on l'y rétablit; il exista dans cette ville jusqu'en 1623, que le Roi Louis XIII le transféra à Beziers. Il fut de nouveau rétabli à Castres en 1629, où il demeura jusqu'en 1670, qu'il fut transféré à Castelnaudary, & ensuite incorporé au Parlement de Toulouse, jusqu'à la révocation de l'édit de Nantes, qui proscrivit & abolit toutes les charges de Magistrature qui, jusqu'alors, avoient été remplies par des personnes de la religion.

ÉVÉNEMENS remarquables. En 1561, le 14 décembre, un Cordelier prêchant dans la cathédrale de Castres, se permit plusieurs injures contre les Protestans. Un Ecolier religionnaire, qui l'entendoit, se leva, & lui donna un démenti; les Huguenots, qui composoient la plus grande partie des habitans, firent arrêter le Prédicateur, & le firent mettre en prison. Le lendemain le confiftoire de la nouvelle religion conclut que le Capitaine de la ville obligeroit tous ceux qui fe rencontreroient dans les rues, Prêtres ou autres, à affifter au prêche.

Le dernier du mois de décembre, & le premier janvier fuivant, les Religionnaires détruifirent les ftatues & les autels dans la cathédrale de Saint-Benoît, & dans les autres églifes de la ville. Il fut auffi fait défenfe aux Catholiques de faire aucun exercice de leur religion. Le 4 janvier 1562, les Confuls de la ville, qui étoient tous Proteftans, firent fortir vingt Religieufes du couvent de Sainte-Claire, les conduifirent aux prêches à la cathédrale, qui avoit été convertie en temple, & les difpersèrent enfuite chez leurs parens. Un Religieux Mathurin ayant été furpris difant la Meffe devant quelques Catholiques, on le prit, on le monta fur un âne, le vifage tourné du côté de la queue qu'il tenoit à la main : ainfi monté & vêtu des habits facerdotaux, il arriva à la place publique ; là, on lui rafa la tête, on le força de renoncer au papifme, & on brûla en fa préfence tous fes ornemens, le miffel, & les hofties.

L'année fuivante, les habitans démolirent le couvent & l'églife des Jacobins de Saint-Vincent de Caftres, qui étoit un des plus beaux du royaume.

Les Proteftans, dans ces violences, n'ufoient que de repréfailles ; ils fe reffouvenoient des cruautés atroces que les Catholiques avoient exercées contre eux, parmi lefquelles on cite le fanatifme d'un bourreau, qui, après avoir écorché vifs cinq Religionaires, leur mangeoit le foie.

CURIOSITÉ naturelle. A une lieue au nord de Caſtres, près d'un lieu nommé *la Roquette*, on voit *le Rocher qui tremble*; ce rocher, placé parmi pluſieurs autres, eſt d'une figure irrégulière, approchant beaucoup de celle d'un œuf applati, qui poſe ſur le petit bout; ſa plus grande circonférence, qui ſe trouve vers les deux tiers de ſa hauteur, eſt de vingt-ſix pieds; ſa plus petite, qui eſt à ſa baſe, eſt de douze pieds, ce qui fait un ſolide d'environ trois cent ſoixante pieds cubes, dont le poids eſt de plus de ſix cents quintaux; il eſt placé à un des angles du rocher qui lui ſert de baſe; & cette poſition, qui ſemble mal aſſurée, fait à chaque inſtant appréhender ſa chûte.

Le peuple croit que ce rocher remue au moindre vent, mais cela n'a pas été remarqué par des perſonnes inſtruites que le Régent, en 1718, y envoya pour l'examiner & en prendre les dimenſions; ce qu'il y a de plus étonnant, c'eſt de voir qu'une telle maſſe puiſſe ſe ſoutenir dans un point d'appui imperceptible.

CASTELNAUDARY.

Ville capitale du pays de Lauraguais, ſituée ſur une petite éminence, au pied de laquelle eſt un baſſin du canal royal, à neuf lieues de Toulouſe, à une & un tiers de Saint-Papoul, & à ſix & un quart de Carcaſſonne.

Cette ville n'eſt point ancienne; au commencement du douzième siècle ce n'étoit qu'un château. Raimond VI ne pouvant le défendre contre l'armée de Croisées, qui, en 1211, ravageoit le Lauraguais, prit le parti d'y mettre le feu, dans la crainte que les Croisés s'en emparassent (1). Néanmoins Simon de Montfort le prit, & le fit rétablir. Raimond VI l'assiégea ensuite; mais il fut obligé d'en lever le siège. Son fils Raimond VII reprit ce château sur Amauri de Montfort, fils de Simon; il en fit détruire les fortifications, & le remit au Roi pour le garder pendant dix ans. Castelnaudary fut ensuite réuni à la couronne avec les autres villes du Languedoc. En 1336, les Anglois prirent cette place & la brûlèrent.

Cette ville ne renferme rien de curieux; elle est fameuse dans l'Histoire par les événemens suivans.

ÉVÉNEMENS remarquables. Le 18 mars 1562, les Religionnaires étoient assemblés pour leur prêche dans une maison écartée hors de la

---

(1) Simon de Montfort faisoit avec tant d'ardeur la guerre à *Raimond VI*, Comte de Toulouse, non parce que celui-ci soutenoit les hérétiques, car ce Comte avoit déjà plusieurs fois mis sa personne & ses biens sous la domination de l'église, mais parce qu'il possédoit des biens immenses; son plus grand crime étoit ses richesses, auxquelles on s'intéressoit plus qu'à sa conscience. Les troupes de Simon prirent, dans le Lauraguais, le château de *Casses*. Les Evêques qui suivoient l'armée, abandonnèrent cinquante Albigeois à la merci des Croisés, *qui les brûlèrent tous vifs avec une joie extrême*, dit un Historien du temps. (Voyez Hist. du Lang tom. III, pag. 212.)

ville, conformément à l'édit de janvier de la même année; les Chanoines de la collégiale attroupèrent quelques scélérats de la ville & des environs, ils les rangèrent en procession, se joignirent à eux, &, tous munis d'armes & de pierres, ils allèrent investir la maison où l'on faisoit le prêche. Ces Catholiques, Chanoines ou Laïques, commencèrent à mettre le feu aux quatre coins du bâtiment; & à mesure que les Protestans sortoient pour se sauver des flammes, ils les assommoient; en sorte qu'il y en eut soixante de tués ou de blessés; parmi les morts distingués, on compte le Contrôleur Marion, trois Conseillers & un Président.

Après la conférence de Nérac, où Catherine de Médicis, accompagnée de Marguerite de Valois sa fille, eut une entrevue avec Henri, Roi de Navarre, Catherine vint à Castelnaudary, chef-lieu du pays du Lauraguais, dont cette Reine étoit Comtesse; un historien de Toulouse rapporte que pendant le séjour de ces deux Reines dans cette ville, Catherine, toujours adonnée à l'Astrologie, consulta une femme célèbre dans le pays par son talent à lire dans l'avenir; il s'agissoit de savoir si la Princesse Marguerite sa fille & femme du Roi de Navarre, auroit des enfans. La vieille Sorcière exigea de la jeune Reine de Navarre de se montrer entièrement nue; & après avoir examiné avec une sérieuse attention toutes les parties de son corps, elle prononça cet oracle: « Madame, votre fille est d'une très-bonne cons-
» titution, & le breuvage que je lui ferai pren-
» dre, fera merveille, pourvu toutefois qu'elle

» puisse gagner sur elle de se tenir chaste pen-
» dant le temps que je lui prescrirai ; car j'ap-
» prends par mon art, que vous êtes, mère &
» fille, de grandes coureuses ». La Reine Marguerite trouva le régime trop difficile à observer, &, comme on sait, elle n'eut point d'enfant, au moins du Roi Henri IV.

Castelnaudary est encore célèbre par la malheureuse bataille donnée à un quart de lieue de cette ville, le premier septembre 1632, entre les troupes de Monsieur & celles du parti des Royalistes. Après plusieurs escarmouches, le Duc de *Montmorenci* s'avança à la tête d'un escadron de cent Maîtres, vers l'armée royaliste. Ce Duc ne portoit alors qu'un simple corps de cuirasse avec son pot en tête ; il montoit un cheval gris pommelé, tout couvert de plumes incarnates, bleues & isabelles ; il étoit à trente pas des ennemis, lorsqu'il essuya une violente décharge de mousqueterie qui fit tomber morts sur la place douze des siens ; plusieurs autres furent mis hors de combat ou prirent la fuite, & lui-même fut blessé d'un coup de feu à la gorge. Alors, entrant en fureur, le Duc pousse son cheval, franchit un large fossé, & suivi seulement de cinq ou six Gentilshommes, il se précipite au milieu des Royalistes, renverse tout ce qui se présente, &, à travers une grêle de coups de mousquets, pénètre jusqu'au septième rang. *Gadagne*, Seigneur de Beauregard, & le Baron de *Laurières* veulent l'arrêter. Le Duc lâche au premier son pistolet, & lui casse le bras gauche ; celui-ci de sa main droite tire sur le Duc un autre coup de pistolet chargé de deux balles; le coup lui entre par la bouche, lui perce la joue droite proche de l'oreille, & lui rompt quelques dents. Tout bleſſé qu'il eſt, le Duc de *Montmorenci* renverſe le Baron de *Laurières*, décharge un furieux coup d'épée ſur la tête de *Bourdet*, fils du Baron, & le fait chanceler; mais preſque auſſi-tôt ſon cheval, couvert de bleſſures, bronche, ſe relève, & va tomber mort à trente pas de là. Le Duc, ainſi renverſé, fut pris, & conduit à Caſtelnaudary, de là à Lectoure, puis à Touloufe. (Voyez *Lectoure & Toulouſe.*)

BASSIN de Saint-Ferréol. Ce baſſin qui ſert de réſervoir au canal royal, eſt ſitué au nord de Caſtelnaudary, & à ſept mille toiſes de cette ville, en ligne droite. Ce baſſin ou réſervoir eſt d'une figure irrégulière, & a huit cents toiſes dans ſa plus grande longueur, & à peu près quatre cents dans ſa plus grande largeur; du côté de l'occident, il eſt formé par une chauſſée en maçonnerie, de quatre cents toiſes de longueur. On dit qu'il contient neuf cent mille toiſes cubes d'eau, ou environ un ſixième plus que le canal.

Ce baſſin eſt le point de réunion des eaux de différens ruiſſeaux joints enſemble par deux rigoles, l'une appelée *de la Montagne*, l'autre *de la Plaine*; cette dernière eſt celle qui conduit les eaux au baſſin de Nauroufe, dont nous allons parler.

Au deſſous du baſſin de Saint-Ferréol, & au droit de la chauſſée, on a conſtruit des voûtes pour la direction des eaux deſtinées à la dépenſe du canal; elles ſont parfaitement liées au mur coloffal de chauffée qui leur fert de point d'appui ; toute la maçonnerie eft fondée fur le roc.

Bassin de Nauroufe. Ce baffin eft fitué à fix mille toifes de Caftelnaudary, fur le canal royal, en allant de cette ville à Touloufe; il eft placé au point le plus élevé du canal, & forme le point de partage des eaux qui, à l'Occident coulent vers l'Océan, à l'Orient vers la Méditerranée. La certitude de conduire les eaux à cette hauteur affura le fuccès de l'entreprife du canal. Les Ingénieurs envoyés pour vérifier le projet du fieur *Riquet*, firent l'épreuve de tracer une petite rigole de deux toifes, qui fut enfuite élargie jufqu'à cinq, d'un point au deffus de Revel, à celui où devoit être le baffin de Nauroufe; ce qui réuffit parfaitement. Ce baffin, revêtu en pierres de taille, étoit dans les commencemens toujours plein d'eau, parce que les barques le traverfoient : mais cette difpofition caufoit des inconvéniens ; on le mit à fec, & on y pratiqua des rigoles pour recevoir les eaux venant du grand réfervoir de Saint-Ferréol, afin d'être conduites aux cales qui les diftribuent à l'Océan & à la Méditerranée.

Ce baffin eft d'une figure octogone de deux cents toifes de longueur, de cent cinquante & un peu plus de largeur, & de fept à huit pieds de profondeur ; à fon centre eft un petit baffin de même figure, d'où, comme des rayons, partent huit rigoles qui communiquent chacune avec la rigole qui règne au pourtour.

On avoit formé le projet d'élever au milieu de ce baffin un piédeftal, au deffus duquel on auroit placé la figure de Louis XIV, tenant un pied fur un globe, le fceptre à la main, dans un char traîné par quatre chevaux marins, & accompagnés de plufieurs autres ornemens magnifiques; mais ces objets faftueux n'auroient rien ajouté à l'utilité du canal. On vouloit encore faire conftruire tout autour de ce baffin une ville dont le plan étoit fuperbe; mais les projets font plus faciles à former qu'à exécuter.

CARCASSONNE.

Ville épifcopale, fiége d'un préfidial, d'une fénéchauffée, &c., fituée fur la rivière d'Aude, à une demi-lieue du canal royal, à dix lieues de Narbonne & à quinze de Touloufe.

ORIGINE. Cette ville étoit anciennement connue fous les noms de *Carcaffo* ou *Carcaffum tectofagum*. Du temps de Céfar, elle étoit déjà une ville confidérable, puifqu'elle fournit, à ce Général des troupes auxiliaires pour la conquête des Gaules. Pline la met en effet au nombre des villes qui jouiffoient du droit latin, c'eft-à-dire, qui fe gouvernoient par elles-mêmes.

Elle fut foumife par les Vifigoths qui l'érigèrent en cité, & y établirent un Evêque, puis elle fut affiégée fucceffivement par Clovis, qui fut obligé d'en lever le fiége; par Gontran Roi de Bourgogne, & par Didier Duc de Touloufe. Elle fe foumit aux François, & retourna fous l'obéiffance des Vifigoths. Elle fut enfuite prife par les Sarrafins, puis foumife à Pepin le Bref, qui l'unit à la couronne vers le milieu du huitième fiècle.

Cette ville, fituée dans un beau pays, eft
divifée

divisée en haute & basse, par la petite rivière d'Aude; la partie haute est ancienne, & s'appelle *la Cité* ; on y voit le château ou citadelle qui domine la ville, & qui tombe en ruine.

La partie basse, plus moderne, est bien percée; les rues y sont alignées, les maisons bien bâties; en général cette ville est fort marchande, fort peuplée pour sa grandeur, & l'une des plus régulièrement construites du Languedoc. On y voit une place formant un grand carré long, ornée d'une fontaine construite en rocaille, au dessus de laquelle est la figure de Neptune, avec quatre chevaux marins sortant à demi-corps d'une espèce de rocher.

La maison de ville est d'une assez bonne architecture; les allées d'arbres qui mènent jusqu'au quai, offrent une promenade agréable.

La cathédrale, dédiée à Saint-Nazaire, est dans la cité; elle fut construite à la fin du onzième siècle. Le Pape Urbain II arriva à Carcassonne le 11 juin 1096; le lendemain il officia pontificalement dans la cathédrale, & y bénit les matériaux qu'on avoit rassemblés pour la construction de cette église, déjà commencée depuis long-temps. Le 13, ce Pontife alla célébrer la Messe dans l'abbaye de Sainte-Marie, où il prêcha, & dont il bénit le cimetière.

La cathédrale est petite, mais assez jolie; le chœur & la croisée sont soutenus par des piliers fort déliés. Proche l'autel du Saint-Sacrement, est la sépulture de *Simon de Montfort*, fort célébré par les Prêtres de son temps, mais dont les cruautés sans nombre, les moyens bas & artificieux qu'il mettoit souvent en usage, ont

Partie II.   O

entièrement effacé la gloire foldatefque, acquife par fon courage. Il n'a aucun monument dans cette églife, on y fait feulement brûler une lampe fur le lieu de fon tombeau.

ANTIQUITÉS. En 1729, on trouva à deux lieues de la ville, dans un champ de la paroiffe d'*Aleyrac*, une colonne antique d'une efpèce de marbre bâtard & grisâtre; elle étoit caffée, & la partie inférieure manquoit; ce qui en reftoit avoit encore plus de cinq pieds de hauteur; fur cette colonne on lifoit l'infcription fuivante:

PRINCIPI. JUVENTUTIS. NUMERIO.
NUMERIANO. NOBILISSIMO. CAESARI.
N. M. P. J.

L'explication de ces mots a occafionné dans le temps beaucoup de débats parmi les Savans. Le Père Montfaucon croit que ce monument fut érigé à la gloire de *Numérien*, avant qu'il fût parvenu à l'Empire, & après que fon père *Carus* l'eut déclaré *Céfar*; ce qui arriva l'an 282 : depuis cet événement, Numérien prit la qualité de Prince de la jeuneffe, *Princeps juventutis*.

MANUFACTURE. La manufacture de draps, dont les bâtimens font fitués au delà du pont, eft l'objet qui contribue le plus à la richeffe du pays; elle eft une des douze fondées par Colbert; elle occupe & fait vivre plus de mille ouvriers. Les draps qu'on y fabrique font eftimés par leur fineffe & leur bonté; il s'en fait un commerce très-confidérable, & fur-tout avec le Levant, dont les Négocians en tirent une très-grande quantité pour l'habillement des Turcs.

Évènemens remarquables. L'armée de Croisés, commandée par le Légat du Pape & autres Prêtres ou Moines, après avoir massacré, sans exception, tous les habitans de Beziers, au nombre de soixante mille, après avoir pillé & incendié la ville, vint, en 1209, mettre le siége devant Carcassonne, dans l'intention de faire éprouver le même sort à cette ville & à ses habitans.

Carcassonne, une des plus fortes places du Languedoc, consistoit alors dans la partie élevée qu'on nomme *la Cité*; la garnison étoit très-nombreuse, & le Vicomte *Raimond-Roger*, s'y étoit rendu pour la défendre.

Les Croisés assiégèrent le premier faubourg; & malgré la défense vigoureuse de Raimond-Roger, qui fit en cette occasion des prodiges de valeur, ce faubourg fut pris & brûlé; le second faubourg fut pris ensuite, mais après beaucoup plus de difficultés & de temps.

Le Roi d'Arragon, Suzerain de Carcassonne, ami & allié du jeune Vicomte Raimond-Roger, négocia la paix auprès du Légat; mais ses démarches, son zèle, & ses prières ne touchèrent point ce Prêtre fanatique; il consentit seulement à permettre au Vicomte de sortir lui treizième, avec chevaux, armes & bagages, à condition qu'il livreroit tous les habitans à la discrétion des Croisés. Le Roi d'Arragon porta cette proposition au Vicomte, qui répondit généreusement : *J'aimerois mieux me laisser écorcher tout vif, que de commettre une si grande lâcheté.*

Les Croisés, impatiens de ces retards, s'approchèrent bientôt de la ville, tentèrent de combler les fossés & d'escalader les murailles; alors les assiégés se défendirent & les repoussèrent vivement. Les Croisés commençoient à désespérer de prendre cette place; mais la saison combattit pour eux : les chaleurs devinrent excessives, tout les puits de Carcassonne étoient taris; les habitans, désolés par la soif, demandèrent à capituler. Un Auteur contemporain raconte que le Légat députa un Chevalier pour faire des propositions à Raimond-Roger. Ce Vicomte se présenta à la barrière, à la tête de trois cents hommes, & sollicité par cet émissaire qui étoit son parent, & plus encore par le besoin où étoit la ville, il consentit d'aller trouver le Légat & les chefs de l'armée, pourvu qu'on lui donnât des sûretés suffisantes : *Je vous jure, foi de gentilhomme*, lui répondit le Chevalier, *que si vous voulez me suivre, je vous ramenerai sans qu'il vous soit fait aucun mal*. Le Vicomte, sur cette assurance, se rendit dans le camp de ses ennemis, où il fut d'abord accueilli par les principaux Seigneurs; il parla au Légat, se justifia pleinement des soupçons qu'on avoit sur sa fidélité à l'église, & promit de s'y soumettre entièrement.

Le Légat délibéra en particulier, & se souciant fort peu de commetre une trahison, malgré l'assurance qu'on avoit jurée au Vicomte, il le fit prisonnier avec sa suite. Pour les habitans de Carcassonne, il est bien difficile de déterminer quel fut leur sort. Un Historien dit qu'on leur permit d'évacuer la ville, à condition qu'ils n'emporteroient avec eux que la chemise & les *brayes* (culottes) qu'ils avoient chacun sur le corps. Un autre dit, qu'ils sortirent sans chemises, l'un après l'autre, par une porte fort étroite, & que la Vicomtesse, jeune & belle, ne fut pas exempte de cette condamnation rigoureuse & humiliante. Un troisième Historien rapporte que ces malheureux, foibles, décharnés, & à demi morts de misère, déclarèrent tous qu'ils vouloient embrasser la foi catholique, & que, de quatre cent cinquante d'entre eux qui ne voulurent pas changer de religion, quatre cents furent brûlés vifs, & cinquante pendus. Enfin un Auteur qui a écrit l'Histoire de la Croisade, dit que les habitans de Carcassonne, ayant appris la trahison dont le Légat avoit usé envers leur Vicomte, sortirent tous de la ville, pendant la nuit, par un souterrain qui communiquoit aux tours de Cabardez, à trois lieues de Carcassonne ; & le lendemain les Croisés, voulant escalader les murailles, furent fort surpris de ne trouver aucun obstacle, & de voir la ville dépeuplée.

Il est certain que Raimond-Roger fut trahi par le Légat & les autres Prêtres de l'armée, de la manière la plus odieuse ; que ce Légat offrit les biens de ce Vicomte prisonnier au Duc de Bourgogne, qui répondit qu'il avoit assez de domaines, sans usurper ceux de Raimond-Roger. Il les offrit ensuite au Comte de Nevers, qui fit la même réponse, puis au Comte de Saint-Paul, qui, indigné ainsi que les deux autres, de la lâche tromperie du Légat, rejeta son offre avec dédain ; enfin il les offrit à Simon de Montfort, qui, après ces louables refus, eut la basseſſe d'accepter ces biens extorqués, & de se faire élire seigneur de tous les domaines du Vicomte qu'on venoit de dépouiller.

Les chefs de l'armée, empressés de partager les richesses que renfermoit cette ville, furent fort courroucés en apprenant qu'une partie avoit déjà été volée par quelques-uns d'entre eux. En massacrant les Albigeois, les Croisés gagnoient des indulgences; mais en volant leurs biens sans permission, ils étoient condamnables; aussi ces voleurs furent-ils bien punis, car le Légat les excommunia.

Le 4 août 1776, il se passa à Carcassonne un événement d'un autre genre. Un météore, appelé *trombe terrestre*, se manifesta, & produisit de grands ravages; la colonne qui formoit cette trombe, s'avança entre les villages de Capendu & de Barbeyrac, déracinant & faisant voler devant elle les arbres qui se trouvoient sur son passage; sa base touchoit à terre, & ressembloit à un cilindre dont la grosseur croissoit jusqu'à la moitié de sa hauteur, où elle diminuoit, & sembloit se perdre dans les airs; sa couleur étoit souci foncé depuis le bas jusqu'à la moitié, & le surplus paroissoit enflammé. Le bruit que faisoit ce météore en avançant, ressembloit aux mugissemens de plusieurs bœufs réunis; bientôt on le vit se partager en deux, & dans le moment un nuage épais se forma d'une des parties, tandis que l'autre, tournant avec rapidité sur elle-même, alla se précipiter avec un bruit affreux dans la rivière d'Aude, qu'elle desſécha dans un grand espace; les pierres & les cailloux qu'elle découvrit en cet endroit, parurent d'un rouge de feu; ensuite une petite partie de la trombe s'éleva de la rivière, abattit plusieurs peupliers fort grands & fort gros, près desquels elle creusa un puits d'environ douze pieds de diamètre : le reste prit sa direction vers des bois voisins, qui en furent fort endomagés : la grêle, suivie d'une pluie abondante, termina l'effet de cet effrayant météore.

BEZIERS.

Ville épiscopale, située très-avantageusement à une petite distance du canal royal, sur la rive gauche de la rivière d'Orbe, à deux lieues & demie de la Méditerranée, à quatre un quart d'Agde & à vingt-six un quart de Toulouse.

Beziers est une ville ancienne que l'on présume avoir été fort considérable du temps des Tectosages. Dans la suite, les Romains y établirent une colonie qui fut appelée dans les notices : *Civitas Biterrensium, Bæterra, Julia Biterra, &c.* Cette colonie fut renouvelée sous l'empire de Tibère, & la ville contenoit alors deux temples, l'un dédié à *Auguste*, & l'autre à *Julia* sa femme; d'après une ancienne inscription trouvée à Beziers, il est constant que les habitans instituèrent des Prêtresses pour honorer cette Princesse comme une Divinité.

Saint-Paul, premier Evêque de Narbonne, fut celui qui commença à prêcher le Christianisme à Beziers. Ce Saint quitta cette ville, où il avoit déjà fait construire une église, & se retira à Narbonne; mais avant de partir, il laissa à Beziers son disciple *Aphrodise*, & l'ordonna premier Evêque de cette ville. Il existe encore une abbaye du nom de ce Saint Aphrodise, dans laquelle ses reliques sont conservées.

En 752, un Seigneur Visigoth, nommé *Ansemond*, qui s'étoit rendu maître des villes de Beziers, Nîmes, Agde & Maguelonne, dont il avoit, pendant les divisions des Sarrasins, composé un petit Etat, livra ces quatre villes à Pepin le Bref; c'est la première époque de l'union de Beziers à la couronne de France.

EVÉNEMENS remarquables. Le Vicomte *Roger Trencavel* assiégea, en 1168, la ville de Beziers, avec des troupes du Roi d'Arragon, pour punir les habitans de ce qu'ils avoient assassiné, en 1167, son père dans l'église de la Madeleine. Désespérant de prendre cette place, dont les habitans étoient déterminés à se défendre jusqu'à l'extrémité, il composa avec eux, &, suivant le traité, il leur pardonna à certaines conditions qu'ils promirent d'observer.

Il étoit bien résolu d'oublier le crime des habitans de Beziers, lorsqu'un de ses courtisans lui reprocha de leur avoir vendu le sang de son père. Le Vicomte, animé par ce reproche, sentit renaître sa fureur avec le désir de se venger, même aux dépens de sa promesse; & pour y réussir d'une manière plus certaine, & ne point donner de soupçon de son projet aux habitans de Beziers, il se rendit en cette ville vers la fin de l'an 1169, & pria les Bourgeois de loger des troupes du Roi d'Arragon, qui étoient venues à son secours, disoit-il, contre le Comte de Toulouse. Ces particuliers, sans méfiance, accueillirent ces soldats, & lorsque ceux-ci furent arrivés en assez grand nombre, ils s'armèrent à un certain signal convenu, massacrèrent une partie des habitans, & pendirent les autres à des potences ; on ne fit quartier qu'aux Juifs, qui apparemment n'avoient pas été complices du meurtre de Trencavel. Les femmes & les filles ne furent point massacrées, mais elles furent forcées d'épouser les soldats qui venoient d'égorger leurs pères, leurs frères, ou leurs maris ; ces mariages contribuèrent entièrement à repeupler la ville.

Après cette sanglante expédition, le Vicomte Roger fit son entrée dans Beziers avec *Bernard* qui en étoit Evêque ; il imposa, de concert avec ce Prélat, sur tous les nouveaux habitans une redevance annuelle de trois livres de poivre par famille, pour se dédommager des grandes dépenses que lui avoit occasionnées la prise de cette ville & le massacre de ses habitans.

Vers les commencemens du treizième siècle, les opinions des Albigeois firent des progrès dans Beziers. L'Abbé de Cîteaux & *Milon*, tous deux Légats du Pape, s'avancèrent alors à la tête d'une forte armée de Croisés, pour combattre les Albigeois. Le Vicomte de Beziers épouvanté alla au devant de ces Légats, fit tous ses efforts pour se justifier ; Il leur déclara que si quelques-uns de ses Officiers avoient favorisé les Hérétiques, c'étoit contre son intention. Toutes ses protestations furent inutiles ; les Légats, loin de se laisser toucher, marchèrent bientôt avec leur armée nombreuse, & vinrent camper, le 22 juillet 1209, devant Beziers, dans le deſſein d'en faire le ſiége.

Pluſieurs autres troupes, commandées par des Seigneurs ou des Evêques, vinrent encore groſſir cette armée. On députa aux habitans pour les déterminer à chaſſer de la ville leurs concitoyens Albigeois, & à les livrer au fanatiſme des Croiſés. Cette députation n'eut aucun ſuccès; les habitans de Beziers refuſèrent généreuſement ces indignes propoſitions, & réſolurent de ſe défendre juſqu'à la derniere goutte de leur ſang. Dans le premier feu de leur courage, ils font une ſortie ſur les Croiſés; les Goujats & les *Ribauds* de cette armée, ſe trouvant maltraités, repouſſent les habitans de Beziers, & les pourſuivent juſques dans leur ville. Les Croiſés arrivent pour les ſoutenir, ils font tous leurs efforts pour franchir les foſſés, eſcalader les murs. Les aſſiégés oppoſent une vive réſiſtance; mais au bout de deux ou trois heures ils cèdent aux efforts des nombreux aſſaillans. Les Croiſés entrent dans la ville, pillent, égorgent, ſans diſtinction de ſexe, d'âge, ni de religion. Les habitans effrayés ſe réfugient en foule dans les égliſes, comme dans un aſile ſacré; la plupart vont dans la cathédrale, & s'y mettent ſous la protection des Chanoines, leſquels, revêtus de leurs habits ſacerdotaux, font ſonner les cloches pour implorer la miſéricorde des vainqueurs; les autres ſe retirent dans l'égliſe de la Madeleine; mais ces aſiles, dans ce temps-là ſi reſpectés, n'arrêtent point la fureur des Croiſés; ils font par-tout un carnage horrible; ſept mille habitans furent égorgés dans la seule église de Sainte-Madeleine, & on évalue à soixante mille le nombre de personnes massacrées dans toute la ville.

Un Historien contemporain assure que les Croisés ayant demandé à l'Abbé de Cîteaux comment ils pourroient distinguer les Catholiques des Albigeois, ce Moine répondit : *Tuez-les tous, car Dieu connoît ceux qui sont à lui*; ainsi, on ne fit quartier à personne.

Enfin les dévots Croisés, ne trouvant plus d'habitans à massacrer, d'effets à piller, mirent le feu à la ville, & allèrent porter plus loin leur zèle exterminateur, afin de se rendre plus dignes des indulgences que le Pape leur accordoit pour de pareils exploits, qui, dans un temps de lumière & de justice, auroient conduit ces religieux brigands sur l'échafaud.

Ainsi fut détruite de fond en comble, le 22 juillet 1209, la ville de Beziers, célèbre par l'agrément de sa situation & le nombre de ses habitans ; elle étoit bien fortifiée, pourvue de toutes munitions, & auroit pu, sans l'inconséquence des habitans, opposer une plus longue résistance.

Beziers fut insensiblement rétabli & repeuplé ; les nouveaux habitans de cette ville, ne pouvant supporter les vexations des Croisés & de Simon de Montfort qui en étoit le chef, se soulevèrent bientôt contre ces défenseurs de la religion (1) ; ils commencèrent par chasser de

---

(1) Parmi ces féroces défenseurs de la religion, on cite deux Gentilshommes François qui s'étoient rendus célèbres par leurs brigandages & leur inhumanité ; ils

leur ville, en 1220, le Légat du Pape qui voulut y séjourner; ce Légat sortit promptement, & se contenta l'année suivante d'excommunier la ville de Beziers, & plusieurs autres par la même occasion.

Cette ville éprouva encore bien des événemens pendant les guerres des Anglois; ses fortifications furent plusieurs fois rebâties & détruites. Du temps de la Ligue, le Duc *de Montmorenci*, fils du Connétable, s'en empara, & y fit bâtir, en 1585, une citadelle à l'endroit où étoit le Couvent des Dominicains. Deux ans après, *Douson*, Juge-Mage, avec quelques Gentilshommes, ayant voulu remettre cette ville sous l'obéissance du Roi, le Duc en fut averti, fit étrangler ce Magistrat dans une des tours de la cathédrale, & exposer son corps pendu à une potence. Sous le règne de Louis XIII, les habitans ayant embrassé le parti de Monsieur, frère du Roi, leur citadelle fut rasée.

DESCRIPTION. Cette ville est située dans une contrée délicieuse, & c'est de cette heureuse

---

faisoient mourir de faim dans des cachots les prisonniers qui n'avoient pas cent sous à leur donner pour leur rançon; ils jetoient ensuite leurs corps à demi morts, dans des cloaques où ils expiroient. Un de ces Gentilshommes, nommé *Folcaud*, avoit fait pendre deux malheureux, dont l'un étoit père de l'autre. Par un raffinement de cruauté, le noble *Folcaud* força le fils à être le bourreau de son père. Le jeune Comte Raimond combattit, en 1220, ces brigands, les vainquit, & leur fit couper la tête.

situation qu'est venu le proverbe : *Si Deus in terris vellet habitare; Bitteris* : « Si Dieu vou-
» loit habiter la terre, il choisiroit Beziers ».
A ce vers latin, les plaisans ajoutent : *Ut iterum crucifigeretur*, pour y être de nouveau crucifié.

En revenant de Narbonne à Beziers, on passe la rivière d'Orbe sur un pont de pierre, au bout duquel est un hôpital attenant à une abbaye de filles ; ensuite on monte à la ville par deux routes dont le chemin neuf est le plus agréable. Dans la ville, au devant de l'église cathédrale, est une terrasse d'où l'on découvre une vue magnifique.

La Cathédrale, sous le titre de *Saint-Nazaire*, n'a rien de bien intéressant ; le buffet d'orgue a des figures remarquables par leur singularité. En 1562, les Protestans pillèrent cette église, & enlevèrent sur-tout un beau rétable d'argent.

La maison de l'Evêque est plus régulière que belle (1).

─────────────

(1) Guillaume, Evêque de Beziers, abolit dans cette ville, en 1182, une coutume barbare ; les Chrétiens y avoient le droit de *souffleter* & de battre tous les Juifs qu'ils rencontroient depuis le samedi avant le dimanche des Rameaux, jusqu'à la seconde fête de Pâques ; les Juifs, pour se racheter de cette servitude, donnèrent une somme considérable à l'église de Saint-Nazaire ; cet usage étoit établi dans plusieurs autres villes, (Voyez *Toulouse*.)

Un Evêque de Beziers, nommé *Guillaume de Fredol*, refusa constamment, en 1329, de prêter serment de fidélité au Roi Charles IV, sous prétexte que ses prédé-

L'église de *Saint-Felix* est remarquable par la hardiesse des arcades qui soutiennent la couverture de la nef.

Au bas de la rue *Françoise* est une grosse statue de pierre appelée *Pepesuc*, que la ville a accoutumé de faire peindre & orner tous les ans le jour de l'Ascension; suivant la tradition, cette statue est la figure d'un vaillant Capitaine nommé *Pierre Péeruc* (1), qui, lors de la prise de Beziers par les Anglois, les empêcha lui seul d'entrer dans la plus belle rue de la ville; on ajoute que c'est à cette occasion que cette rue fut nommée *Françoise*.

L'enceinte de Beziers est assez considérable. Cette ville est une fois plus longue que large; depuis qu'on a cessé d'enterrer dans les cimetières de la Madeleine & de Saint-Felix, & que ces deux emplacemens ont été transformés en promenades, dont l'une est plantée de tilleuls, l'air en est devenu plus sain & l'aspect plus riant.

---

cesseurs n'avoient jamais prêté un pareil serment. Les Officiers du Roi à Beziers ayant fait quelques entreprises sur la juridiction de ce Prélat, il s'en vengea en lançant une sentence d'excommunication & d'interdit contre la ville & tous les autres lieux du diocèse & du domaine. Il excommunia, quelque temps après, des Ecclésiastiques, & les Procureurs pour le Roi, sous prétexte qu'ils avoient communiqué avec les habitans de Beziers, déjà excommuniés. On obligea ce méchant homme de lever l'excommunication, en le menaçant de saisir son temporel, & ce moyen réussit.

(1) *Péeruc* vient peut-être de *Pérulle*, un des chefs des *compagnies* qui, en 1379, s'étoit rendu maître de plusieurs places dans le diocèse de Beziers.

Il existe encore à Beziers quelques restes d'un amphithéâtre, & quelques inscriptions qui sont les seuls témoignages physiques de l'ancienne splendeur de cette ville.

CANAL royal. Les écluses de Fonceranne, sur le canal royal du Languedoc, situées à cinq cent vingt toises de Beziers, sont composées de huit bassins accolés, & dominant en amphithéâtre sur une ligne droite qui a soixante-six pieds de pente. On a divisé la différence du niveau entre ses deux points extrêmes, en huit chûtes, de huit pieds trois pouces chacune, & par le moyen de la retenue de chaque écluse, les barques s'élèvent jusqu'au haut de la colline.

L'ensemble de ces écluses forme une très-belle cascade sur une longueur de cent vingt-cinq toises; les éperons disposés en amphithéâtre produisent des effets très-variés.

L'ensemble de la retenue a cent quarante-trois toises deux pieds de longueur, depuis l'angle flanqué de l'éperon d'amon, jusqu'à celui d'aval; la longueur totale de la maçonnerie est de cent cinquante-deux toises quatre pieds.

A trois lieues de Beziers, en suivant le canal du côté de Toulouse, on trouve la fameuse *voûte du Malpas*; elle est au pied de la montagne d'Ancérune, que le canal royal traverse par une voûte souterraine, à plus de cinquante pieds de profondeur, en mesurant perpendiculairement depuis la surface du terrain; le canal règne sous cette partie de montagne l'espace de quatre-vingt-quatre toises; c'est la longueur totale de la voûte, qui est en partie en maçonnerie, sur cinquante-neuf toises du côté de la sortie des eaux, & en partie taillée dans la matière, sur vingt-cinq toises trois pieds du côté de la venue des eaux. L'intérieur de cette montagne offre une espèce de pierre tuffière, compacte & mêlée de graviers, ne formant qu'un seul corps coloré d'un ton argileux.

On eut d'abord intention de couper la montagne à ciel ouvert; mais des considérations firent abandonner ce projet pour celui de la percer en forme de voûte gothique. Un petit aquéduc qui passe au dessous de cette montagne, & que l'on croit être du temps des Romains, fit naître l'idée du percé; mais la matière de la montagne se désunissoit, le canal se combloit : on fit un cintre qui ne subsista pas long-temps, & on se détermina à voûter en maçonnerie ce qui annonçoit le plus de danger. Si la partie non voûtée, que l'on voit encore aujourd'hui dans son premier état, s'est soutenue d'ellemême, c'est que la matière, plus compacte dans toute son étendue, s'est constamment refusée aux grandes filtrations, & qu'en général les filtrations ne sauroient être fréquentes dans cette partie de la voûte, à cause de sa superficie convexe qui est au dessus, sur laquelle les eaux glissent sans pénétrer sensiblement le terrain.

Au bourg de *Gabian*, à quatre lieues de Beziers sont des eaux minérales, salutaires pour les personnes qui ont des obstructions. De l'autre côté de la colline est une fontaine d'huile *de Pétrole*, sur laquelle M. de la Rivière, Docteur en Médecine, de la Faculté de Montpellier, & M. de Bouillet, Secrétaire de l'Académie l'Académie des Sciences & Belles-Lettres de Béziers ont donné des Mémoires très-détaillés. On présume qu'il y a eu autrefois un volcan dans le voisinage du bourg de Gabian; on y trouve plusieurs matières volcaniques.

Le vin de Béziers est célèbre depuis long-temps; Pline en parle avec éloge.

Cette ville est la patrie de *Paul Pelisson*, un des Quarante de l'Académie Françoise, & de M. *Jacques Dortous de Mairan*, Membre de la même Académie.

POPULATION. Le nombre des habitans va environ à dix-huit mille.

NARBONNE.

Ville ancienne & considérable, siége d'un Archevêque qui prend le titre de *Primat*, & préside aux Etats de la province du Languedoc, située dans un fond, sur un canal qui vient de la rivière d'Aude, & qui communique avec la mer, à deux lieues de la Méditerranée, à quinze de Montpellier, à vingt-quatre de Toulouse, & à quatre de Béziers.

ORIGINE. Narbonne fut la première colonie établie par les Romains dans la Gaule, connue sous le nom de *Narbo Martius*, qu'elle emprunta, non pas de *Martius rex*, sous le gouvernement duquel elle fut établie, comme quelques-uns l'ont cru mal à propos, mais plutôt du Dieu *Mars*, ou des Vétérans de la légion *Martia*, qui peuvent y avoir été envoyés dans la suite pour l'augmenter. Les Auteurs & les anciennes inscriptions prouvent incontestablement qu'elle fut appelée *Narbo Martius*, &

non pas *Marcius*; elle portoit déjà ce nom long-temps avant l'entrée de César dans les Gaules.

Cette ville, suivant le témoignage de *Strabon*, avoit un port qui rendit florissante & riche la Gaule Narbonnoise, & qu'on regarde comme le plus ancien de la côte de la Méditerranée.

Ce port subsiste encore à peu près dans le même lieu: c'est *la Crau de la nouvelle* ou *port Saint-Charles*; mais les sables entraînés par la rivière d'Aude, l'ont bien dégradé; on a été long-temps obligé, pour éviter de plus grands atterrissemens & faciliter l'entrée aux bateaux médiocres, de creuser chaque année, à l'aide des pontons, dans les sables de cette rivière. Aujourd'hui un nouveau canal qui vient de s'exécuter, promet une navigation plus commode & plus utile au commerce de cette ville.

Narbonne fut la métropole de la Province appelée *Narbonnoise*, & la plus ancienne des colonies romaines. Sous les Romains, cette ville étoit fort considérable; elle avoit un capitole qui existoit encore en 1232, des temples, des écoles célèbres; les neveux de l'Empereur Constantin y étudièrent la rhétorique; les Romains y établirent encore la Teinturerie de l'Empire. Narbonne éprouva plusieurs événemens remarquables. L'Empereur Sévere céda cette ville aux Visigoths, & après la prise de Toulouse, par Clovis, elle devint la capitale des Etats de ces peuples. Les Sarrasins s'en emparèrent, & en furent chassés dans la suite par les Visigoths, qui la livrèrent à Pepin le Bref en

759 ; elle fut encore ravagée par les Sarrasins, & prise par les Normands ; elle devint ensuite capitale du Marquisat de Gothie, & du royaume de Septimanie.

Cette ville, ainsi que le duché de Narbonne dont elle étoit le chef-lieu, fit partie du domaine des Comtes de Toulouse, fut usurpée par Simon de Montfort, & enfin fut réunie à la couronne sous le règne de Louis VIII.

DESCRIPTION. On entre à Narbonne par quatre portes, dont la Royale & la Connétable sont les plus anciennes. Cette ville n'a rien qui atteste son antique magnificence ; rien n'annonce cette cité célèbre avant la conquête des Romains, plus célèbre encore sous la domination de ces vainqueurs du monde, & successivement capitale de deux royaumes ; elle est pauvre, dépeuplée, & mal bâtie : sans les églises & le siége archiépiscopal qui y attirent & y font vivre un grand nombre d'Ecclésiastiques, elle pourroit être mise, par son état actuel, au rang des moindres villes de France.

La Cathédrale ou église *primatiale* est le monument le plus curieux de la ville. Ayant été consumée par les flammes, elle fut reconstruite au cinquième siècle par les soins de l'Evêque *Rustique*. Ce bâtiment fut commencé le 13 octobre de l'an 441, & achevé quatre ans après, l'an 445. Cette cathédrale fut rebâtie ensuite par Charlemagne. Enfin l'Archevêque de Narbonne, appelé *Maurin*, à son retour d'Afrique, où il avoit accompagné Saint-Louis, fit recommencer la construction de cette église qui étoit tombée en ruine depuis long-temps, &

que le célèbre *Gui Fulcodi*, son prédécesseur, alors Pape sous le nom de Clément IV, avoit projeté de rebâtir : ce Pape, conformément aux intentions de *Maurin*, lui envoya de Rome la pierre fondamentale toute bénite, & ornée d'une croix d'or. L'Archevêque ayant reçu cette pierre, fit jeter les fondemens de la nouvelle église le 3 avril 1272 ; la construction du chœur, des chapelles qui forment le chevet, & des deux grosses tours, fut achevée en 1332 ; mais la nef ne fut point bâtie : l'édifice a demeuré ainsi imparfait jusqu'au commencement de ce siècle, que M. *la Berchere*, Archevêque de Narbonne, résolut de le continuer. Il posa, avec grande cérémonie, la première pierre de cette nef, le 17 juin 1708. L'ouvrage ayant été suspendu, M. *de Beauvau*, Archevêque de Narbonne, son successeur, le fit continuer en 1722.

Le chœur de cette église est regardé comme un des plus beaux du royaume ; on admire surtout la hauteur & la hardiesse des voûtes, & une architecture gothique d'un bon genre.

Au milieu du chœur est le tombeau de *Philippe le Hardi*. Ce Prince revenant de Catalogne avec les débris de son armée, manquant de tout, repassa les Pyrénées, & vint à Perpignan, où il fut attaqué d'une fièvre chaude, dont il mourut le 7 octobre 1285 ; ses chairs furent déposées dans ce tombeau, ses os transportés à Saint-Denis, ses entrailles inhumées dans l'église des Jacobins de Paris, & son cœur dans l'abbaye de la Noë, de l'ordre de Cîteaux, en Normandie.

Ce tombeau de Philippe le Hardi, qui étoit dans l'ancienne cathédrale, fut transféré dans la nouvelle. Jean, Duc de Normandie, fils aîné du Roi Philippe de Valois, qui commandoit alors dans la province du Languedoc, donna en cette occasion deux cents livres tournois à l'église de Narbonne. Sur ce tombeau on voit la figure couchée de Philippe le Hardi, en marbre blanc; il est représenté vêtu de ses habits royaux; de la main droite il tient un long sceptre, & de l'autre ses gants; un lion est à ses pieds : sa tête, appuyée sur un chevet semé de fleurs de lis, est ceinte d'une couronne dont les fleurons sont des fleurs de lis. Il a de la barbe, contre l'usage de son temps, peut-être l'avoit-il laissé croître pendant sa déroute & pendant sa maladie, ou peut-être est-ce un caprice du Sculpteur. Derrière la partie élevée qui est à la tête de ce tombeau, on lit cette inscription en caractère gothiques :

Sepultura bone memorie Philippi quondam Francorum regis, filii beati Ludovici qui Perpiniani, calidâ febre, ab hac luce migravit. III Non. octobris, anno Domini M.CC.LXXXV.

Le convoi qui est aux quatre faces du tombeau, offre des Chanoines en aumuces, des Princesses, & le Roi Philippe le Bel entre ses deux Gardes.

On voit aussi dans cette église un tableau, qui représente la Résurrection du Lazare ; c'est une copie d'un autre tableau du même sujet, qui avoit été donné à cette cathédrale par le Cardinal Jules de Médicis, Archevêque de Narbonne. Le tableau original, peint par *Sébastien del Piombo*, ou *Sébastien de Venise*, élève du Giorgion, & rival de Michel-Ange (1), resta dans cette église jusqu'en 1722, que le Duc d'Orléans, Régent, le fit demander; les Chanoines ne crurent pas devoir le lui refuser. Pour les dédommager, ce Prince leur envoya vingt mille livres, afin de continuer le bâtiment de leur église, & une copie du même tableau, faite par un bon maître, qui est celle qu'on voit aujourd'hui.

La sacristie renferme beaucoup d'argenterie, & un soleil si grand & si lourd, qu'il faut huit Prêtres pour le porter.

Cette église a quarante-trois toises de longueur dans œuvre, & vingt-trois de largeur. On doit admirer un portail gothique qui sert de porte d'entrée, après la montée, & qui est d'un excellent goût.

Le palais archiépiscopal, situé près du canal, est une espèce de forteresse composée de plusieurs corps de logis, & environnée de plusieurs tours carrées. A l'extrémité du jardin, on voit un piédestal antique assez bien conservé; ce piédestal & les inscriptions qu'il porte se trouvent gravés, ainsi que plusieurs autres

---

(1) On dit que *Sébastien* fit ce tableau pour l'opposer au célèbre tableau de la Transfiguration par *Raphaël*; mais il n'avoit ni le génie, ni le dessin de ce célèbre rival, & la Résurrection du Lazare fut bien inférieure à la Transfiguration; on croit, mais sans fondement, que Michel-Ange lui-même inventa la composition du tableau de Sébastien, & qu'il en fit le dessin sur toile; ce tableau très-noir est aujourd'hui dans la galerie du Palais Royal.

antiquités de Narbonne, dans le premier Volume de l'Histoire du Languedoc. On trouve aussi dans la cour de l'évêché un fronton circulaire rompu, une frise avec une corniche, & un autel, &c. chargés d'inscriptions.

Dans l'église de *Saint-Loup*, hors la ville, on voit un petit tombeau antique, mais dont le style & les caractères de l'inscription annoncent qu'il fut élevé dans des temps bas.

Narbonne est depuis long-temps divisé en deux parties, le *bourg* & la *ville*. Cette ville a la réputation d'être mal-propre; les Voyageurs *Bachaumont* & *Chapelle* en parlent avec beaucoup d'humeur.

> Dans cette ville de Narbonne,
> Toujours il pleut, toujours il tonne.

Ailleurs, ils l'apostrophent ainsi:

> Digne objet de notre courroux,
> Vieille ville toute de fange,
> Qui n'est que ruisseaux & qu'égouts, &c.

Narbonne est en effet dans une situation peu avantageuse; une branche du canal du Languedoc y passe, traverse l'étang de Sigean, & va aboutir dans la Méditerranée.

ÉVÉNEMENS remarquables. Pendant les guerres contre les Albigeois, le Cardinal *Pierre de Benevent*, Légat du Pape, séjourna quelque temps à Narbonne. Ce fut dans ce lieu qu'il attira les Députés de différentes villes, & plusieurs Seigneurs qui avoient suivi le parti du

Comte Raimond VI, afin d'y recevoir leur soumission, & les réconcilier à l'église. Ce malheureux Comte s'y rendit aussi ; après avoir été plusieurs fois excommunié, fouetté par des Prêtres, battu & dépouillé de ses Etats par des Evêques & des brigands, il vint se soumettre au Légat, & lui livrer *son corps & ses domaines*, comme il est marqué dans l'acte du serment : puis se croyant absous, il retourna à Toulouse, vivant, non dans son palais qui étoit occupé par les gens de l'usurpateur *Simon de Montfort*, mais dans la maison d'un particulier.

Les Députés des villes, les Seigneurs, le Comte Raimond & son fils, enfin tous ceux qui étoient venus se soumettre au Légat dans l'espérance d'avoir la paix, eurent bientôt lieu de se repentir de cette démarche. Le Légat leur avoit tendu un piège, & sous le prétexte de les réconcilier à l'église, il les trahissoit de la manière la plus odieuse. *Pierre*, Moine de l'abbaye de Vaux-Sernai, missionnaire pour la conversion des Albigeois, qui a écrit l'Histoire des guerres contre ces sectaires, & qui se montre toujours l'apologiste des Croisés & de Simon de Montfort, ne doit pas être suspect en cette occasion ; voici comme il rapporte la fourberie du Cardinal : « Le Légat amorçoit & retenoit à Nar-
» bonne, par *une fraude pieuse*, les ennemis
» de la foi, afin que le Comte de Montfort pût,
» sans aucun obstacle, passer, avec les troupes
» qui lui venoient de France, dans le Querci &
» dans l'Agenois, & venir combattre plus à
» son aise les ennemis du Christ & les siens.
» *O fraude pieuse du Légat ! ô piété fraudu-*

» *leuse* (1) ! » s'écrie le Moine tellement aveuglé par le fanatisme, qu'il croit faire honneur à ce Cardinal, en convenant qu'il s'est rendu coupable d'une basse trahison. Dans ce temps-là, pourvu que le prétexte fût religieux, les fourberies étoient prônées comme des vertus.

En 1234, un Moine Jacobin, de ceux qui couroient après les hérétiques pour les brûler, crut enfin en avoir découvert un. Il assemble aussitôt une troupe de Sergens, se met à leur tête, va chez un habitant du *bourg* de Narbonne, nommé *Raimond d'Argens*, qu'il prétendoit suspect d'hérésie, & sans autre forme de procès, le fait conduire en prison; cette violence excita une rumeur parmi les habitans du bourg, qui, depuis long-temps, avoient formé entre eux une confédération sous le nom de l'*assistance* ou de l'*amitié*, dont le but étoit de défendre réciproquement leurs biens & leurs personnes. En conséquence ces habitans du bourg vinrent par force tirer le prisonnier de son cachot, & le ramenèrent chez lui. Le lendemain le Vicomte *Aymeri* ayant assemblé les Chanoines & les Religieux de la ville pour délibérer sur cette affaire, le Moine Inquisitéur se leva comme un furieux, & en pleine assemblée excommunia *Raimond d'Argens* & tous ceux qui l'avoient

---

(1) Voici le texte : *Egit ergo misericorditer divina dispositio, ut dum Legatus hostes fidei, qui Narbonæ erans congregati, alliceret & compesceret, FRAUDE PIA, comes Montisfortis, & peregrini qui venerant à Franciâ, possent transire ad partes Caturcenses & Aginnenses, & suos, imò Christi, impugnare inimicos. O LEGATI FRAVS PIA ! O PIETAS FRAVDVLENTA !*

retiré de prison L'Archevêque ayant déterminé qu'il falloit aller se saisir du coupable & le remettre pour la seconde fois en prison, vint lui-même, avec main-forte, pour l'enlever; mais ceux du bourg, qui avoient prévu cette violence, s'étoient assemblés à la porte de *Raimond d'Argens*. Lorsqu'ils virent arriver l'Archevêque avec sa troupe, ils jettent leurs *cappes*, crient de toute leur force : *Tue, tue, donne sur eux*, & courent aussi-tôt sur le Prélat & ses satellites, les obligent de fuir, après avoir maltraité le Prieur des Jacobins, qui se trouvoit mal à propos à cette expédition.

L'Archevêque furieux eut recours aux armes spirituelles; il excommunia tous les habitans du bourg, & le mois suivant, il excommunia encore tous ceux qui communiquoient avec eux. Ces habitans, qui ne pouvoient pas excommunier l'Archevêque, s'emparèrent de ses domaines & le chassèrent de la ville.

Ce Prélat cependant fut bientôt de retour, & la paix se rétablit; mais les incursions & les violences des Inquisiteurs causèrent de nouveaux désordres. Les habitans de la ville ayant embrassé le parti de l'Archevêque & des Moines, firent la guerre à ceux du bourg, qui composoient alors la moitié de Narbonne; il y eut plusieurs combats & beaucoup de sang répandu: enfin le 4 avril 1236, les habitans des deux parties de cette ville traitèrent ensemble, & firent la paix; ainsi finit une guerre que le fanatisme étoit seul capable d'allumer entre des concitoyens.

Pendant que les Prélats du Languedoc travailloient avec tant de zèle pour extirper l'hérésie des Albigeois, ils manifestoient leur avarice en retirant des droits considérables sur ceux qu'ils excommunioient (1). L'Archevêque de Narbonne étoit dans ce cas ; il percevoit des droits excessifs sur ceux qui vouloient se marier sans faire publier leurs bans ; & au lieu d'une livre de cire, que dans l'origine les excommuniés payoient tous les ans, & qui étoit évaluée à deux sous, l'Archevêque, en 1350, exigeoit cinq sous tous les mois, ce qui faisoit une somme trente fois plus grande. Le Roi Jean, par des lettres patentes du mois de janvier 1350, défend à l'Archevêque de recevoir des sommes si exorbitantes ; ces droits procuroient un grand revenu aux Prélats de ce temps, parce qu'ils excommunoient une ville entière pour le moindre sujet, & qu'ils usoient très-fréquemment de ce pouvoir. Le Pape Benoît XII se plaint de ces abus trop multipliés, dans une lettre écrite au mois d'avril 1335, aux Chanoines de Narbonne.

A L B I.

Ville archiépiscopale, située sur la rive gauche du Tarn, à vingt-cinq lieues de Montpellier, & à douze de Toulouse.

ORIGINE. Cette ville fort ancienne, capitale

---

(1) Dans les lettres où ce fait est consigné, on lit : *Extorquent pecunias quantas volunt;* ils extorquent autant d'argent qu'ils veulent. Hist. du Languedoc, t. IV, prem. part. p. 2 ? ?.

du pays appelé *Albigeois*, étoit, au septième siècle, frontière des Gaules; les plus anciennes des Notices qui en font mention, la nomment *Civitas Albiensium*, d'autres *Albia* ou *Albiga*.

HISTOIRE. Albi, comme plusieurs autres villes du Languedoc, avoit adopté les erreurs des Henriciens; Saint-Bernard y vint en 1147; le Légat qui l'avoit précédé de deux jours, fut très-mal reçu des habitans, qui, par dérision, étoient venus au devant de lui, montés sur des ânes & au bruit des tambours. Le saint Abbé eut une meilleure réception; mais il étoit si prévenu contre ces habitans, qu'il fut sur le point de refuser l'accueil qu'ils lui firent. Le lendemain, jour de Saint-Pierre, Bernard prêcha dans la cathédrale, qui fut si remplie d'Auditeurs, qu'elle pouvoit à peine les contenir. « J'étois » venu, dit-il, pour semer, mais j'ai trouvé le » champ rempli d'une mauvaise semence; ce- » pendant vous êtes raisonnables; je vais vous » montrer l'une & l'autre semence, afin que » vous sachiez à quoi vous en tenir ». Enfin le Saint prêcha avec tant d'onction, que les assistans renoncèrent à leurs erreurs. « Faites donc » pénitence, s'écria alors Bernard, vous tous » qui avez été infectés de l'hérésie, & soumet- » tez-vous à l'Eglise: levez au ciel la main » droite pour marque de votre conversion ». Ils levèrent tous la main droite, & le Saint finit son sermon.

Pendant les guerres des Albigeois, cette ville se soumit à Simon de Montfort, & en 1224 elle rentra en la possession de Raimond VII, Comte de Toulouse; enfin elle fut réunie à la couronne par le Roi Louis VIII, à qui les habitans prêtèrent serment de fidélité.

DESCRIPTION. Cette ville, peu remarquable par des objets de curiosité, est construite sur une éminence. La petite ville de Château-Vieux sert de faubourg à Albi, du côté de Gaillac & de Montauban.

La Cathédrale, dédiée à *Sainte-Cécile*, est une des plus grandes & des plus singulières du royaume; sa construction fut commencée en 1277 par l'Evêque *Bernard de Castanet*, qui assigna, pour les dépenses, un vingtième de ses revenus; le Chapitre en fit de même: ce Prélat fit contribuer aussi plusieurs autres Bénéficiers de son diocèse. L'église ne fut achevée & consacrée qu'en 1480; ainsi sa construction dura deux cent trois ans.

Cette église, extraordinairement longue, a cinquante-huit toises de longueur hors d'œuvre, sur dix-sept de largeur; son portail offre au milieu une tour carrée fort élevée, flanquée de deux autres tours rondes qui le sont moins; elle est sans bas-côtés, & n'a point la forme de croix: on voit dans la nef un buffet d'orgue magnifique dont l'Evêque Armand de *la Croix de Castrie* fit présent, en 1737, à cette église; cet orgue a été fabriqué par Christophe *Moncherel*, de Toul en Lorraine, Facteur célèbre: si le buffet n'est pas d'un goût bien pur, il est au moins un des plus recherchés qui existe; on y voit une infinité de figures, & sur-tout, en plusieurs endroits, l'écusson de l'Evêque qui en a gratifié cette église. On vante beaucoup l'harmonie de cet orgue & le jeu des voix humaines.

L'intérieur de cette église est d'un gothique assez simple, qui présente des espèces de pilastres à pans; on y remarque l'architecture du jubé, ouvrage d'un genre agréable; les voûtes sont à arêtes, à tiers-point, & toutes peintes en azur rehaussé d'or.

La chapelle de Saint-Clair est fort enrichie de peintures.

On conserve dans le trésor une châsse d'argent d'un travail précieux, qui contient les reliques de Saint-Clair, premier Evêque de la ville, & Apôtre des Albigeois.

PROMENADE. *La Lice* est une jolie promenade sur les dehors de la ville; elle forme une terrasse bordée de deux rangs d'arbres, on y jouit d'une vue agréable; au bout est le couvent des Dominicains.

Saint-Salvi étoit une ancienne abbaye fondée vers la fin du sixième siècle; elle fut sécularisée en 1523. *Saint-Salvi*, Evêque d'Albi, fameux par ses miracles & ses vertus, y fut enterré. On conserve encore aujourd'hui, avec soin, dans cette église, ses reliques renfermées dans une châsse qui est un monument de la piété d'un Comte de Toulouse nommé *Raimond*; mais on ignore lequel.

ÉVÉNEMENS *remarquables*. La sévérité extrême dont usoient les Inquisiteurs établis pour rechercher les sectaires, appelés *Albigeois*, & le grand nombre qu'ils en faisoient périr dans les flammes, excitoient de toutes parts l'indignation des peuples. En 1234, deux Dominicains nommés, l'un *Arnaud Catalan*, l'autre *Guillaume*, exerçoient à Albi le métier de persécuteurs. Par une de leurs sentences, ils condamnèrent deux habitans de cette ville à être brûlés vifs, & douze autres à aller servir outre-mer pendant quelques années. Dans le même temps, Frère *Arnaud* voulut exhumer les corps de plusieurs personnes mortes dans des sentimens erronés. Il choisit le jeudi d'après la Pentecôte, jour auquel l'Evêque d'Albi tenoit son synode, pour faire exécuter son jugement, & il ordonna au Bailli & aux Officiers de ce Prélat de faire déterrer, entre autres, une femme inhumée dans le cimetière de l'église de Saint-Etienne. Ces Officiers, craignant d'exciter une émotion populaire, refusèrent d'obéir. Le Moine Inquisiteur se rendit alors lui-même sur les lieux, suivi de quelques Ecclésiastiques ; & là, ayant pris un hoyau, il donna les premiers coups pour déterrer le corps, & puis laissant le reste à faire aux gens de l'Evêque, il se rendit au synode. A peine fut-il entré dans la cathédrale, que les gens chargés de déterrer le cadavre viennent l'avertir qu'ils avoient été chassés par le peuple attroupé. A cette nouvelle, le Moine entre en fureur, il retourne sur les lieux pour se faire obéir ; mais bientôt il est environné de deux ou trois cents personnes, qui, sans respect pour sa robe, se jetent sur lui en criant : *Que ce traître sorte de la ville, qu'il meure ; il n'est pas permis de le laisser vivre !* On l'entraîne ; mais il parvient à s'échapper, & à se réfugier dans la cathédrale : à peine y est-il arrivé, qu'en présence de l'Evêque & du Clergé, il excommunie sans miséricorde toute la ville. Le peuple &

l'Evêque se joignirent pour calmer la sainte colère du Dominicain ; il se fit un peu prier, puis il consentit à retirer son dangereux anathême.

Les Moines Inquisiteurs, fiers de posséder un moyen si commode pour eux, & si terrible pour les peuples, continuèrent d'en abuser. Les bûchers se rallumèrent bientôt à Albi; la cendre des morts fut troublée, & leur mémoire outragée plus qu'auparavant : chacun craignant l'arme spirituelle, souffrit en silence.

Ces Inquisiteurs continuoient d'exercer des violences inouies. « Ils faisoient souffrir, dit » Dom *Vaissette*, des tourmens horribles à ceux » qu'ils avoient fait emprisonner sous prétexte » d'hérésie, pour leur faire avouer des crimes » dont ils n'étoient pas coupables, subornoient » les témoins, &c.; en sorte que tous les peuples » paroissoient disposés à la révolte ». Enfin, malgré le saint prestige, l'indignation des peuples ne put se contenir; on porta de toutes parts contre ces religieux bourreaux, des plaintes au Roi. Les habitans de la ville & du diocèse d'Albi se plaignoient sur-tout de leur Evêque *Bernard de Castanet*, qu'ils accusoient d'avoir, de concert avec les Inquisiteurs, condamné plusieurs innocens. Ces plaintes produisirent d'abord peu d'effet; mais étant réitérées, elles décidèrent le Roi, à envoyer deux Commissaires pour faire justice ; alors les prisons furent ouvertes. Les habitans d'Albi, pouvant enfin donner l'essor à leur indignation, chassèrent plusieurs Jacobins de la ville, en criant : *Aux traîtres ! aux traîtres !* Ceux qui restoient dans le couvent n'osoient plus en sortir; ils y furent même insultés par le peuple qui s'y étoit introduit pour se venger un peu de ces furieux Dominicains; ils les abandonnèrent, & ne leur portèrent plus aucunes aumônes.

Une chose remarquable, c'est qu'un Jacobin nommé Frère *Bernard Délicieux*, avoit embrassé le parti du peuple, & dans ses sermons l'excitoit contre ses confrères les Inquisiteurs. Ces Moines n'avoient qu'un parti à prendre, parti toujours victorieux alors, c'étoit l'excommunication qu'ils lancèrent contre les Commissaires du Roi; mais ceux-ci en appelèrent au Pape, & de long-temps l'affaire ne put être jugée.

TOULOUSE.

Ville capitale du Languedoc, située sur les bords de la Garonne, proche l'embouchure du canal royal dans ce fleuve, à cent soixante-dix lieues de Paris.

ORIGINE. Cette ville est si ancienne, qu'on en ignore l'origine; on sait qu'elle fut le chef-lieu du pays habité par les *Volces Tectosages*. M. l'Abbé *Audibert*, qui a sur ce sujet fait une savante dissertation, d'après divers témoignages & plusieurs monumens découverts dans le lieu appelé *Vieille-Toulouse*, conjecture, contre le sentiment du plus grand nombre des Historiens, que cette ville a commencé d'exister dans l'endroit qui porte ce nom, & qui est éloigné d'une forte lieue de la ville actuelle; il prouve ensuite que Toulouse étoit une ancienne colonie fondée par les Grecs de Marseille.

Les Romains, après avoir conquis le pays des

Partie II. Q

Volces, mirent d'abord Toulouse, qui en étoit la capitale, au nombre des villes alliées à leur République; ils y établirent dans la suite une colonie Romaine qui devint riche & puissante. Cette ville étoit déjà célèbre avant la conquête des Romains, par deux temples d'Apollon & de Minerve, & c'est peut-être ce dernier qui lui fit donner le nom de *Palladia*. Les Romains embellirent Toulouse d'un capitole, d'un palais, d'un amphithéâtre, & de plusieurs autres édifices publics, dont on voit encore quelques vestiges.

Les habitans de Toulouse, séduits ou épouvantés par les Cimbres victorieux, embrassèrent le parti de ces barbares, & arrêtèrent prisonniers les soldats Romains qui étoient dans leur ville. Le Consul *Q. Servilius Cepion*, que la République avoit envoyé depuis peu pour gouverner la province, à la faveur des intelligences qu'il s'étoit ménagées, entra pendant la nuit dans Toulouse avec les troupes Romaines, s'en rendit maître, & sous prétexte de punir la trahison des Toulousains, abandonna leur ville au pillage. Toulouse étoit très-riche; ses temples contenoient des offrandes précieuses; les lacs voisins du temple d'Apollon étoient remplis d'or & d'argent en masse, que par superstition les peuples y jetoient comme un présent, dans un lieu sacré : tout fut pillé. On évalue l'or que *Cepion* emporta en cette occasion, à cent trente millions de notre monnoie.

Ce gouverneur, après avoir mis garnison Romaine dans Toulouse, fit voiturer vers Marseille les richesses dont il venoit de s'emparer.

L'escorte fut arrêtée en chemin par des gens envoyés, dit-on, secrètement par Cépion qui désiroit par ce moyen s'approprier ces trésors, afin de n'en point rendre compte à la République; ce qu'il y a de certain, c'est que Cépion & tous ses complices furent dans la suite accusés de péculat; on prétend même que le Dieu dont ils avoient profané & pillé le trésor, punit d'une manière exemplaire tous ceux qui avoient eu part à ces richesses, en les faisant vivre & mourir misérablement; c'est de cette punition qu'est venu, dit-on, ce proverbe : *Il a de l'or de Toulouse*, pour exprimer le sort d'un homme constamment malheureux.

On croit que ce fut après ce désastre que les Toulousains abandonnèrent insensiblement leur ancienne ville profanée, & jetèrent les fondemens de la nouvelle.

Bientôt son commerce, ses écoles la rendirent célèbre. Au commencement du cinquième siècle, les Vandales désolèrent tout le pays; mais Toulouse fut, dit-on, préservée de ce fléau par les prières & les mérites de *Saint-Exupère*, qui en étoit Evêque. Les Visigoths l'assiégèrent, s'en rendirent maîtres, & l'abandonnèrent pour passer en Espagne.

L'an 419, l'Empereur Honorius ayant cédé Toulouse aux Visigoths, ces peuples y établirent le siège de leur empire, & Toulouse devint la capitale du royaume des Visigoths; prérogative dont elle jouit sans interruption pendant quatre-vingt-huit ans.

En 508, Clovis, après avoir soumis une grande partie de l'Aquitaine, entra sans aucune résistance dans cette ville ; le royaume de Toulouse ne subsista plus depuis cette conquête, & Narbonne fut alors le chef-lieu du pays qui restoit encore aux Visigoths. Toulouse devint ensuite la capitale de l'Aquitaine neustrienne. Charlemagne ayant érigé ce pays en royaume, Toulouse eut pour la seconde fois le titre de capitale d'un royaume.

Cette ville passa ensuite sous la domination des Comtes, & ne fut réunie à la couronne que sous le règne de Saint-Louis. Alfonse, frère de ce Roi, épousa *Jeanne*, fille unique de Raimond VII, & héritière des domaines des Comtes de Toulouse.

DESCRIPTION. Cette ville, capitale d'une des plus grandes provinces de France, qui fut successivement capitale du royaume des Visigoths, de celui d'Aquitaine, & des vastes domaines de ses Comtes, célèbre par une infinité de grands événemens, ne conserve que peu de témoignages de son ancien lustre. Elle n'est ni bien percée, ni bien bâtie ; c'est un vaste labyrinthe, composé de rues sales, étroites & tortueuses ; on y voit peu de places ; les maisons y sont pour la plupart bâties en briques.

Cette ville est dans une situation avantageuse pour le commerce, & cependant elle est peu commerçante. Un objet bien moins utile fixe toute l'ambition des habitans ; c'est la noblesse qui s'acquiert par le capitoulat ; cette fièvre de noblesse tourmente bien des bourgeois de Toulouse, & leur donne plus de morgue que d'opulence.

DU LANGUEDOC. 245

Il y a huit charges *de Capitouls* (1); on les élit tous les ans; leur fonction est la même que celle des Echevins dans les autres villes; ils ont de plus l'administration de la justice criminelle & de la police; mais ils ne peuvent rien résoudre sans convoquer le conseil de bourgeoisie, composé d'habitans qui ont déjà été Capitouls. Le capitoulat donne tous les ans la noblesse à huit roturiers qui prennent le titre de *Gouverneurs de la ville*, & de *Chefs des Nobles*. Ces roturiers, qui par cette élection peuvent tout à coup devenir *nobles* à perpétuité, sont en conséquence fort empressés de se procurer cette illustration; c'est ce qui a donné lieu à ce proverbe ancien & ironique:

> Cil de noblesse a grand titoul
> Qui de Toulouse est Capitoul.

Toulouse a huit portes, quelques places publiques, & une seule fontaine. La difficulté qu'on a toujours éprouvée pour conduire des eaux dans cette ville, est cause qu'on n'y trouve pas d'autre monument de ce genre; on supplée à ce défaut, en faisant voiturer dans la ville des tonneaux pleins d'eau, pour le besoin des habitans.

---

(1) Par arrêt du Conseil du 8 Janvier 1780, Sa Majesté, en fixant la nomination des Capitouls au 25 décembre de chaque année, a exclu de cette charge les étrangers qui, autrefois, avoient le droit d'y prétendre; aujourd'hui il faut être citoyen & membre du Conseil ordinaire depuis quatre ans, pour avoir le droit d'aspirer au *Capitoulat*.

Cette fontaine unique est de forme ronde, elle est surmontée d'un obélisque; ses quatre faces offrent quatre figures d'enfans qui jettent l'eau dans un bassin, d'où elle découle par plusieurs robinets.

Les places les plus remarquables de Toulouse, sont la *place Royale*, la *place Mage*, où est la statue équestre de Louis XIII, &c.

Le Pont neuf, sur la Garonne, fut bâti sous le règne de Louis XIII, d'après les desseins du plus célèbre Architecte de la France, *François Mansard*. On le regarde comme un des plus beaux ponts de l'Europe; les arches sont de différentes grandeurs, à plein cintre, & au nombre de sept; la maçonnerie est en briques; les bandeaux des arches sont en pierres de taille, ainsi que des chaînes qui lient la maçonnerie des voûtes. Ce pont a douze toises de largeur, & cent trente-cinq de longueur. Au dessus des piles, & entre les arches sont des ouvertures élyptiques, percées dans la construction, & qui peuvent donner passage à l'eau lorsque la Garonne est débordée.

L'hôtel de ville est qualifié de *Capitole*; on lit en effet sur la porte, en très-grands caractères dorés, CAPITOLIUM : cet édifice est un des plus remarquables de Toulouse; mais son extérieur & son architecture ne répondent guère à l'idée de grandeur que cet antique nom semble annoncer. En entrant, on trouve sous la porte un grand corps-de-garde où l'on voit quelques armes & des boucliers ronds des anciens Toulousains; on y lit une inscription où l'hiperbole, figure si familière aux gens du pays, est étalée avec profusion.

DEO. OPT. MAX. D. D. D. Octoviri Capitolini P. Q. Tolos. ob restitutam Ludovico Magno valetudinem & conservatum Ecclesiæ deffensorem, Nobilitati Principem, Magistratibus Legislatorem, populo Patrem, ORBI PERPETUUM MIRACULUM.

Un peu plus bas est un soleil d'or, au dessous duquel sont huit fleurs appelées tournesols, inclinées de son côté ; on y lit ce vers :

Nous regardons toujours celui qui nous a faites.

Le soleil d'or est la devise de Louis XIV, les huit fleurs font allusion aux huit Capitouls de ce temps-là, dont les armes sont à côté.

Le premier tableau que l'on trouve sur la gauche du grand escalier, représente un feu d'artifice tiré à l'occasion de la convalescence de Louis XV, après sa maladie de Metz, fait par *Cammas*, Peintre Toulousain.

A droite en montant, on voit un autre grand tableau représentant les Capitouls haranguant les Princes, petits-fils de Louis XIV, lors de leur passage à Toulouse en 1700.

Au dessus, dans un tableau de même grandeur, on voit l'entrée de Louis XIII dans Toulouse en 1621.

Le troisième tableau, qui est vis-à-vis, offre l'entrée de Louis XI, encore Dauphin. Ce Prince, instruit des difficultés que les Capitouls faisoient d'accorder le dais à la Reine sa mere, se détermina à la placer en croupe sur son cheval; c'est un ouvrage de *Jean-Pierre Rivals* (1): ce tableau, & plusieurs autres dont les sujets sont anciens, ont été faits d'après les miniatures qui se trouvent dans les registres de cette ville.

Le quatrième, qui est sur le dernier palier, représente Louis XIV faisant son entrée en 1659. Les Capitouls sont humblement prosternés aux genoux de ce Prince, & lui présentent les saints Evangiles, pour lui faire jurer de conserver les privilèges de la ville; ce tableau est peint par *Durand*.

La première salle est ornée de plusieurs grands portraits de Capitouls. Au dessus de la première porte, est un tableau curieux où l'on voit *Clémence Isaure*, tenant dans ses mains des fleurs, qui représentent les prix que, le 3 mai de chaque année, l'Académie des Jeux Floraux distribue.

La seconde salle, connue sous le nom de *Salle des Illustres*, contient les bustes des Toulousains qui se sont rendus recommandables par leurs talens ou leurs vertus. C'est un spectacle bien satisfaisant pour le Philosophe de voir sur la même ligne, l'Artiste, l'homme d'Etat, l'Historien, le Guerrier; c'est une leçon bien encourageante pour les jeunes citoyens, que

___

(1) Cet Artiste, à la fois Peintre & Architecte, n'étoit pas sans mérite; son fils, *Antoine Rivals*, eut plus de talent que lui; il fut en Italie, & remporta le premier prix de peinture de l'Académie de Saint-Luc à Rome; il avoit une touche ferme, ses desseins sont corrects, & ses compositions ingénieuses.

cet assemblage d'hommes illustres de tous états, à qui leur patrie rend, dans ce temple de mémoire, un hommage égal.

Dans le fond de cette salle on voit le buste de Louis XIV, doré, accompagné de trophées & d'une inscription latine ; au dessus est un tableau peint par *Jean Rivals*, qui représente la naissance du Duc de Bourgogne ; aux deux côtés sont quatre bustes, celui de *Théodoric Ier*, Roi de Toulouse, de *Théodoric II*, de *Bertrand* & de *Raymond de Saint-Gilles*, tous les deux Comtes de Toulouse.

A droite du buste de Louis XIV, on remarque celui d'*Arnaud Ferrier*, qui assista au Concile de Trente en qualité d'Ambassadeur ; puis viennent les bustes des personnes suivantes.

Cujas, un des plus célèbres Jurisconsultes.

Augé *Ferrier*, Médecin fameux.

Jean *Pins*, Evêque de Rieux, Ambassadeur à la Cour de Rome.

Antoine *Tolosani*, Général & Réformateur de l'Ordre de Saint-Antoine de Vienne.

Jean *Nogaret de la Valette*, que Charles IX nomma Vice-Roi d'Aquitaine.

Antoine *Paulo*, Grand-Maître de Malte.

Duffaur *Pibrac*, Avocat Général au Parlement de Paris, Chancelier d'Henri III, pendant qu'il étoit Roi de Pologne, connu par des poésies, & sur-tout par des quatrains.

Guillaume *Fieubet* & Philippe *Bertier*, tous deux Présidens au Parlement de Toulouse.

Antoine *Rivals*, Peintre de Toulouse.

Pierre *Cazeneuve*, Auteur du Franc-aleu.

Germain *la Faille*, Auteur des Annales de Toulouse.

Au dessus de la porte de la salle destinée à l'exposition publique des tableaux, qui se fait tous les ans au mois de mai, on voit un grand tableau allégorique fort ancien, qui représente une Toulouse sous la figure de Pallas, & aux deux côtés de ce tableau les bustes d'*Antonius primus*, Sénateur; d'*Emilius Magnus Arborius*; de *Luc-Sta* ou *Ursulus*, & de *Victorinus*, Rhéteurs de Toulouse; de Jean-Galbert de *Campistron*, Poète dramatique.

De François *Menard*, Poète.

De Pierre *Goudelin*, célèbre par ses poésies Languedociennes, pleines de graces & de naïveté.

Le portrait d'*Henri III*, qui n'est que la copie de celui qui fut enlevé par la populace pendant la Ligue. (Voyez ci-après).

On voit à la suite les bustes de M. *Bastard*, doyen du Parlement; d'*Emmanuel Magnan*, Mathématicien & Minime; de Pierre *Bunel*, Erudit; de *Guillaume Catel*, Auteur d'une Histoire du Languedoc; de *Guillaume Maran*, Jurisconsulte; de *Jean-Etienne Duranty*, Premier Président, dont nous parlerons à la fin de cet article; de *Pierre Duffaur de Saint-Jory*, Premier Président; de *Guillaume de Nogaret*, Ambassadeur de Philippe-le-Bel à Rome, pendant les démêlés de ce Roi avec le Pape Boniface; de *Benoît XII*, Pape, né à Toulouse; de *Bachelier*, fameux Sculpteur, élève de Michel-Ange.

Tous ces bustes ont été sculptés par *Darcis*.

Derrière cette salle est celle des quarante *Mainteneurs* ou Académiciens des Jeux Floraux ; elle est ornée du portrait de Louis XIV & de celui de Monsieur, frère du Roi. Ces bustes furent envoyés à l'Académie des Jeux Floraux par ces Princes après leur passage à Toulouse.

On voit aussi le buste du Chancelier *Boûcherat* ; & ceux de Mademoiselle de *Catellan*, de Madame de *Montaigu*, l'une & l'autre maîtresses des Jeux Floraux.

En sortant de cette salle à droite, on entre dans celle de peinture, & l'on remarque sur la porte un petit portrait de Louis XV.

Le premier tableau à droite représente les Huguenots chassés de Toulouse en 1561. Le second offre la défaite d'Henri II, Roi d'Angleterre, à l'époque où ce Prince vint faire le siége de Toulouse avec une armée formidable, dont une partie avoit été fournie par le Roi d'Ecosse, par le Comte de Barcelone, &c.

Le troisième tableau montre le Vicomte *de Saint-Gilles*, Comte de Toulouse, recevant la croix des mains du Pape Urbain II.

Dans le quatrième, on voit *Littorius*, Général des Romains, fait prisonnier par *Théodoric*, Roi des Visigoths, au moment où ce Général alloit faire le siége de Toulouse.

Le grand tableau qui occupe le fond de la salle, représente la fondation de la ville d'Ancire, connue sous le nom d'*Angouri*, capitale de la Galatie ; ce beau tableau est peint par *Antoine Rivals*, ainsi que les quatre précédens.

A droite en retour, le premier tableau offre

la défaite de *Sostrate*, Roi de Macédoine, & fait prisonnier par les Tectosages ; peint par *Rivals*.

Dans le second, on voit le fameux temple de Delphe, pillé par les Tectosages ; des soldats emportent la statue d'Apollon : ce tableau est de *Coypel*.

Le sujet du troisième est la conquête des Tectosages, qui, après avoir soumis une des plus fertiles contrées de la Germanie, bâtirent une ville près de la forêt d'Hercinie ; ce tableau est du célèbre *Jouvenet*.

Le quatrième tableau est peint par *Boullongne* l'aîné ; il représente les Tectosages illustrés par leurs victoires, allant chercher une nouvelle patrie.

On voit dans une autre pièce appelée le *Grand Consistoire*, la statue en marbre blanc de *Clémence Isaure*, qui est encore représentée dans un tableau dont nous avons parlé ; cette statue est dans une niche au dessus d'une des portes, & sous ses pieds est une inscription ou épitaphe latine, qui atteste la restauration des Jeux Floraux par cette femme célèbre.

Ce fut dans la cour de cet hôtel de ville que l'illustre & infortuné Duc de Montmorenci eut la tête tranchée le 30 octobre 1632. (Voyez ci dessus Castelnaudari, page 202, & Lectoure, troisième Partie). Son crime étoit de s'être soulevé contre la tyrannie de Richelieu, & d'avoir embrassé le parti du frère du Roi. Ce Prince envoya, au Roi son frère, un Gentilhomme qui se jeta trois fois à ses pieds pour solliciter le pardon du Duc de Montmorenci. Le Roi, poussé par Richelieu, répondit que ce Duc étoit entre les mains du Parlement. La Reine voulut auſſi demander la grace de Montmorenci, mais Richelieu l'en détourna. La Princeſſe de Condé, ſœur de ce malheureux Duc, étoit venue exprès en Languedoc pour tâcher de ſauver ſon frère; mais le Cardinal de Richelieu lui défendit d'entrer dans Toulouſe, & lui fit entendre qu'en s'éloignant de cette ville, elle réuſſiroit beaucoup mieux à obtenir ce qu'elle attendoit du Roi. On rapporte même que cette Princeſſe pouſſa ſes ſupplications juſqu'à ſe mettre à genoux devant ce Cardinal; mais il étoit inflexible.

Ce qui détermina le Cardinal à ne point faire exécuter en place publique le Duc de Montmorenci, ce ne fut point une conſidération pour lui, mais la crainte d'une révolte. Ce Duc étoit adoré dans Toulouſe, le ſpectacle de ſon ſupplice auroit pu allumer l'indignation du peuple, le porter à une émeute, & la victime auroit alors pu échapper à la fureur du Miniſtre.

Le Duc étant monté ſur l'échafaud, l'exécution fut retardée juſqu'à ce que Launay, Lieutenant des Gardes, qui avoit été trouver le Roi, fût de retour. On eut alors quelque eſpérance de grace; pluſieurs Seigneurs de la Cour renouvelèrent leurs prières pour l'obtenir. Le Maréchal de Chatillon dit alors au Roi: « Que » le viſage & les yeux de ceux qu'il voyoit, lui » faiſoit aſſez connoître que Sa Majeſté feroit » plaiſir à beaucoup de perſonnes, ſi elle par- » donnoit au Duc de Montmorenci ». Toujours inspiré par le Cardinal, Louis XIII répondit : *Je ne serois pas Roi, si j'avois les sentimens des particuliers* ; réponse bonne pour le temps (1).

Le malheureux Duc voyant qu'il n'y avoit plus d'espoir, subit courageusement son sort. Il met sa tête sur le billot ; & après qu'il a prononcé ces mots : *Domine Jesu, accipe spiritum meum* ; d'un seul coup, l'Exécuteur lui sépare la tête du corps ; le sang rejaillit sur la muraille ; & l'on montre encore, à main droite en entrant, à la hauteur du premier étage, quelques marques qu'on dit être du sang du Duc de Montmorenci.

Le peuple, qui fondoit en larmes pendant cette exécution, vint en foule, lorsque les portes de l'hôtel de ville furent ouvertes, recueillir son sang. Les Chirurgiens qui ouvrirent son corps, lui trouvèrent cinq balles & quinze ou seize blessures reçues au combat de Castelnaudari, où ce Duc avoit été pris. Aucune de ces blessures n'étoit mortelle. Son corps fut recousu à sa tête, embaumé, & trans-

---

(1) S'il fut jamais sujet qui méritât la clémence du Roi, c'étoit sans doute le Duc de Montmorenci, plus malheureux que coupable. Louis XIII étoit foible & point cruel. Le Cardinal de Richelieu, qui avoit sur son esprit un grand ascendant, abusoit de son autorité pour satisfaire son ressentiment particulier contre le Duc. On assure même que le Roi, en mourant, déclara au Prince de Condé son extrême regret de n'avoir pas pardonné au Duc de Montmorenci, ajoutant que malgré lui il avoit consenti à cette violente exécution, que, sous de faux prétextes de politique, on lui avoit fait envisager comme nécessaire.

porté à Moulins, où fa veuve, qui le pleura jufqu'à la mort dans un couvent, lui érigea un magnifique maufolée; fon cœur fut porté dans l'églife de la maifon profeffe de Touloufe.

L'Eglife cathédrale, dite de *Saint-Etienne*, fut en grande partie confumée au mois de décembre 1608; le grand autel, les reliquaires, l'argenterie & tous les livres furent la proie des flammes: cette perte fut eftimée dans le temps à plus de cinquante mille écus. Le Cardinal de Joyeufe, Archevêque de Touloufe, les Etats & la Ville contribuèrent à bâtir le chœur, qui eft d'une belle architecture gothique.

Le pavé de cette églife offre plufieurs marbres fur lefquels on a trouvé quelques infcriptions antiques.

Le maître-autel fut exécuté en 1670, d'après les deffins de *Gervais Drouet*, qui a fculpté les figures de la lapidation de Saint-Etienne. Cet autel eft orné de colonnes corinthiennes de marbre de Languedoc.

Au deffous du maître-autel font des cryptes décorées de plufieurs petites colonnes qu'on préfume avoir été portées de *l'amphithéâtre* bâti par les Romains, & dont on voit encore des reftes aux environs de Touloufe; les chapiteaux ont été faits dans des temps plus bas, ils font de très-mauvais goût.

La nef, beaucoup plus ancienne, & qui n'eft point auffi belle que le chœur, fut bâtie par *Raimond VI*. On y voit la chaire où Saint-Bernard & Saint-Dominique ont prêché. Le chef d'argent de Saint-Etienne eft fort riche, fort grand, & d'un travail précieux; il est le plus ordinairement exposé sur le maître autel.

La cloche de cette église appelée *la Cardaillac*, est d'une grosseur extraordinaire; elle fut donnée par Jean de Cardaillac, Patriarche d'Alexandrie & Administrateur perpétuel de l'archevêché de Toulouse, qui mourut le 7 octobre 1390, & fut enterré dans cette église : cette cloche pèse cinquante mille livres.

Sur la porte de cette église, les amateurs d'antiquités verront avec intérêt une frise de marbre blanc, ornée de figures en demi-relief; ces figures, vêtues de la toge, tiennent chacune le rouleau, & sont séparées par de petites colonnes. Aux deux côtés de la porte on voit deux autres frises adossées au mur en forme de pilastres, & qui soutiennent les deux extrémités de la première. Celle de la gauche paroît avoir fait suite avec celle-ci, & lui est entièrement semblable; l'autre est de pierre, & présente un beau feuillage (1).

---

(1) C'étoit un ancien usage dans la cathédrale de Toulouse, de donner, le jour de la fête de Pâques, un soufflet à un Juif de la ville. On raconte qu'*Aymeric*, Vicomte de *Rochechouart*, accompagné d'*Hugues* son Chapelain, se trouvant à Toulouse le dimanche de Pâques, les Chanoines chargèrent Hugues de cette cérémonie. Ce Chapelain, qui avoit autant de vigueur que de dévotion, donna un coup si violent au Juif, qu'il lui fit sauter la cervelle & les yeux ; ce malheureux tomba mort; aussi-tôt les Juifs de Toulouse l'enlevèrent de la cathédrale, & l'inhumèrent dans le cimetière de leur synagogue.

Parmi

Parmi les reliques de cette église, on conserve l'inscription de la *vraie croix*; l'église de Sainte-Croix à Rome prétend aussi l'avoir (1).

Saint-Saturnin est une église fort ancienne, nommée par corruption *Saint-Sernin*; l'édifice est vaste, majestueux, mais sombre. Cette église est fameuse par la grande quantité de corps saints qu'on conserve dans des chapelles qui sont au pourtour du chœur; on y montre aussi plusieurs châsses remplies de reliques, & une infinité de sépultures & d'inscriptions.

Au dessus du maître-autel on voit le mausolée de Saint-Saturnin; on y monte par deux escaliers qui sont de chaque côté des collatéraux. Ce mausolée est gothique, les six côtés offrent des ouvertures avec des grilles à travers lesquelles on distingue la châsse placée au milieu, qui a la forme d'une église; elle est couverte de lames d'argent: aux six angles du mausolée qui renferme cette châsse, sont six statues d'Evêques.

On a prétendu que dans le nombre des corps saints déposés dans cette église, il s'y trouvoit

―――――――――――――――――――――――

(1) Un Curé de cette cathédrale, nommé *Thomas Lefranc*, fonda par testament, en 1537, une messe où il ne vouloit point qu'on fît d'offrandes extérieures, à cause des abus que cela causoit; il désiroit qu'à la fin de cette messe on dît: *Adieu, Lefranc, nous te suivrons bientôt*, au lieu de ces mots, *Requiescat in pace*. La Faculté de Théologie décida qu'il ne falloit pas, à cet égard, se conformer à la volonté du testateur.

Partie II.

sept corps d'Apôtres, savoir des deux Saints-Jacques, de Saint-Philippe, de Saint-Barthelemy, de Saint-Simon, de Saint-Judes & de Saint-Barnabé.

Dans le trésor (1) on remarque la châsse de Saint-George, qui est d'un travail beaucoup plus précieux; elle forme un temple d'ordre corinthien, avec des figures en ronde bosse, représentant les quatre Evangélistes, placées entre les colonnes; cette châsse est le chef-d'œuvre de *Bachelier*, Orfèvre habile, dont le frère étoit un Sculpteur célèbre, que les Toulousains ont placé à l'hôtel de ville, au rang de leurs illustres.

Dans une espèce de chapelle qu'on a prati-

---

(1) Pendant le séjour que François Ier fit à Toulouse en 1533, il visita le trésor de l'église de Saint-Sernin, & y remarqua une pierre précieuse qui lui fit envie; mais il n'osa pas alors la demander. Lorsqu'il eut quitté Toulouse, & qu'il fut à Castelnaudari, il écrivit aux Capitouls de cette ville, pour les prier de lui envoyer cette pierre précieuse, sous prétexte qu'il vouloit la montrer au Pape, avec lequel il devoit avoir une entrevue. Il écrivit en même temps au Chapitre de Saint-Sernin. Le Cardinal Bertrandi fut chargé de ces deux lettres. Les Chanoines de Saint-Sernin, mécontens de cette demande, s'excusèrent sur ce qu'ils avoient fait serment de ne jamais permettre qu'il fût rien ôté de leur trésor, & sur ce que d'ailleurs cela leur ayant été défendu par diverses Bulles des Papes, ils ne pouvoient sortir cette pierre, sans la dispense du Saint Siége. Ce refus ne rebuta point François Ier. Etant arrivé à Marseille, il obtint la dispense du Pape, & l'envoya aux Toulousains avec de nouveaux ordres; ils ne purent alors refuser ce bijou précieux dont le Roi fit présent à Sa Sainteté.

quée à droite de la croifée de l'églife, font des tombeaux de trois Comtes de Toulouse. Les murailles font ornées en dedans de peintures à frefque fort dégradées. On y trouve trois mausolées, dont le plus remarquable, qui est celui de *Ponce II*, est orné de bas-reliefs. Cette chapelle, long-temps abandonnée, a été réparée, en 1648, par ordre des Capitouls qui étoient alors en charge (1).

Cette églife, qui fut rebâtie vers la fin du onzième siècle, a doubles collatéraux. Devant le portail on voit la figure de Saint-Saturnin qui baptife une femme plongée dans les fonts, avec cette infcription rapportée par l'Hiftorien Catel :

Jure novæ legis fanatur filia regis
Dum baptifatur.

La Daurade, églife anciennement nommée *Sancta Maria Fabricata*, dont les Hiftoriens font mention dans le fixième fiècle, fut fur-tout célèbre par l'aventure fuivante.

---

(1) Il s'eft tenu dans cette églife plufieurs Conciles. On remarque fur-tout celui qui s'y eft affemblé le 13 feptembre 1056, par ordre du Pape Victor II, où l'on s'éleva contre des abus confidérables. La fimonie étoit en ufage en France & en Efpagne, on achetoit communément les évêchés cent mille fous; il étoit fort ordinaire de voir celui qui étoit pourvu du bénéfice, s'emparer, pour payer cette fomme, des tréfors de fon églife; les croix, les châffes, les reliques, les vafes d'or & d'argent étoient vendus à des Orfèvres Juifs, pour compléter le prix de l'évêché. Dans ce même Concile on ordonna le célibat aux Eccléfiaftiques qui fe mettoient peu en peine de l'obferver, &c.

Rigonthe, fille de Fredegonde & de Chilperic, en allant en Espagne pour épouser le Prince *Reccaréde*, avec un cortège magnifique, riche & nombreux (1), s'arrêta à Toulouse, pour se délasser des fatigues du voyage, faire reposer ses équipages, & se préparer à paroître dignement dans les Etats du Roi d'Espagne. Pendant ce séjour, *Chilperic* vint à mourir, ce qui changea toute la face des affaires. *Didier*, Duc de Toulouse, s'empara des richesses qui restoient encore à cette Princesse, & la fit garder à vue. *Rigonthe*, craignant un plus mauvais traitement de la part de Didier, se déroba à la vigilance de ses gardes, & se réfugia dans l'église de Notre-Dame de la *Daurade*, comme dans un asile inviolable (2); mais bientôt, sans respect pour cette Princesse & pour la sainteté de son asile, elle fut tirée de cette église, & envoyée en exil. Ainsi cette fille du

---

(1) Ce cortège étoit composé de quatre mille hommes, & de plusieurs Seigneurs de la Cour qui causèrent des dommages infinis dans les provinces qui se trouvèrent sur leur passage ; elles furent mises au pillage, comme un pays ennemi. Ce ne fut pas tout, les trésors de cette Princesse furent volés par ceux même qui composoient le cortège, & auxquels la garde en étoit confiée; c'étoit assez l'usage des Seigneurs de ce bon vieux temps.

(2) Alors *Rigonthe* dépêcha, auprès de sa mère Frédegonde, un de ses serviteurs, pour lui faire savoir sa triste situation. A cette nouvelle, Frédegonde entra dans une si grande fureur, qu'elle fit maltraiter le messager que sa fille lui avoit envoyé ; tous ceux qui avoient été chargés d'accompagner le cortège, & qui avoient abandonné cette Princesse, furent sur le champ chassés de la Cour.

Roi de France eut le chagrin de perdre, dans le même temps, son père, un époux futur, les trésors qui composoient sa dot, sa liberté, & de se voir abandonnée de ses propres domestiques, qui embrassèrent lâchement le parti de son persécuteur.

La Daurade est une paroisse desservie par des Religieux Benédictins. L'église est détruite; on la reconstruit; le sanctuaire étoit remarquable par des incrustations d'un ouvrage singulier de mosaïque; on présume que cette mosaïque ornoit autrefois un temple de Minerve, bâti à Toulouse par les Romains, d'où les Visigoths tirèrent des matériaux pour construire le sanctuaire de cette église; on y voyoit la statue de la Vierge; elle étoit dorée, & c'est de-là que vient le nom de la *Daurade*.

C'est dans cette église que fut enterré la célèbre *Clémence Isaure*, bienfaitrice & seconde institutrice des Jeux Floraux; sa statue en marbre est placée dans une des salles de l'hôtel de ville, comme nous l'avons remarqué.

Dans le cimetière, on voyoit des tombeaux de quelques Comtes de Toulouse.

L'église des *Carmes* est vaste, & la chapelle du Mont-Carmel fort ornée.

Sur la muraille du cloître de ces Religieux, est une peinture ancienne, qui représente Charles VI, accompagné de plusieurs Seigneurs de sa suite, accomplissant un vœu devant l'image de la Vierge.

On raconte que ce Roi, pendant son séjour à Toulouse, étant allé à la chasse dans la forêt de *Bouconne*, fut surpris par une nuit fort obscure, & s'égara; enfin ne pouvant plus reconnoître le chemin qu'il devoit prendre, & désespérant de sortir de la forêt, il fit vœu, si la providence venoit à le tirer de cette situation embarrassante & dangereuse, d'offrir le prix de son cheval à la chapelle de Notre-Dame d'Espérance de l'église des Carmes. A peine ce vœu fut-il formé, que les ténèbres, à ce qu'on prétend, se dissipèrent, le Roi vit son chemin, & sortit heureusement du bois. Le lendemain ce Prince s'acquitta de sa promesse; on dit même qu'il fonda, à cette occasion, un ordre de Chevalerie, sous le nom de *Notre-Dame d'Espérance* (1).

Cette peinture représente Charles VI à che-

---

(1) Pendant son séjour à Toulouse, Charles VI donna des lettres en faveur des filles publiques de cette ville qui habitoient la maison nommée dans ces lettres, *le bordel de notre ville de Toulouse*, dit *la Grant-abbaye*. Ce Roi leur permet « de porter & vestir telles robes & » chaperons, & de telle couleur comme elles voudront » vestir & porter; parmi ce qu'elles seront tenues de » porter, en tour l'un de leurs bras, une enseigne ou » différence d'une jarretière ou lisière de drap d'autre » couleur que la robe qu'elles auront vestue, sans ce » qu'elles en soient ou puissent être traitées ne approu- » chiées pour ce, en aucune amende ». Les mêmes lettres ordonnent aux Officiers de justice de ne les point troubler, ni de souffrir qu'on les moleste en aucune manière. Ces lettres sont du mois de décembre 1389; Charles VII, en 1425, en donna de nouvelles en faveur de ces filles. (Voyez *Niort* en Poitou.) Etienne Pasquier appelle cette *Grant-abbaye* le *Chatel-verd*; il dit que les filles qui de son temps habitoient ce lieu public, portoient une aiguillette sur l'épaule pour être distinguées des *femmes de bien*; cette aiguillette est peut-être la *jarretière* ou *lisière* dont il est fait mention dans les lettres de Charles VI.

ral, saluant la Vierge Marie; derrière lui, sont sept Seigneurs à pied; le premier, le plus proche de Charles VI, est le *Duc de Touraine*, frère de ce Roi; le second, le *Duc de Bourbon*; le troisième, Pierre de *Navarre*, Comte d'Evreux; le quatrième, *Henri de Bar*; le cinquième, *Philippe d'Artois*, Comte d'Eu; le sixième, Olivier de *Clisson*, Connétable de France, & le septième, *Enguerrand*, Sire de *Couci*.

Au dessus de chacune de ces figures, est un Ange qui porte une banderole sur laquelle on lit plusieurs fois le mot *espérance*; on croit que ces banderoles représentent le cordon de l'Ordre qu'avoit alors institué Charles VI.

Les Dominicains ont une église vaste, où l'on voit le tombeau de *Saint-Thomas d'Aquin*, qui est disposé de manière que quatre Prêtres y peuvent, à la fois, dire la messe devant les reliques du Saint (1).

---

(1) En 1782, S. A. S. l'Infant, Duc de Parme, désiroit depuis long-temps avoir *l'os du coude de Saint-Thomas d'Aquin*; la ville de Toulouse députa vers ce Prince le R. P. *Dufour*, chargé de lui présenter la relique désirée. Ce R. Père a rapporté de Parme le portrait de l'Infant. Avant d'arriver à Toulouse, il s'est détourné pour aller à Paris, dans le dessein de solliciter la permission de faire exécuter un tableau dont le sujet & la composition sont de l'invention du Père Jacobin. On va voir que cette invention pieuse sent un peu la barbarie du quinzième siècle. Il veut placer Saint-Thomas d'Aquin & Saint-Louis dans la gloire céleste. De la main du saint Roi partiroit un *rouleau* où l'on pourroit lire : *Que l'on fasse des supplications & des prières*

Ce couvent est le premier que *Saint-Dominique* fonda de son Ordre, l'an 1216 ; ce fut aussi le premier foyer de ces tribunaux sanguinaires & religieux, fameux par leurs excès, & connus sous le nom d'*Inquisition*. Les Frères Dominicains couroient, furetoient par-tout dans les villes, villages, maisons, pour découvrir des sectaires & les faire brûler. Le Pape Grégoire IX fut obligé de modérer un peu leur sainte fureur ; mais la modération n'étoit pas la vertu des Dominicains ; ils recommencèrent bientôt leurs recherches : ils ne se contentoient pas de brûler les hommes & de confisquer leurs biens, ils poussoient le fanatisme jusqu'à déterrer les morts soupçonnés d'hérésie, & à traîner leurs ossemens dans les rues, en criant, au son de la trompette : *Qui fera ainsi, périra ainsi ;* ils faisoient ensuite consumer au milieu des

---

pour les Souverains, cela est bon & agréable à Dieu. Saint-Thomas présenteroit aussi un rouleau où seroit écrit : *Quiconque prie pour le sang royal de France, obtient dix jours d'indulgence accordés par le Pape Innocent IV* ; des Artistes de goût se prêteront difficilement à ces gothiques *rouleaux*, dont l'idée prouve que le R. P. Dufour a plus de zèle que de connoissance dans les arts. Les inscriptions qu'il propose de placer sont plus religieuses qu'élégantes, & deviennent aujourd'hui bien moins nécessaires que du temps de la Ligue, où les Moines & les Prêtres de Toulouse avoient adopté certains missels dans lesquels la prière pour le Roi étoit supprimée. Le Parlement fut obligé de rendre un arrêt, en 1606, pour contraindre les Prêtres & les Moines de prier Dieu pour Henri IV au canon de la messe. Les inscriptions que propose le Père *Dufour* auroient alors été une leçon fort utile aux Moines de Toulouse.

flammes ces objets insensibles de leur vengeance. Les Magistrats de Toulouse, révoltés de ces excès, chassèrent le plus enragé des Inquisiteurs : mais l'esprit de l'Ordre n'étoit pas dans une seule tête ; la persécution prit de nouvelles forces ; chaque jour on brûloit des vivans, on déterroit les morts, & on les traînoit à demi-pourris dans les rues de Toulouse. Les Consuls de cette ville, ne pouvant supporter un spectacle aussi horrible & des fureurs si éloignées de l'esprit de l'Evangile, prirent la défense de leurs concitoyens, & ordonnèrent de nouveau à l'Inquiteur de discontinuer ses poursuites & de sortir de la ville. Le Moine méprisa cet ordre, & continua ses procédures. Les Consuls chassèrent alors les Ecclésiastiques dont l'Inquisiteur s'étoit servi, & défendirent aux habitans de porter aucunes provisions aux Dominicains ; pour cet effet, ils firent mettre des gardes aux portes du couvent : enfin comme rien n'arrêtoit les poursuites de l'Inquisiteur, on le chassa de la ville. Deux ans après ils furent rappelés ; les bûchers se rallumèrent, les morts furent déterrés & consumés, ainsi que les vivans, au milieu des flammes. Suivant les informations, le crime des Albigeois étoit de lire l'Evangile en langue vulgaire, de s'abstenir de viande, & d'admettre les deux principes des Manichéens ; on accusoit aussi leurs femmes de dogmatiser, & celles qui étoient hérétiques *parfaites*, de s'immiscer dans les fonctions du ministère & de bénir le pain (1).

---

(1) Ceux qu'on ne jugeoit pas assez hérétiques pour

Dans ce même temps les Inquisiteurs rencontrèrent un obstacle qui suspendit encore quelque temps le cours de leurs terribles exécutions. Ayant condamné six habitans de Toulouse à être brûlés, le Viguier & les Consuls se refusèrent de nouveau à faire exécuter leur sentence ; ce refus irrita les dévots boute-feux, & le 14 juillet 1237 ils excommunièrent le Viguier & les Consuls ; enfin des ordres de la Cour arrêtèrent un peu les ravages de la sainte colère des Dominicains.

Voilà les premiers fruits que produisit l'ordre fondé par Saint-Dominique à Toulouse.

Les Cordeliers ont une église très-vaste ; au milieu du chœur est le tombeau d'un Comte de Toulouse, & au côté droit du maitre-autel est celui d'*Etienne Duranti*, Premier Président au Parlement, qui fut tué en 1589, dans une émotion populaire dont nous parlerons à la fin de cet article.

Le maître-autel est orné de colonnes de marbre de Languedoc, d'ordre corinthien.

Un caveau qu'on appelle le *Charnier*, est célèbre par sa faculté de conserver les corps morts ; on y voit, appuyés contre la muraille, une centaine de cadavres d'hommes & de femmes desséchés, n'offrant que des squelettes recouverts d'un parchemin noir ; au milieu de ces

---

mériter d'être brûlés vifs, étoient condamnés à des pénitences publiques ; on les obligeoit d'aller en pélerinage dans plusieurs églises les pieds nus, en chemises, &, avec une poignée de verges, de se fouetter dévotement aux yeux des fidèles, &c.

objets effrayans, on vous montre avec empressement le cadavre de la belle *Paule*, dont la beauté étoit si extraordinaire, que le peuple couroit en foule pour l'admirer, ce qui l'obligea à ne point sortir de sa maison. Le Parlement de Toulouse rendit, dit-on, un arrêt qui contraignoit cette belle à se montrer en public une fois la semaine, dans un lieu commode pour elle & pour la multitude, afin de satisfaire la grande curiosité du peuple. Cette fille, dont l'histoire n'est pas trop connue, mourut à la fleur de son âge; il est des amateurs, qui, en regardant son cadavre, lui trouvent encore quelques traits de beauté.

On dit que le caveau des Jacobins a la même propriété; le Père *Labat*, dans le second Volume de ses Voyages, donne des détails qui prouveroient qu'il ne diffère point, pour cette propriété, de celui des Cordeliers.

Ces Moines ont dans leur maison deux bibliothèques, une publique & l'autre particulière, dont nous parlerons ci-après.

Il y a encore à Toulouse plusieurs autres églises, dont les plus curieuses sont celles des *Dames Maltoises*, de *Saint-Jean*, où fut enterré le malheureux Raimond VI; de *la Dalbade*, dont le clocher est le plus élevé de la ville, & qui est desservie par des Prêtres de l'Oratoire; de *Saint-Georges*, qui a été construite récemment, & dont la bénédiction fut faite le 24 mai 1786, &c.

On trouve aussi plusieurs collèges; celui qu'occupoient les Jésuites est le plus remarquable; on y conserve un morceau de sculpture de *Bachelier*, élève de Michel-Ange, qui repréſente Hercule enfant, lorſqu'il étouffe dans ſon berceau deux ſerpens; ce morceau eſt juſtement admiré.

La Bazacle, moulin bâti ſur la Garonne, eſt un bâtiment ancien & curieux; ſeize meules tournent continuellement, & chacune d'elles peut moudre quarante ou cinquante ſetiers de grains par jour.

Il y a un autre moulin auprès *du château*, qui eſt ſemblable à celui de la *Bazacle*, mais qui n'eſt pas ſi conſidérable.

La chauſſée du moulin de la Bazacle s'étant rompue en 1621, & le lit de la rivière s'étant rétréci, laiſſa à découvert des corniches de colonnes & des figures en bas-relief, le tout de marbre blanc; ces figures étoient repréſentées vêtues à la romaine; on y voyoit auſſi des chouettes, ce qui indiquoit les débris d'un temple bâti par les Romains en l'honneur de Minerve: il eſt conſtant que Toulouſe a porté le nom de *Palladia*, & qu'il y avoit un temple conſacré à cette Divinité.

UNIVERSITÉ. L'Univerſité de Toulouſe, fondée vers le commencement du treizième ſiècle, fut floriſſante dès ſon origine. Quelques-uns des Profeſſeurs de Paris, qui, à cauſe des troubles, avoient abandonné l'Univerſité de cette capitale, avec leurs Ecoliers, ſe retirèrent à Toulouſe en 1229, & donnèrent de la vigueur à cette école naiſſante, qui fut confirmée par le Pape Grégoire IX, dans une lettre du dernier avril 1233, adreſſée au Comte Raimond. Jean XXII fit réformer cette Univerſité en 1334; suivant les nouveaux statuts, les danses, les banquets, les Comédiens, les Histrions, &c., sont interdits aux Ecoliers lorsqu'ils prennent leurs degrés, & le repas qu'ils donnent en cette occasion, est réglé à quinze francs de monnoie courante; il leur est défendu de tenir des enfans sur les fonts, & en même temps on leur enjoint de porter des habits uniformes & d'un certain prix; savoir, des chappes à manches, *comme à Paris*, & non des habits ronds & courts, *non redondellos curtos* (1).

Dans cette Université, les Professeurs en droit acquièrent la qualité *de Comtes ès-lois*, après avoir enseigné pendant vingt ans.

ACADÉMIES. L'Académie des *Jeux Floraux* prit naissance vers le commencement du quatorzième siècle; plusieurs Littérateurs de ce temps s'assemblèrent, & publièrent le dessein qu'ils avoient formé de donner une *violette d'or* à celui dont l'ouvrage réuniroit le plus de suffrages (2). Ils écrivirent, au mois de novembre

---

(1) Ces statuts, comme beaucoup d'autres, ne furent point observés. On en fit quelque temps après de nouveaux, où l'on fixoit le prix des habits des Ecoliers à vingt ou vingt-cinq sous tournois; chaque habit comprenoit une tunique ouverte, une soubreveste fermée, un corset sans manches, un capuchon, des mitaines, des brodequins, &c. Dans d'autres statuts, pour modérer les fêtes dispendieuses que faisoient les Ecoliers lorsqu'ils prenoient quelque degré, il fut statué que ce jour-là le Licencié ne pourroit se faire accompagner que par deux trompettes & un tambour en allant à l'église & en revenant chez lui.

(2) Ces Littérateurs étoient alors nommés *Troubadours*; il faut bien les distinguer d'avec les *Jongleurs*

1323, une lettre circulaire en vers provençaux, dans laquelle ils se qualifioient de *la gaie société des sept Trobadors de Tolosa*, & invitoient tous les Poètes de différens pays du *Languedoc* de se rendre à Toulouse le premier mai suivant, pour y faire la lecture de leur ouvrage. L'assemblée fut nombreuse & brillante. Arnaud *Vidal* de Castelnaudari remporta le premier, le prix qui consistoit en une *violette d'or*, appelée *la Joya de la violetta*; son ouvrage étoit un Poëme en l'honneur de la Vierge.

On dressa, en 1355, des statuts qui furent intitulés *Lois d'amour*, & dans lesquels on promettoit à celui qui auroit remporté un des principaux prix, des lettres de *Bachelier en la gaye sience, & dans le gay savoir.*

Les sept associés furent nommés *les sept Seigneurs mainteneurs*; ils tenoient leur assemblée dans un des faubourgs de Toulouse; mais ce faubourg ayant été détruit en 1356, pendant la guerre des Anglois, le lieu d'assemblée fut transféré dans l'hôtel de ville, où cette Académie a toujours depuis tenu ses séances.

Vers la fin du quatorzième siècle, ou au commencement du suivant, une dame de Toulouse, nommée *Clémence Isaure*, donna un nouveau lustre à cette Académie; elle aimoit

---

dont la profession commençoit à être dégradée. On rapporte un réglement des Capitouls de Toulouse, de l'an 1204, qui défend aux Jongleurs & aux Jongleuses d'entrer dans les maisons des particuliers sans la permission du maître, à l'exception des jours de noces.

passionnément les Lettres, & par son testament elle légua de grands biens à l'hôtel de ville pour fournir aux frais des prix distribués tous les ans (1) : par reconnoissance, les Capitouls & les habitans de Toulouse voulurent faire élever une statue de marbre sur le tombeau de cette bienfaitrice ; mais cette statue étant faite, on décida, en 1557, qu'il vaudroit mieux la placer dans une des salles de l'hôtel de ville, où on la voit encore : nous en avons parlé. Tous les ans, le 3 mai, jour de la distribution des prix, on couronne cette statue de fleurs.

Sous Louis XIV cette Académie éprouva des changemens ; le nombre des *Mainteneurs* fut fort augmenté, & Louis XV, par des lettres patentes du mois de juillet 1725, en fixa le nombre à quarante. Cette Académie est la première de France par son ancienneté.

L'Académie des Sciences de Toulouse fut fondée en 1729, & le Roi l'érigea en Académie royale en 1746. Le corps Municipal a fondé un prix qui se distribue à la séance publique du 25 août, & des secours annuels pour l'entretien d'un observatoire & d'un jardin de botanique, dans lequel l'Académie fait faire tous

---

(1) Ces prix sont aujourd'hui au nombre de cinq, savoir, une *amaranthe* d'or de la valeur de 400 livres, destinée à une Ode ; une *aiglantine* d'or de la valeur de 450 livres, destinée à un discours d'un quart-d'heure de lecture ; une *violette* d'argent de la valeur de 250 livres, destinée à un Poëme de cent vers ; un *souci* d'argent de la valeur de 200 livres, destiné au genre pastoral, & un *lis* d'argent de la valeur de 60 livres, pour un sonnet à la Vierge.

les ans un cours gratuit; le premier Volume des Mémoires de cette Académie a paru en 1781.

L'ACADÉMIE royale de Peinture, Sculpture & Architecture, doit sa fondation au zèle de M. *Dupuis du Grez*, qui établit à Toulouse une École publique de dessin, fit, à ses frais, exposer un modèle & distribua des prix aux jeunes Élèves qui faisoient des progrès. Des Artistes célèbres du pays continuèrent ce que M. *du Grez* avoit commencé. Les Capitouls encouragèrent cet établissement en 1726, en se chargeant de fournir aux dépenses nécessaires, & en donnant un logement vaste & commode pour les différentes écoles de cette Académie. Tous les ans elle distribue plusieurs prix, & fait pendant huit jours, dans le mois de mai de chaque année, une exposition publique des meilleurs tableaux des Professeurs & des Élèves; pour rendre cette exposition plus complète, les amateurs placent au salon les tableaux & dessins qu'ils possèdent ou qu'ils peuvent se procurer dans la ville.

Il existe aussi à Toulouse une *Académie royale des armes* (1), & une *Académie d'équitation*, dont nous ne parlerons pas.

---

(1) On distribue tous les ans à l'hôtel de ville, un prix destiné au meilleur *ferrailleur* du pays. Cet encouragement pour un art si nuisible maintient dans cette ville ce caractère de spadassin, commun sous le règne de Louis XIII, & si ridicule aujourd'hui, & fait fleurir un talent dont l'exercice est sévèrement défendu par les lois.

Bibliothèques publiques. La bibliothèque du Clergé, fondée depuis quelques années par M. l'Abbé d'*Heliot*, est ouverte les lundis, mercredis & vendredis.

La bibliothèque des Cordelières fut fondée en 1684 par le sieur *Garaud de Doneville*, Président à mortier, qui légua ses livres, & 152 liv. de rente pour l'entretenir; elle est ouverte les mardis, jeudis & samedis.

Il y a dans le même couvent une *autre bibliothèque* qui n'est point publique, mais que l'on laisse voir aux curieux. Par une singularité qui a peu d'exemples, les livres sont tous placés sur des pupitres, & y sont attachés avec des chaînes de fer; au devant de ces pupitres sont des bancs pour la commodité des Lecteurs. Les livres étoient autrefois beaucoup plus rares qu'aujourd'hui; les Moines, qui n'aimoient rien perdre, & sur-tout ce qui étoit rare, prirent le parti prudent d'enchaîner chaque volume de leur bibliothèque. D'ailleurs une Bulle d'Innocent X, que les Pères ont sans doute sollicitée, enjoint au Supérieur de la maison d'empêcher, sous peine d'excommunication, qu'on ne détache & qu'on n'emporte aucun desdits livres, sous quelque prétexte que ce soit; elle leur défend en outre d'y laisser entrer plus de quatre personnes à la fois; cette Bulle, datée de l'an 1658, est placée à la porte de la bibliothèque.

La Bibliothèque de Saint-Rome, fondée en 1705, fut donnée aux Pères Doctrinaires par M. *Berthier*, Evêque de Rieux.

Ecoles. Les Ecoles de Médecine sont

fort anciennes à Toulouse ; on voit dans la salle des assemblées les portraits de plusieurs célèbres Professeurs, parmi lesquels on distingue ceux de *Lupus*, premier Médecin de Raimond VII, de *Remond de Sebonde*, d'*Augier Ferrier*, dont le buste en marbre est dans la galerie des Illustres, & du célébre *Sanchès*, surnommé *le Sceptique* ; ces quatre portraits sont aux quatre angles de la salle.

L'amphithéâtre des Ecoles est construit depuis peu d'années ; on y démontre l'anatomie & la chimie ; il y a aussi une bibliothèque publique, destinée sur-tout aux Etudians.

L'*Ecole de chirurgie*. L'amphithéâtre est beau, on y voit sur une table de marbre noir cinq vers écrits en lettres d'or, tirés du *Prædium rusticum* du Père *Vannière* ; voici le premier qui paroît indiquer suffisamment la destination de cet édifice :

Hic locus est ubi mors gaudet succurrere vitæ.

PROMENADES. La promenade du *rempart* domine en partie la ville & la campagne.

Le Cours, les bords du nouveau canal, & les dehors de la ville, depuis la porte *de la Bazacle* jusqu'à celle de *Saint-Michel*, forment des promenades assez agréables.

Le Jardin royal & les nouveaux *quais* de la Daurade & de Saint-Pierre réunissent l'agrément à l'utilité.

La nouvelle place que l'on vient de construire hors la porte Saint-Cyprien, qui aboutit à la patte d'oie, sans être bien magnifique, est la plus belle promenade de Toulouse, & offre de ce côté-là une entrée imposante.

ANTIQUITÉS. Dans la paroisse appelée *Vieille Toulouse*, dont nous avons parlé au commencement de cet article, & qui est située au sommet d'un côteau, à une lieue au midi de Toulouse, sur la rive droite de la Garonne, on a trouvé plusieurs antiquités précieuses, & l'on y voit encore plusieurs débris d'urnes cinéraires de terre cuite. Une plate-forme qui s'élève à cinq cents pas de l'église, a fait présumer que c'étoient là des tombeaux antiques rassemblés sous ce monceau de terre (1). Voyez à cet égard la *Dissertation sur les Origines de Toulouse*, par M. *Audibert*.

Les dehors du quartier Saint-Cyprien offrent les piles d'un ancien aquéduc qui devoit être magnifique; on peut en juger par sa longueur qui est d'une demi-lieue, depuis la Cipierre jusqu'à la porte Saint-Cyprien.

L'amphithéâtre, éloigné de Toulouse de trois quarts d'heure de chemin, offre des restes bien apparens; sa construction étoit en briques, sa forme éliptique; son aire, qu'on distingue assez bien, a environ cent cinquante pieds de longueur sur quatre-vingts de largeur. On croit que cet édifice n'a pas été entièrement construit, on doute même s'il a été démoli. On aperçoit encore en quelques endroits des portes qui conduisoient aux vomitoires, dont l'arc ne sort de

---

(1) Nous aurons lieu dans la suite de parler de ces espèces de tombeaux qui sont communs en France.

S ij

terre que d'environ un pied & demi; le talus qui règne au pourtour de l'intérieur, semble indiquer une partie des sièges inférieurs; les piles désignent l'enceinte de l'amphithéâtre, & sont construites de cailloux bien cimentés: tout cet espace est aujourd'hui couvert d'un bois.

ÉVÉNEMENS *remarquables*. Les habitans de Toulouse, après avoir été assiégés, pillés par *Foulques* leur Evêque, & *Simon de Montfort* leur usurpateur, se virent pendant long-temps en butte aux déprédations, aux fureurs, aux supercheries de ces deux brigands; ils étoient soutenus par quelques Archevêques & par le Légat du Pape, qui avoient chassé, fait excommunier le Comte *Raimond* ⊢ ⸺ Souverain légitime, pour pouvoir plus à leur aise lui enlever ses grands biens. Après s'être soumis par force à ces tyrans, & avoir vu leur ville démantelée, les Toulousains éprouvèrent de nouveaux désastres. Simon de Montfort, soupçonnant leur fidélité, marcha avec une armée formidable contre leur ville. Pour éviter les maux qu'on leur préparoit, les habitans envoyèrent au devant de ce Général, des Députés pour l'appaiser & faire leurs soumissions. Simon, n'écoutant que son inhumanité & les conseils sanguinaires de *Foulques*, Evêque de Toulouse, fit arrêter & lier ces Députés, & les envoya prisonniers dans le château Narbonnois. Son frère *Guy*, & les Barons qui accompagnoient Simon de Montfort, employèrent les prières & toutes les raisons propres à le détourner de cette action violente; mais il fut insensible. L'Evêque *Foulques*, non content d'avoir donné un conseil si contraire à l'équité, voulut faire voir qu'il savoit joindre la fourberie à la cruauté. Ce Prélat offrit à Simon d'aller lui-même dans la ville de Toulouse, & de déterminer les habitans à venir lui demander grace, afin qu'étant tous en sa disposition, il pût s'en venger sans coup-férir. Montfort accepta l'offre; l'Evêque entra aussi-tôt dans Toulouse, mit tout en usage pour persuader les habitans d'aller incessamment se jeter aux pieds de ce Général, en leur promettant qu'ils seroient pardonnés. Trompés par cet espoir, & se confiant en la parole de leur pasteur, les Toulousains le suivirent de bonne foi; mais à mesure qu'ils arrivoient devant Montfort, ils étoient arrêtés & chargés de fer. Une si noire trahison jete l'épouvante parmi ceux qui venoient les derniers; ils retournent en fuyant, rentrent dans leur ville, & annoncent à ceux de leurs concitoyens qui y étoient restés, cette malheureuse nouvelle. La désolation se répand dans tous les esprits; l'indigne Prélat arrive aussi-tôt, fait mettre la ville au pillage, & par ses ordres les troupes dépouillent les maisons, violent les filles, les femmes, & laissent par-tout, dans peu d'heures, des traces de leurs brutalités & de leurs brigandages (1).

---

(1) Voici comme s'exprime à ce sujet la chronique Languedocienne, écrite par un Contemporain..... *Avian deja pilhada & raubada la plus grand partida de la dita villa, violadas famas & filhas tantas, que grand pietat era de ho vefer le mal que lodit Erefque fec far, en pauca hora, dins lodit Tolofa.*

Le peuple, indigné de cette trahison, de ces violences, pense à défendre ses biens, sa vie & sa liberté; tous les citoyens courent aux armes, s'attroupent dans les rues, & s'y barricadent. Les soldats de Montfort s'avancent contre les Toulousains; mais ceux-ci, animés par tant de motifs, vont à leur rencontre, & les chargent avec toute l'ardeur que peut inspirer le désespoir de leur situation; comme des lions en furie, ils tuent les premiers, forcent les autres à sortir de la ville, & à se réfugier dans le château Narbonnois (1). Sur le champ arrive *Simon de Montfort* lui-même, à la tête de nouvelles troupes; mais il est également repoussé & contraint de prendre la fuite.

Simon de Montfort, piqué de tant de résistance, ordonne à ses troupes de mettre le feu à la ville.

Les Toulousains assemblés, voyant brûler leurs maisons, font un nouvel effort; ils se précipitent sur les soldats incendiaires, les forcent à se réfugier dans la cathédrale, dans la tour de Mascaron, ou dans le palais épiscopal; ils éteignent ensuite l'incendie, puis ils poursuivent de rue en rue les partisans de Montfort jusques dans la maison du Comte de Comminge, où ils les attaquent vivement. Simon, effrayé du danger où se trouvoient ses troupes,

---

(1) Le naïf Historien déjà cité, dit en sa langue: *Car mais amaven morir, que vieure en tala opressa*; car ils aimoient mieux mourir, que vivre dans une telle oppression.

tâché de les rallier, vient lui-même à la charge. Il se donna alors un combat très-sanglant. Les Toulousains, toujours emportés par ce courage désespéré, résistent avec une ardeur incroyable, & font reculer les troupes du tyran, qui sont obligées de fuir & de se réfugier encore dans la cathédrale. Montfort revient de nouveau à la charge, mais il est toujours battu, & les Toulousains sont toujours victorieux. Enfin ce Général, voyant que ses forces étoient inutiles, a recours à sa cruauté: il se fait amener les Toulousains prisonniers, & leur déclare que s'ils n'engagent leurs compatriotes à lui rendre la ville, il leur fera couper la tête. Dans le feu de la colère, il alloit exécuter cette barbare résolution, lorsque l'Evêque *Foulques* l'en détourna, & lui proposa de substituer à cette violence une trahison dont l'effet seroit aussi meurtrier, & lui sembloit plus sûr.

Alors ce Prélat, de concert avec l'Abbé de *Saint-Sernin* qui l'accompagnoit, alla dans les rues de la ville publier que Simon de Montfort s'étoit enfin rendu aux remontrances de son conseil; qu'il se repentoit de sa conduite passée, & qu'il étoit déterminé à donner la liberté aux prisonniers, pourvu que les habitans voulussent rentrer chez eux, & lui remettre leurs armes & les tours de leurs maisons; ajoutant que ce Général leur promettoit de leur rendre ce qu'on leur avoit pillé, & à l'avenir de vivre avec eux en bonne amitié. Ces deux Prêtres se rendoient garans de l'exécution de ces promesses, & assuroient que si le peuple refusoit des conditions si raisonnables, Simon étoit résolu de faire mourir tous les prisonniers qui étoient en son pouvoir, entre lesquels se trouvoient les plus distingués de la ville.

Les Toulousains, si souvent trompés par leur Evêque, balancèrent long-temps à accepter cette proposition; enfin le désir de faire la paix & de sauver la vie de leurs concitoyens prisonniers, les y détermina. Simon de Montfort, instruit de ces intentions pacifiques, fit déclarer aux habitans, par les deux mêmes Prêtres, que, pour rendre la paix plus authentique, il iroit le lendemain lui-même, suivi de ses Barons, la signer dans l'hôtel de ville, & qu'ils n'avoient qu'à s'y trouver à l'heure marquée, avec leurs armes.

Cependant Simon de Montfort fait secrètement armer toutes ses troupes; le lendemain matin il se met à leur tête, se rend à l'hôtel de ville, & entre dans l'assemblée où étoit déjà les habitans avec leurs armes. L'Abbé de Saint-Sernin dit : « Messieurs, Monsieur le Comte » vous a fait assembler pour faire la paix avec » vous; M. l'Evêque *Foulques* a pris beau- » coup de peine pour conclure l'accord, il faut » que vous disiez si vous l'approuvez ». Tout le peuple répondit, par une acclamation, qu'il l'approuvoit. On fait déposer les armes des habitans, on se saisit des tours de leurs maisons, on y met des soldats en garnison ; puis, par la plus noire des perfidies, on fait arrêter & mettre dans les fers les principaux citoyens qui assistoient à cette convention. Le fougueux Simon assembla alors son conseil, proposa de mettre la ville au pillage, & de la raser entié-

rement. *Guy*, son frère, lui représenta combien cette conduite seroit blâmée. Un Baron nommé *Valats* appuya cette représentation, & dit : « Seigneur, vous savez que la plupart des ha-
» bitans de Toulouse sont Gentilshommes, ainsi
» par honneur vous ne devez point exécuter une
» telle résolution (1) ».

L'Evêque de Toulouse & quelques autres Conseillers déterminèrent Simon de Montfort à retenir les prisonniers, & à exiger des habitans trente mille marcs d'argent; somme exorbitante pour une ville épuisée ! Il les menaça ensuite de les faire tous périr, si dans l'espace d'un mois & demi, au premier décembre 1216, cette somme ne lui étoit entièrement payée.

Les prisonniers furent dispersés dans différentes prisons ; on se plaisoit à les battre en les y transférant ; plusieurs furent tellement maltraités, qu'ils moururent en chemin.

Le Comte Simon de Montfort, après avoir, par des violences inouies, retiré la somme qu'il avoit exigée, partit de Toulouse, & laissa les habitans dans la plus affreuse situation.

Le détail de cet événement, qui ne fut pas le seul de cette espèce qu'éprouvèrent les habitans de Toulouse, suffit pour donner une idée des mœurs du douzième siècle, du caractère de

---

(1) On étoit bien moins criminel d'être injuste envers un roturier, que d'être injuste envers un gentilhomme; cette opinion fut long-temps l'opinion générale, c'étoit celle du bon vieux temps.

l'Evêque *Foulques*, de l'Abbé de Saint-Sernin, & de Simon de Montfort (1).

Pendant les guerres de la Ligue, Toulouse se révolta contre son légitime Souverain, pour embrasser le parti des Ligueurs. Après que Henri III eut fait périr le Duc de Guise & le Cardinal son frère au château de Blois, les Ligueurs de Toulouse signalèrent leur fureur avec plus d'audace. L'Evêque de *Comminges*, l'Avocat *Tournier*, tous deux zélés Ligueurs, de concert avec *François Richard*, Provincial des Minimes; *Odard Moté*, Jésuite; le Curé de *Cugnaux*, & plusieurs autres boute-feux, excitoient contre le Roi tous les esprits par des sermons & des intrigues. Les factieux en vouloient sur-tout au Président *Duranti*, qui étoit constamment resté fidèle à Henri III : tous les jours on répandoit des libelles satiriques contre ce Magistrat; on tint à l'hôtel de ville des assemblées tumultueuses, où les Ligueurs, toujours les plus nombreux, emportèrent les suffrages.

Malgré le danger que couroit le Premier Président *Duranti* dans ces assemblées, il eut le courage de s'y rendre pendant trois jours; il y mit tout en usage pour appaiser les séditieux & défendre les droits du Souverain. Le troisième

---

(1) On a placé dans le siècle dernier, au rang des hommes illustres de la France, ce *Simon de Montfort*, dont les actions, quoiqu'autorisées alors par le Clergé, n'en sont pas moins des actions de brigand, & si, avec de pareils titres, on acquiert cette illustration, Mandrin auroit eu bien plus que lui le droit d'y prétendre.

jour on proposa s'il falloit obéir au Roi, & s'il ne convenoit pas d'emprisonner ou d'exiler tous ceux qu'on appeloit *Politiques*, & qui persistoient à être fidèles à ce Prince. Cette proposition excita de grandes altercations. *Chapellier*, se tournant vers le portrait du Roi, dit qu'il falloit l'ôter. *Jacques Daffis*, Avocat Général au Parlement, & le Président *Duranti*, son beau-frère, s'élevèrent courageusement contre cette violence. *Duranti* fit enfin consentir l'assemblée de s'en rapporter à la décision du Parlement. *Daffis*, désespérant de son côté de faire entendre raison à ce peuple mutiné, prit le parti de se retirer à sa maison de campagne, située à une demi-lieue de Toulouse.

Le Parlement fut en effet assemblé, mais les avis furent tellement partagés, que *Duranti* sortit sans avoir rien fait décider. Un grand nombre de gens armés avoit entouré le palais, en attendant le résultat de la délibération. Comme ce Magistrat montoit en carrosse, il fut assailli de plusieurs coups d'épées & d'hallebardes, qui percèrent la voiture en divers endroits; mais ayant eu la précaution de s'accroupir, aucun coup ne put l'atteindre; le cocher poussa les chevaux à toute bride; le carrosse étoit sur le point d'arriver à la maison du Président, lorsqu'il heurta la margelle d'un puits avec tant de force, qu'il versa. *Duranti*, obligé de descendre, se retira librement à l'hôtel de ville, tandis que les Ligueurs s'occupoient à traîner en prison un de ses laquais qui avoit voulu se défendre contre leurs attaques.

Duranti demeura cinq jours à l'hôtel de ville

où peu d'amis osèrent le visiter; on ordonna ensuite qu'il seroit transféré de cet hôtel au couvent des Jacobins. Ce Magistrat fit quelques difficultés d'obéir, dans la crainte d'être insulté par la populace; mais les Evêques de Comminge & de Castres lui ayant promis par serment qu'on ne lui feroit aucun mal, il se mit en marche avec une contenance grave, au milieu de ces deux Prélats, suivi de deux Capitouls, & environné de gardes: étant arrivé aux Jacobins, il fut mis en prison; sa femme & deux domestiques furent les seuls à qui l'on permit de s'y renfermer avec lui.

L'Avocat Général *Daffis*, qui étoit à sa maison de campagne, écrivit à Bordeaux, au Maréchal Matignon & à son père, Premier Président de cette ville, ce qui se passoit à Toulouse, & les prioit de venir sur le champ au secours de ceux qui étoient restés fidèles au Roi. Ces lettres furent malheureusement interceptées, & à cette nouvelle, la fureur des Ligueurs redoubla. *Daffis* fut enlevé de sa maison de campagne, & conduit aux prisons de la conciergerie.

Cependant des assassins, suivis d'une vile populace, au nombre de deux mille, hommes ou femmes, se rendent aux Jacobins dans le dessein de se défaire de *Duranti*, mettent le feu à une porte qu'ils ne pouvoient enfoncer, entrent dans le couvent, sans que les gardes, qui étoient de concert avec eux, fassent aucune résistance. *Chapellier*, un des chefs de la bande, va trouver le Premier Président, & lui dit que le peuple le demandoit. Ce Magistrat alors recommande son ame à Dieu, embrasse sa femme, en lui disant qu'il est innocent, & que Dieu est son seul juge. Chapellier l'entraîne avec violence hors du couvent, & dit au peuple : *Voici l'homme.* — *Oui*, ajouta *Duranti*, qui étoit en robe, & qui parut avec un visage tranquille, *me voici ; mais quel est donc le crime que j'ai commis qui puisse m'attirer une si grande haine ?* Ces paroles prononcées avec fermeté, suspendent la fureur du peuple ; un reste d'autorité répandu sur le visage du Magistrat, soutenu par le témoignage de sa conscience, laisse les assassins interdits ; un profond silence régnoit parmi eux, lorsqu'un coup de mousquet, tiré par un des séditieux, atteint *Duranti* dans la poitrine, & le renverse. Ce Magistrat, dit-on, levoit alors les mains au ciel, & prioit Dieu pour ses meurtriers : aussi-tôt le peuple excité se jette sur lui, le perce de mille coups ; chacun de ces furieux se disputoit le barbare honneur de lui plonger son épée dans le sein. Leur rage n'étoit pas encore assouvie ; ils attachent une corde aux pieds du corps de ce Président, & le traînent tout ensanglanté par les rues, jusqu'au milieu de la place Saint-George, au bas de l'échafaud de pierre où l'on avoit coutume d'exécuter les criminels : comme il n'y avoit pas de potence dressée, on le met sur ses pieds, & on l'attache au pilori, à côté d'une grille de fer, où il demeure exposé toute la nuit ; on place derrière lui le portrait d'Henri III, qui étoit à l'hôtel de ville, & là, son corps est en proie aux outrages de cette populace effrénée. Les uns lui arrachent la barbe, le tirent par le nez, le frappent; d'autres, lui crient : *Le Roi t'étoit si cher, te voilà maintenant avec lui.*

Ce même peuple, transporté de la même rage, courut à la conciergerie, en tira l'Avocat Général *Daffis*, & le massacra impitoyablement. Il restoit encore une victime à immoler : le laquais de Duranti étoit dans la prison de l'archevêché; ces furieux vont l'en arracher, & le pendent sans autre forme de procès. Dans le même temps l'Avocat *Balbaria* se rendit dans la maison de Duranti, & la mit au pillage; on regretta sur-tout une riche bibliothèque, que ce Premier Président avoit formée avec beaucoup de soins & de dépenses, & dans laquelle étoient plusieurs manuscrits : tout fut dispersé. Le peuple traîna ensuite dans les rues le portrait d'Henri III, en criant : *A cinq sous le Roi tyran, pour lui acheter un licou.*

Le lendemain un des Capitouls fit mettre le corps de Duranti, avec le portrait du Roi, dans un drap, & le fit enterrer sans cérémonie dans l'église du grand couvent des Cordeliers; là, ses parens lui firent ériger un magnifique tombeau. Daffis fut également inhumé dans l'église des Cordeliers de Saint-Antoine.

Ainsi périt un Magistrat éclairé, vertueux, sur-tout très-zélé Catholique, & que les Catholiques, sous prétexte de religion, massacrèrent. Ainsi périt ce zélé citoyen, qui, l'année précédente, pendant les ravages de la peste, avoit exposé souvent sa propre vie, pour sauver celle de ses concitoyens, qui devinrent ses bourreaux. Quel étoit le chef principal de ces séditions, la cause de tant de désastres ? un Gentilhomme ambitieux, *Joyeuse*. Quels étoient les instrumens qu'il mettoit en usage pour soulever les peuples & allumer le fanatisme ? des *Prédicateurs*.

L'affaire des *Calas* est un événement remarquable dans l'Histoire des opinions. Calas, Négociant de Toulouse, de la religion réformée, homme depuis long-temps recommandable par sa probité & la simplicité de ses mœurs, fut accusé d'avoir étranglé son fils ; ce fils, d'un caractère sombre, inquiet, passoit rapidement du libertinage à la dévotion, & avoit, dit-on, voulu quitter la religion de son père, pour embrasser le Catholicisme : ce fils fut trouvé pendu. Le Parlement de Toulouse jugea qu'un père Protestant étoit bien capable de pendre son fils ; & ce malheureux vieillard fut rompu vif le 9 mars 1762. La femme de Calas, son fils puîné, un jeune étranger, furent seulement bannis ou mis hors de cour ; & cependant les uns & les autres, qui n'avoient pas quitté le père de Calas dans l'instant du délit, devoient être punis comme complices, ou Calas, avec toute sa maison, devoit être déclaré innocent.

Cette malheureuse famille vint se jeter aux pieds du Roi. On revit le procès ; on pensa qu'un père âgé de soixante-trois ans n'auroit jamais pu avoir assez de force pour pendre seul un jeune homme de vingt-neuf ans on remarqua qu'aucun témoin oculaire n'avoit déposé contre Calas, &c. Cinquante Magistrats, assemblés pour cette grande affaire, déclarèrent unanimement *Calas* & sa famille innocens. Les Mémoires que MM. *Elie de Beaumont*, *Loiseau* & *Mariette* composèrent pour cette affaire importante, qui fixoit tous les regards, sont des modèles d'éloquence, de conviction & d'intérêt.

Ce qu'il est triste de remarquer ici, c'est que lorsque l'Europe entière reconnoît aujourd'hui l'innocence des Calas, plusieurs familles de Toulouse ont encore la prévention de les croire coupables.

COMMERCE. Les principales manufactures de Toulouse sont les manufactures de soieries, de calandre, de couvertures en coton.

POPULATION. On l'évalue à cinquante mille ames.

RIEUX.

Ville épiscopale, située sur la rive gauche de la Rize, à trois quarts de lieue de la Garonne, à huit lieues de Toulouse & à sept de Pamiers.

Le plus ancien monument que l'on connoisse sur la ville de Rieux, est une déclaration faite au mois de mai 1238, par *Gentil de Gensac*, fille de feu *Aimar*, à *Raimond* Comte de Toulouse, en présence de personnes notables ; par cet acte elle déclare que tout ce qu'elle avoit à prétendre, par la succession de son père, de sa mère & de sa sœur, sur le château de *Rieux*, en *Volvestre*, &c., est tombé en commise, pour n'en avoir pas reçu l'investiture dans l'an & jour, & qu'ainsi elle l'abandonne à ce Prince. Ce château n'étoit encore qu'un petit bourg en 1317, lorsque le Pape Jean XXII l'érigea en cité, en fit le siège d'un évêché, & y nomma pour

pour premier Evêque, Guillaume de *la Brosse*, Doyen de Bourges & Conseiller du Roi.

DESCRIPTION. Le clocher de la cathédrale est un des plus beaux du royaume par sa hauteur, sa construction & ses sculptures gothiques; il renferme un carillon, curieux par son harmonie & par la variété des airs qu'on y joue. Le sieur *Barthe*, Organiste de la cathédrale, quoiqu'aveugle de naissance, dirigea l'emplacement des cloches, & le merveilleux arrangement des petites chaînes de fil d'archal qui sont attachées à leurs battans, & qui vont aboutir au clavier, placé vers le milieu de la hauteur du clocher (1).

Palais épiscopal. On lit au dessus de la porte en dedans, les noms, & l'on voit aussi les armes des Evêques de Rieux.

La porte de l'orangerie est ornée de huit têtes antiques de Divinités payennes, qui furent découvertes à la fin du siècle dernier, dans un champ près de la ville de Martres, & placées en cet endroit par M. *Berthier*, Evêque de Rieux, comme l'expriment les inscriptions suivantes qu'on y a gravées; la première est ainsi:

Hi sunt Dii, in quibus habebant fiduciam.

Celle qui est autour porte:

Miratur artifex, irrideat Christianus.

___

(1) Cet Organiste aveugle, & musicien habile, avoit appris son art avec des notes de bois, & l'enseigna à ses enfans avec les mêmes notes.

Partie II. T

Plus bas on lit :

Has idolatriæ reliquias, & ignotæ famæ delubri mutilata fragmenta in agro de Martris Tolosani reperta, ad ornatum episcopalis aulæ Ant. Franc. BERTORIUS *Episcopus Rivorum P. ann.* 1699.

ENVIRONS. A *Montjoy* il y a des eaux minérales.

On voit à *Alren*, un pont naturel, formé dans le roc creusé par un ruisseau nommé *Lairole*, dont les eaux, à quelque distance de là, tombent en cascade dans un précipice affreux; tout auprès est une grotte étonnante par son étendue & par sa hauteur.

Berat est un village où l'on trouve une fontaine intermittente.

Saint-Elix. On y voit un château magnifique, qui fut, dit-on, bâti par ordre de François 1er; le parc est beau; on y admire aussi une orangerie considérable.

ROUSSILLON ET COMTÉ DE FOIX.

Tableau général du Rouſſillon & du Comté de Foix.

LA province du *Rouſſillon* & le Comté de *Foix*, long-temps compris dans la même généralité, & ſéparés depuis quelques années, ſont limitrophes, & l'un & l'autre pays ſe trouvent placés dans les Pyrénées, ou au bas de ces montagnes, ſur la même frontière du royaume, entre le Languedoc & l'Eſpagne.

GÉOGRAPHIE. Le *Rouſſillon*, dont *Perpignan* eſt la capitale, eſt borné au nord par le Languedoc, à l'oueſt en partie par la Cerdagne Eſpagnole & par le Comté de Foix; à l'eſt par la Méditerranée, & au midi par l'Eſpagne: ſa plus grande longueur eſt de vingt lieues catalanes, dans la direction du levant au couchant : il faut trente heures pour les parcourir. Dans ſa largeur moyenne, ce pays a douze lieues.

HISTOIRE. Cette province tire ſon nom de *Ruſſino*, qui en étoit autrefois la capitale, & dont il ne reſte plus qu'une tour qui reſſemble à un colombier. Ce pays éprouva le ſort des provinces voiſines; il eut pour vainqueurs, pour deſtructeurs, pour Souverains, les Romains, les Goths, les François, les Sarraſins, &c.

T ij

Pendant le temps de l'anarchie, il eut ſes Comtes & ſes Vicomtes. *Gerardus*, dernier Comte, mourut ſans poſtérité en 1178, & légua le Rouſſillon à *Alphonſe II*, Roi d'Arragon; ce Prince fit embellir & fortifier *Perpignan*, y fixa ſon ſéjour, &, après y avoir régné dix-huit ans, y mourut en 1196.

Son fils, *Pierre Ier*, Roi d'Arragon, lui ſuccéda, mais il délaiſſa bientôt à *Sanche*, ſon oncle, cette province, qui eut enſuite pour maîtres *Munir* ou *Munnius*, & Jacques Ier, Roi d'Arragon; ce dernier parvint à faire céder, en 1258, par le Roi Louis IX, toutes les prétentions que la couronne de France avoit ſur le Rouſſillon, & à s'en rendre maître abſolu; alors les lois, les mœurs, le langage, tout devint Eſpagnol. Sous cette nouvelle domination on affecta, avec un ſoin particulier, de détruire dans ce pays tout ce qui tenoit des uſages & opinions des François.

En 1462, le Rouſſillon revint à la France. *Jacques II*, Roi d'Arragon, ſe vit forcé d'engager cette province au Roi Louis XI, pour la ſomme de cent mille écus d'or, ſous la condition d'en faire ceſſion à ce Roi de France, ſi cette ſomme n'étoit pas rendue, avec les intérêts, dans l'eſpace de dix ans. *Jacques II*, manqua à cette condition, & Louis XI regarda le Rouſſillon comme réuni à la couronne. Après en avoir pris poſſeſſion les armes à la main (1), après pluſieurs autres guerres dont la

---

(1) Pluſieurs places du Rouſſillon réſiſtèrent aux armes de Louis XI; les villes d'*Elne* & de *Perpignan*

conquête de cette province étoit l'objet, elle fut enfin réunie à la France, en 1659, par le traité des Pyrénées.

CLIMAT. A Perpignan & dans ses environs, le climat est plus chaud que tempéré; la situation très-méridionale de cette ville, les montagnes qui défendent ce pays des vents du nord, & qui réfléchissent les rayons du soleil, y procurent souvent des chaleurs brûlantes; quatorze années se sont passées de suite, à ce qu'on dit, sans qu'il y gelât; la partie des montagnes est froide, & assez constamment couverte de neiges.

RIVIÈRES. Les principales sont le *Teck*, qui prend sa source dans une montagne appelée *la Font-delteck*, qui arrose le haut & le bas *Vallespir*, & se jette dans la mer près d'*Elne*.

La *Tet*, qui prend sa source aux pieds des montagnes de *Puigperich*, descend sous *Mont-Louis*, arrose le *Conflent*, & se jette dans la mer au dessous de *Perpignan*.

Ces rivières ne peuvent être appelées que *torrens*.

DIVISION. Le Roussillon comprend plusieurs pays particuliers, comme LE COMTÉ DE ROUSSILLON où sont les villes de *Perpignan*, d'*Elne* (1), &c.; le haut & bas VALLESPIR, du

---

ne se rendirent qu'après une courageuse défense. (*Voy. Perpignan.*)

(1) Cette ville est l'ancienne *Illiberis*, où campa Annibal lorsqu'il passa d'Espagne en Italie. L'Empereur *Constance*, après avoir été vaincu par le tyran Maxence, y fut assassiné & enterré; on y trouve encore des fragmens de son tombeau dans une vaste pierre appliquée

latin *Vallis aspera*, qui renferme *Collioures* (1), le *port de Vendre*, le *fort des Bains* (2), *Arles*, *Prats de Mollo* & *Bellegarde*, &c.

Le Conflent, situé dans les montagnes, a pour capitale *Villefranche*, petite ville mal bâtie, formée de deux rues parallèles, située dans une gorge étroite, sur les bords de la Tet; elle est entourée de masses énormes de marbre, qui, par leur grande élévation, semblent la priver des rayons du soleil; elle a un rempart couvert, une enceinte bâtie sur roche, fermée par une fortification irrégulière.

---

contre le mur du cloître, à côté de la porte de l'église; elle est sculptée en ondulations, & l'on y voit le monograme de *Christus*. Les piliers du cloître de l'église offrent l'Histoire de l'Ecriture Sainte, représentée en petites figures assez curieuses; cette église est cathédrale, mais l'évêché a été transféré à Perpignan.

(1) Petite ville avec un port, située à une demi-lieue du port de *Vendres*; on y voit un château qu'on dit avoir appartenu aux Templiers. Cette place, qui a une salle d'armes percée pour sept mille fusils, est une des plus essentielles pour la défense de la province; elle est défendue par un château & trois forts. On y fait une pêche considérable de sardines que l'on sale. Les habitans sont fort superstitieux, sur-tout à l'égard des cloches; ils croyent qu'ils deviendroient voleurs, assassins, si on ne les sonnoit pas pendant l'orage. Ils ont menacé une fois le Consul d'enfoncer les portes de l'église, & une autre fois ils ont mis le feu dans un couvent situé hors de la ville, parce qu'on vouloit contrarier leur inclination pour le bruit des cloches.

(2) C'est une petite forteresse que fit construire Louis XIV, non pour défendre cette province contre les ennemis de l'Etat, mais pour protéger les Gabelles, & contenir le peuple qui murmuroit contre cette imposition.

Mont-Louis, place dans le Conflent, fut construite par *Vauban* sur la cime d'une montagne où les froids sont excessifs; on y arrive par une gorge étroite; le chemin, ou plutôt le sentier qu'on a pratiqué sur les flancs des montagnes nues & escarpées qui bordent la rive gauche de la *Tet*, domine sur des abîmes dont les yeux n'osent sonder la profondeur. Le Voyageur n'est pas moins saisi à la vue des rochers qui semblent prêts à l'écraser : on ne trouve dans les vallées principales aucun passage qui inspire autant d'effroi (1).

La Cerdagne Françoise a pour capitale *Saillagos*. A l'extrémité occidentale de ce pays, est l'abbaye de *Saint-Michel de Cuxa*, très-ancienne, très-riche, & sur-tout en très-grande réputation par les miracles qui s'opèrent journellement, par l'intercession d'un saint Abbé, dont on conserve encore un morceau de la peau dans une châsse. L'Abbé de ce monastère jouit des honneurs & de presque tous les droits épiscopaux.

Dans le Roussillon on trouve d'autres abbayes;

---

(1) On a remarqué que cette place seroit presque inutile en cas de guerre : d'ailleurs la fortification en est défectueuse ; les lignes de défense ne sont point observées. « Tout fait présumer, dit un Observateur, que les » travaux de cette place n'ont point été suivis par » M. *de Vauban*, on n'y reconnoît point ses principes... » Ce fut une colonie de Languedociens qui vinrent peu- » pler le *Montlouis* ils eurent des privilèges qu'on » leur retire tous les jours, & le dénombrement de ses » habitans peut monter aujourd'hui à trois cents ». *Essai historique sur le Roussillon*, par M. le Chevalier *D. L, G.*

celle d'*Arles*, où sont des eaux minérales sulfureuses, qui font monter le thermomètre de de Réaumur jusqu'au cinquante-septième degré & demi, & où l'on voit un tombeau contenant de l'eau miraculeuse qui ne tarit jamais. *L'abbaye de Sorrède*, dont l'ancienneté remonte jusqu'au temps de Charlemagne; l'abbaye de *Saint-Martin de Canigou* (1), réformée au mois de novembre 1782 par une Bulle du Pape; l'abbaye de *Saint-Genis des Fontaines*, située dans le bas Vallespir, à une lieue de la mer; elle est aussi fort ancienne & fort riche.

EAUX minérales. Les territoires de *Sorrède* & de *Fons-Romeu* fournissent des eaux minérales froides & bonnes à boire. Au *Vernet*,

---

(1) Pour donner une idée des mœurs de ces Moines, nous rapporterons le témoignage de deux Religieux Bénédictins, Auteurs du *Voyage Littéraire*. Après avoir, avec beaucoup de peine, atteint le sommet de la montagne affreuse sur laquelle est situé ce monastère, ils aperçurent des bâtimens & des jardins très-petits, qui étoient habités, disent-ils, « par six ou sept Moines » sauvages.... Nous n'y trouvâmes ni foin ni avoine » pour nos chevaux, & ce ne fut que long-temps après » que nous eûmes un peu de paille à leur donner; de » sorte que nous fûmes obligés d'envoyer chercher dans » le bois des feuilles d'arbres, faute de foin. Le Prieur » néanmoins nous reçut assez charitablement; il nous » ouvrit même les archives qui sont entières; mais à » peine eûmes-nous vu quelques-uns des titres, qu'un » de ses Moines vint nous les arracher des mains; nous » passâmes la nuit comme nous pûmes, & le lendemain » nous en partîmes le plus matin qu'il nous fut possible ».

village du *Conflent*, près Villefranche, il y a des bains peu fréquentés. Dans le haut Vallespir, au pied de la forteresse appelée *le fort des Bains*, dont nous avons parlé, on trouve des eaux thermales si chaudes, qu'elles font peler la peau ; mais on les tempère par des sources froides : il y a cinq bassins pour les bains & une salle pour les douches. Ces bains ont plusieurs propriétés qui les rendent célèbres pour la guérison des rhumatismes, sciatiques, fluxions, &c. ; on croit que l'édifice des bains est du temps des Romains. Les eaux de *Molitx*, dans le *Conflent*, sont encore fort estimées ; M. *Anglada*, Docteur en Médecine, & de l'Université de Perpignan, a parlé fort avantageusement de ces eaux, qui sont sur-tout spécifiques pour les affections cutanées.

Montagnes. Les montagnes du Roussillon sont communément couvertes de pins, sapins & bois taillis. Le sommet de la montagne de *Plaguillem* offre une pelouse émaillée de fleurs, & arrosée de plusieurs ruisseaux ; on y jouit d'une vue magnifique. « Les Voyageurs ont soin de ne passer cette montagne que depuis neuf heures du matin jusqu'à midi, temps où l'on peut éviter les orages, qui sont très-dangereux ; le moindre nuage en occasionne de furieux, & le parti le plus prudent est de s'arrêter quand on est pris par un, car l'on ignoreroit la route que l'on feroit ; & dans l'autre partie des monts, où ils sont aussi fréquens, on tomberoit dans des précipices affreux, semblables à celui de *Corcevie*, près d'Arles.... Cet abîme, qui est de cent quarante toises de hauteur, offre une des plus belles horreurs de la nature... Les monts Pyrénées font tous cultivés autant que le terrain le permet; il s'y trouve de bons pâturages; l'Espagne y envoye ses bestiaux dans la partie du midi, & la France dans celle opposée. Les quatre plus hautes montagnes sont *le Canigou, Saint-Pierre, le Puigperich* & *le Puigmale*. La première, que l'on dit être la plus haute, a quatre pointes situées dans la direction des quatre points cardinaux... La cime en est couverte de neiges sept mois de l'année... On voit cette haute montagne à plus de trente lieues, tant du côté de France que de celui d'Espagne ».

« Sur un pic du sommet du Canigou est une croix de fer... Il y a des ours, des loups, des sangliers, des lézards par troupeaux... Cette montagne est élevée de quatorze cent quarante-deux (ou de quatorze cent quarante-une) toises au dessus du niveau de la mer». *Essai historique sur la province du Roussillon.*

CAVERNES. La caverne de *Sirac*, entre Prades & Villefranche, est curieuse par les stalactites qu'on y voit.

La caverne de *Covovastel*, dont l'ouverture se trouve dans les fossés de Villefranche, est bien plus intéressante; elle a près d'un demi-quart de lieue de long; elle est très-froide; on compte cent vingt-quatre marches pour y arriver; on y trouve des stalactites & une cascade très-curieuse : cette caverne ne communique pas, comme on le pense, à la montagne du Canigou, & ne contient pas non plus des veines d'or & d'azur, comme on l'a souvent écrit.

GOUFFRES. Sur une montagne près de Villefranche, il se trouve trois gouffres ou étangs considérables, qui occasionnent souvent des orages; les habitans du pays croyent que le diable est au fond, & qu'en y jetant une pierre il s'élève aussi-tôt une tempête.

MINÉRALOGIE. A Estagel, près de Perpignan, & à Villefranche, il y a des carrières de marbre de toutes couleurs. A *Arles*, dans le haut Vallespir, on trouve une mine de plomb; une de cuivre à *Presle*, située à deux lieues de *Prats-de-Mollo*. Il y a plusieurs mines de fer qui servent à cinq ou six forges situées dans les montagnes du Conflent. Les deux plus belles forges sont celles de Vallemagne sur la frontière du haut Vallespir & de Montferret, près d'Aulette; il y a journellement quatre-vingts Forgerons dans la première, où l'on trouve une fort belle mécanique pour les eaux: on craint que le défaut de combustible, dont on pressent déjà le besoin, n'arrête bientôt l'exploitation de ces forges.

MŒURS & *Caractère*. Les fêtes villageoises du Roussillon se célèbrent toujours en l'honneur de quelque Saint; le chef de la confrérie du Saint tient le bal sur une place, paye la musique, qui consiste en un chalumeau ou une musette, & se fait à son tour payer par les danseurs, de manière qu'il est toujours amplement dédommagé de ses avances. On forme aussi des loteries à chaque fête; chaque habitant y fait une petite mise, dans l'espoir de contribuer à l'achat d'un habit pour le Saint du jour; ces mises rassemblées forment une somme assez considérable, que le Marguillier & ses amis employent à un bon repas.

Au carnaval on traîne dans les rues *le cochon de Saint-Antoine* sur un char de triomphe orné de lauriers, & l'on fait aussi une loterie pour ce *cochon*, dont le produit est employé à des repas.

La cérémonie *des donzelles* est plus singulière; voici comment en parle un Auteur qui a voyagé tout récemment dans ce pays: « Chaque Curé & Marguillier de trois paroisses différentes vont, le jour de leur fête, prendre une pucelle, soi-disant, la mènent à l'église en procession, où elle assiste aux cérémonies, après quoi on la reconduit chez elle, avec promesse d'un don de cinquante livres le jour de son mariage, si elle garde sa virginité jusqu'à ce temps. L'examen scrupuleux qu'on fait de la conduite de ces *donzelles*, rend souvent les promesses inutiles; c'est cependant une pieuse action, faite pour engager les jeunes filles à garder leur vertu : le paysan Roussillonois a un usage qui peut la faire échouer.... Il plante à la porte de sa maîtresse, dans la nuit du premier mai, un arbre de la plus haute venue, surmonté d'une couronne, ayant un sabre & un cordon de Cordelier pendus en sautoir; ces trois ornemens sont symboliques; la couronne, pour couronner les désirs de l'amant; le cordon & le sabre signifient qu'il se fera moine ou soldat si sa maîtresse ne lui accorde pas ce qu'il demande; on présume, ajoute le Voyageur, qu'il en est peu qui refusent, & par conséquent peu d'amans désespérés ».

Les Rouſſillonois ſont dévots juſqu'à la ſuperſtition, juſqu'au fanatiſme, & ont tous les autres défauts que produit l'ignorance & la groſſièreté, il ſe montrent toujours méfians, jaloux & intéreſſés; les Artiſans ſont très-laborieux, & les payſans ne ſont ni voleurs ni ivrognes; le bourgeois a beaucoup de morgue, de hauteur: les préjugés de nobleſſe & l'ignorance générale en ſont les cauſes; il y a cependant de l'eſprit, ſur-tout à Perpignan; mais les Sciences, mépriſées dans ce pays, n'y ont pas encore fait ſuffiſamment pénétrer les lumières de la raiſon.

Comté de Foix. Ce pays, borné au nord par le Languedoc, au ſud par les Pyrénées & la Catalogne, &c., a ſeize lieues de longueur, ſur huit dans ſa plus grande largeur.

Climat. Dans le bas pays de Foix le climat eſt tempéré; dans le haut il eſt froid, & les montagnes n'y produiſent guère que des bois & des pâturages; mais la plaine eſt plus fertile, on y receuille du blé, du vin, & des fruits excellens.

Comme dans le Rouſſillon, il y a des eaux minérales, des mines de fer, & des cavernes curieuſes.

Minéralogie. Les mines de *Château-Verdun*, d'*Auzat*, de *Suc*, & celles de la montagne de *Rancié*, ſont les principales; cette dernière, ſituée dans la vallée de *Vicdeſſos*, près du village de *Sem*, eſt une des plus conſidérables mines connues; elle alimente cinquante forges, tant du comté de Foix, que du Languedoc & du Couſerans. Deux cent cinquante mineurs font continuellement occupés à cette exploitation, qui rend, année commune, quatre à cinq mille quintaux de minérai ; extraction énorme, qui se soutient depuis les temps les plus reculés, & qui ne paroît pas diminuer sensiblement l'abondance de ces mines.

Le Comté de Foix fabrique de trois espèces de fer ; le *fer doux*, qui peut être préféré aux autres fers de France les plus renommés ; le *fer fort*, qui est d'un excellent usage pour les outils aratoires, &c. ; & le *fer cédat*, qui est une espèce d'acier brut.

Les eaux de *Pamiers* & les bains d'*Ax*, renommés pour les humeurs froides, sont les plus connus de ce pays.

Ax est un lieu abondant en sources minérales ; elles font monter le thermomètre de Réaumur depuis le dix-septième jusqu'au soixante-unième degré. Les plus chaudes servent aux usages domestiques, pour lesquels on employe l'eau bouillante. Les Bouchers jettent dans la fontaine du *Rossignol* les cochons qu'ils tuent, & les pèlent ensuite avec facilité ; les pauvres y font la lessive, & les habitans employent encore cette eau pour pêtrir du pain. Ces eaux sont fréquentées. M. *Pilhes*, qui en est le Médecin, vient de publier un traité des sources thermales d'*Ax* & d'*Ussat*.

Sur les montagnes on trouve beaucoup d'*amiante* ; les gens du pays ont l'adresse de faire des jarretières, des cordons & des ceintures incombustibles avec ce lin minéral, qu'ils filent avec du lin ordinaire. (Voyez *Béarn*, article *Barége*, troisième partie.)

Rivières. L'Ariège, qui traverse en grande partie le pays de Foix, & qui y prend sa source, roule des *paillettes d'or* assez abondamment pour occuper des Orpailleurs; mais ce qui vaut mieux, ce sont les truites saumonées & les aloses excellentes qu'on y pêche.

La *Rise* prend sa source dans une montagne proche le *Mas-d'Azil*; elle est remarquable par la bizarrerie de son cours; une partie assez considérable se trouve assujettie dans une vaste caverne, dont la profondeur, l'obscurité & le bruit effrayant des eaux qui s'y précipitent à travers les rochers, offrent un spectacle effrayant & superbe.

Au pied de la montagne de *Tarbes* est une source considérable qui a son flux & reflux comme la mer; cette source est si abondante en hiver, qu'elle fait tourner des moulins à cent pas du lieu d'où elle sort.

Caractère. Les habitans du Comté de Foix qui occupent la partie des montagnes, diffèrent très-peu, pour les mœurs & le caractère, des habitans du Roussillon; ceux qui occupent la plaine & la partie limitrophe du Languedoc, sont beaucoup plus françois qu'espagnols.

Comme le pays est beau, le sol très-fertile, & que les denrées sont à fort bon marché; les campagnes deviennent la retraite de plusieurs Officiers & autres personnes qui se visitent souvent avec cordialité; c'est le seul plaisir de ce pays, où, à peu de frais, on fait très-bonne chère.

Dénombrement, &c. Le Roussillon & le Comté de Foix réunis offrent une surface d'environ deux cent quatre-vingt-six lieues & demie carrées. La population de ces deux pays est évaluée à cent quatre-vingt-huit mille neuf cents ames; c'est six cent soixante habitans par lieue carrée; les contributions montent à environ deux millions six cent mille livres; c'est treize liv. quinze sous par tête d'habitans.

PERPIGNAN.

Ville capitale du Roussillon, avec un évêché suffragant de Narbonne, une Université, un Conseil Supérieur, &c., située sur la rive droite de la *Tet*, & sur la *Basse*, à deux lieues de la Méditerranée, deux & un tiers d'Elne, dix de Narbonne, quatre & un tiers de Collioure, & à près de deux cents lieues de Paris.

Perpignan s'est accrue des ruines de l'ancienne ville de *Russino*, aujourd'hui nommée *la tour de Roussillon*, & qui en est éloignée d'une demi-lieue. Le nom de *Perpignan* que porte cette capitale, a succédé depuis le dixième siècle à celui de *Flavium Ebusum*.

Cette ville, après avoir été gouvernée, ainsi que le Roussillon, par des Comtes particuliers, par des Rois d'Arragon; après avoir, à différentes époques, passé de la domination Espagnole à la domination Françoise, fut enfin réunie à la France en 1659, par le traité des Pyrénées.

DESCRIPTION. Cette capitale du Roussillon, située dans une belle plaine, offre un aspect riant, & peut être mise au rang des plus fortes places du royaume; son enceinte est de figure

figure à peu près circulaire, de quatre cents toises de diamètre; ses murs sont bâtis en briques avec des chaînes de pierres de taille; ils sont épais, élevés & flanqués de plusieurs bastions, avec des tenailles, des demi-lunes, & entourés de bons fossés & de chemins couverts.

La partie de la ville appelée *Villeneuve*, a été commencée par les ordres de Louis XIV, sous les dessins de M. de *Vauban*; cette partie est un agrandissement du côté de la France, où on a construit un grand bastion.

On voit dans cette ville peu de belles rues; la principale aboutit au pont de la *porte de Notre-Dame*, qui est l'entrée du côté de la France. Cette porte est fortifiée par un petit château appelé *Castillet*, qui autrefois étoit un gouvernement particulier; cette forteresse est très-ancienne, elle sert aujourd'hui de prison militaire. On éprouve un sentiment pénible en arrivant dans la ville par cette entrée; le premier objet qui frappe est ce séjour de captivité.

Du côté de l'Espagne, est la porte de *Saint-Martin*, on y lit au dessus:

Magnum opus Ludovici magni, Perpinianum amplificatum & munitum à Ludovico. Victoriæ Hispaniæ non plus ultra, Galliæ plus ultra, factum anno totius Europæ pacatæ Ludovici victoriâ. M. DC. LXXIX.

Cette inscription fait allusion à la forfanterie des Espagnols, qui prennent pour devise, *plus ultra*, & y joignent les colonnes d'Hercule, sur lesquelles on lit: *Nec plus ultra*.

La Citadelle est beaucoup mieux fortifiée que la ville sur laquelle elle domine. L'Empereur Charles-Quint la fit construire, & Louis XIV y fit ajouter, par M. de *Vauban*, plusieurs ouvrages considérables.

On remarque sur une porte de cette citadelle des armes espagnoles, & cette inscription barbare :

Philippe II, Hispaniarum 1577, Ciciliæ, Rex defensor Eglesiæ.

De chaque côté sont deux demi-statues qui se tiennent mutuellement par les poils de la barbe, de la poitrine & du nombril ; on assure qu'autrefois on lisoit au dessous une inscription qui signifioit :

Plutôt perdre ce poil que de se rendre.

L'église de Saint-Jean est aujourd'hui le siége de l'Evêque & du Chapitre d'*Elne*. Cette église fut construite en 1324. *Sanchés*, Roi de Maiorque, y mit la première pierre, & l'Evêque *Berenger* la seconde, comme le prouvent deux inscriptions gravées aux deux côtés de la porte du chœur. Cet édifice ne fut achevé que sous Louis XI, c'est ce qui est encore prouvé par les armes de France, qu'on voit gravées à la clef de la voûte, au dessus du sanctuaire.

Cette église n'a point de portail, mais son intérieur offre un vaste & beau vaisseau sans aucuns piliers ; le chœur est au milieu : son enceinte, ornée de pilastres, est de marbre ainsi que le pavé ; cette enceinte peu élevée laisse voir, en entrant, le maître-autel qui est extrêmement exhaussé. Ce maître-autel est d'albâtre, & d'un travail curieux; on y voit un rétable de marbre blanc, orné de figures en bas-relief, séparées par de petits pilastres; au milieu est une grande niche dans laquelle on place une statue de *Saint-Jean*, plus grande que nature. Par le moyen d'un mécanisme, cette statue se retire tout d'un coup pour faire place à l'ostensoire, lorsqu'on veut exposer le Saint-Sacrement. Cet ostensoire, de vermeil doré d'or moulu, a plus de six pieds de haut, & pèse plus de quatre cents marcs; on dit qu'il fut donné par un marchand Drapier il y a plus de quatre cents ans; quand on le porte en procession, il faut huit Ecclésiastiques des plus robustes pour en soutenir le poids.

A côté de la cathédrale est l'ancienne église, appelée *le vieux Saint-Jean*; elle fut consacrée par *Berenger*, Evêque d'Elne, en 1025. *Guillabert*, Comte de Roussillon, y fonda un Chapitre en 1102, qui fut supprimé en 1610; celui d'Elne y fut transféré en 1602. Dans les archives on tient un livre de mémoire, appelé en Catalan *de Memorias*, où le premier syndic Prêtre écrit journellement les événemens historiques; ce qui rappelle l'ancien usage des Moines des dixième & onzième siècles, de dresser d'abord des *nécrologes*, enfin de composer des annales, dont il nous reste un grand nombre.

Les Chanoines ont un costume particulier; ils portent une grande robe noire, bordée d'un liseré cramoisi, & semée par devant de lacs d'amour de la même couleur, attachés sur l'étoffe, avec de grandes houpes; cette robe, sous laquelle les Chanoines mettent un rochet, est ordinairement retroussée, faisant deux tours à leur ceinture, & pendante par le côté; ils ont sur cette robe une fourrure semblable à celle des Bacheliers de Sorbonne, & dont les bords sont aussi en liserés cramoisis; cette fourrure, qui se termine par derrière en espèce de capuchon, pendant plus bas que la ceinture, est ordinairement rattachée sur l'épaule; le jour de Pâques, ils quittent cette fourrure pour prendre de petits camails violets, ouverts par devant, & doublés de taffetas cramoisi.

Les deux églises ont chacune leur Boursier, qui portent une grande bourse de velours pendue à leur côté. Ces Boursiers payent aux Chanoines & Chapelains le droit d'assistance aux offices, & cette rétribution est comptée en une monnoie particulière, appelée *Païotte*. La cathédrale obtint, en 1323, de Pierre III, Roi d'Arragon, le droit de faire frapper monnoie; ces espèces de cuivre ont cours dans la ville; les Marchands les reçoivent en payement, & les rapportent aux Boursiers, qui les échangent pour des monnoies frappées au coin du Roi.

Dans l'*hôtel de ville* on voit une table de marbre portant une longue inscription françoise, en mémoire de la suppression de la barrière dite de *Fitou*, qui séparoit le Roussillon du Languedoc, & le réputoit *province étrangère*; des droits de douane qui y étoient perçus, ainsi que de l'abolition des droits locaux, appelés *réal & impariage*, qui gênoient le commerce, l'industrie & la circulation. La province est redevable de ce bienfait à M. le Comte *de Mailly*,

Gouverneur du Roussillon, & à M. *Raimond de Saint-Sauveur*, Intendant & Auteur du projet; les lettres patentes ont été enregistrées le 17 du mois d'octobre 1785 par le Conseil Souverain.

Le Corps de ville de Perpignan est composé de trois différens Etats, de *la Noblesse*, des *Merxadiers*, & *des Artisans & Menestrals*; ces trois Etats sont gouvernés par cinq Consuls qu'on élit tous les trois ans.

La Noblesse, appelée l'*Obras militar*, est le principal Etat de la ville; mais parmi cette Noblesse on distingue deux classes: la première est composée de ceux que le Roi a créés immédiatement, qu'on nomme *Cavallers* ou *Donzelles*, & qui prennent, comme en Espagne, le titre de *Dom*; la seconde, de Bourgeois anoblis par les Consuls de Perpignan, suivant le droit accordé à cette ville, qui a été confirmé par plusieurs Souverains, & notamment par arrêt du Conseil d'Etat du 31 septembre 1702 (1).

---

(1) Les Consuls de Perpignan ne jouissent qu'un seul jour de l'année du droit précieux de rendre nobles ceux qui ne le sont point. Ce jour est le 16 juin, & pendant les vingt-quatre heures qui le composent, ces Consuls peuvent anoblir deux citoyens, & en vertu de leur choix & de l'enregistrement qui s'en fait dans le livre de la matricule, le roturier est tout à coup métamorphosé, & jouit, ainsi que jouira sa postérité, des honneurs & prérogatives de la Noblesse. On a remarqué que depuis quelques années MM. les Consuls ne s'assemblent plus pour faire des nobles; c'est pourtant dommage de

Ces deux classes de Noblesse, qui forment le premier Etat du corps de ville, ont alternativement le pas & le rang l'une sur l'autre, sans aucune différence, & elles remplissent tour à tour les places de premier & second Consuls, ainsi que les autres charges de la maison de ville affectées à la Noblesse.

Le second Etat du corps de ville est formé par les Notaires & *Mercadiers*; ces Mercadiers, nommés en Catalan *Mercadors*, ne sont point seulement des Marchands, comme ce nom sembleroit l'indiquer, mais des particuliers qui occupent un état moyen entre la Noblesse & les Artisans; ce sont des Négocians ou des Bourgeois qui jouissent d'une certaine fortune. Les Marchands en détail ne sont point admis dans cet ordre, parce qu'on pense qu'ils n'en sont point dignes, & ils ne veulent pas non plus être incorporés dans le troisième Etat, parce qu'ils pensent qu'il est indigne d'eux (1). C'est de ce second état que l'on tire le troisième Consul de la ville.

Les *Artisans* & *Menestrals* forment le troi-

---

négliger un si beau droit, sur-tout si, en procurant des titres & des exemptions, il procuroit la noblesse de l'ame.

(1) Comme la manufacture de draps est tombée ainsi que le commerce maritime, il n'y a plus de Négocians dans cette ville. Quelques Marchands, des plus riches, sont parvenus, depuis environ 1720, à se faire élire *Mercadiers*, sans cependant être obligés de fermer leurs boutiques, & même à être nommés troisième Consul, ce qui ne tire pas à grande conséquence.

fième Etat, d'où l'on tire les quatrième & cinquième Confuls. Les *Artifans* font des Peintres, Sculpteurs, Doreurs, Droguiftes, Apothicaires, &c.; on les divife par collèges; les *Meneftrals* comprennent des gens de métier, ils font divifés par confréries, qui ont chacune un tambour; ces deux claffes forment un régiment dont les *Mercadiers* font Lieutenans, & les Nobles Capitaines, & dont le premier Conful eft Colonel né. Ce régiment eft armé par le corps de la ville; il montoit la garde lorfqu'il n'y avoit pas d'autre garnifon, mais cela n'arrive plus.

Les Confuls de Perpignan portent, dans les cérémonies, des robes rouges de damas & des fraifes au cou; ils font précédés de leurs valets, vêtus en robe de laine rouge, dont deux portent de grandes maffes d'argent. La marche eft ouverte par les trompettes, qui font des hautbois Catalans, nommés *Chirimines*; les fons aigus de ces inftrumens deviennent infupportables pour des oreilles un peu délicates.

Le Confeil Souverain de cette ville fut créé par édit donné à Saint-Jean-de-Luz au mois de juin 1660, peu de temps après le traité des Pyrénées.

On a établi depuis peu, dans cette ville, une Société royale d'agriculture.

Mœurs & Ufages. Perpignan renferme plufieurs monaftères, beaucoup d'Eccléfiaftiques; cette multitude eft favorifée par la grande confidération dont ils jouiffent, & parce qu'ils font abfolument exempts de payer des entrées. Le voifinage de l'Efpagne, où beaucoup d'habitans de Perpignan ont des poffeffions; la domination Espagnole, à laquelle cette ville a été long-temps soumise, y ont conservé les mœurs, les usages, & même le langage (1) de ce royaume voisin. Les cérémonies de l'Eglise sentent un peu les pratiques superstitieuses des quinzième & seizième siècles. Le vendredi avant le dimanche des Rameaux, les *Pénitens* y représentent la passion; un d'entre eux, habillé comme *Jésus* quand il fut au Calvaire, porte une lourde croix; « loin d'inspirer du respect » pour cette procession, c'est à qui ira au coin » d'une rue voir passer le bon Jésus, duquel on » se moque, à l'imitation des Juifs (2) ».

Le jeudi Saint au soir, toutes les églises sont illuminées; l'illumination de la cathédrale est belle; les Marguilliers mettent à profit la vanité des Nobles, en leur faisant payer le droit d'y placer des cierges sur lesquels sont attachés leurs écussons; plus ces témoignages de géné-

---

(1) Lorsque le Roussillon fut réuni à la France en 1659, on n'avoit point encore, dans cette province, la connoissance de la langue françoise. Un sermon françois, prêché à Perpignan dans l'église cathédrale, en 1676, surprit tout le monde. Louis XIV en eut connoissance, & profita de cette occasion pour ordonner aux Consuls de ne choisir pour Prédicateurs que ceux qui pussent prêcher en françois, afin d'engager le peuple à s'instruire dans cette langue; mais ils n'y ont pas fait de grands progrès, ni ne paroissent vouloir en faire: le paysan ne connoît que la langue catalane, &, à l'exception de l'église de *Saint-Jean*, dans toutes les autres on prêche en Catalan.

(2) *Essai historique & militaire sur la province du Roussillon*, par M. le Chevalier D. L. G. 1787.

osité sont multipliés, plus ils sont honorables pour celui qui donne, & profitables aux Marguilliers qui reçoivent.

A six heures du soir, le même jour, il sort de cette église cathédrale une procession composée « de Pénitens & Estaffiers qui ont à leur tête un Centurion & le Clergé; les premiers ont des bonnets en forme de pain de sucre, qui annoncent une mascarade : la curiosité excite le monde à la voir passer, quoiqu'il n'y ait rien de remarquable ; elle rentre à dix heures à l'église de *Saint-Jacques*, qui est le Saint des Saints pour ce pays-ci. Ce temple est vaste, & recèle bien des abus : on en sort à onze heures avec la même ferveur que celle qui y a conduit ; les Curés, qui connoissent les mœurs de leurs paroissiens, font leur ronde pendant les offices, & imposent silence ».

Le même Auteur rapporte avoir vu dans le même temps une procession de *Flagellans* ; ces pieux baladins se fouettoient en public à qui mieux mieux : mais on remarqua qu'ils avoient émoussé les pointes de leurs disciplines, & qu'ils s'étoient fait donner chacun deux coups de lancettes derrière le dos, pour rendre cette farce plus pathétique; des Alguazils les suivoient pour les empêcher de se réunir à la procession; alors ils se contentèrent de faire bande à part, & de courir les rues accompagnés de jeunes gens leurs amis, qui portoient des flambeaux.

Il se fait, dans ce temps de pénitence, une infinité de processions; le jour de Pâques, « il en sort une de l'église de la Réale, à neuf heures du matin, dit l'Auteur cité, qui a fait plus

» que de me scandaliser ; c'est tout ce que je
» me permettrai d'en dire ».

ÉVÉNEMENS remarquables. Les François firent le siége de Perpignan en 1474, & prirent, dans une sortie, le fils unique de *Jean le Blanc* ou *Blanca*, bourgeois noble, & premier Consul de cette ville. Le Général de l'armée françoise fit annoncer à ce premier Consul que s'il ne rendoit la place sur le champ, il feroit égorger son fils à ses yeux ; ce père eut assez de force pour répondre que sa fidélité pour son maître l'emportoit sur la tendresse qu'il avoit pour son fils ; il poussa même cette fermeté militaire jusqu'à la férocité, en ajoutant que s'il lui manquoit d'armes pour égorger son fils, il lui enverroit son propre poignard. Cette action, qui a été comparée aux plus beaux traits de la République romaine, ne servit à rien ; le fils fut égorgé. Le Consul, malgré la permission que son Roi lui avoit donnée de rendre la place, soutint encore le siége huit mois, ce qui occasionna une famine affreuse dont les habitans furent désolés. Les chevaux, les chiens, les rats, les cuirs, & jusqu'à la chair des personnes mortes de faim, leur servoient de nourriture. Ainsi, pour jouir de la réputation d'un courage extraordinaire, cet homme, dédaignant l'ordre qu'il avoit reçu de rendre la place, fit périr son fils unique, fit souffrir les horreurs d'une longue famine à ses concitoyens, & sans aucun avantage, car il ne put empêcher les François de prendre la ville ; ainsi, pour s'acquérir une gloire qui ne devoit rejaillir que sur lui seul, il causa une infinité de maux, & pas un seul bien : cependant les Gentilshommes du pays ont cru longtemps que ce Consul étoit un grand homme (1).

Perpignan fut assiégée par les troupes de François I.er, sous les ordres du Dauphin, qui fut depuis Henri II. L'armée, forte de quarante-cinq mille hommes, commença le siège au mois d'août 1542 : mais cette entreprise ne fut pas heureuse, & le Dauphin, après l'espace de six semaines, fut obligé de lever le siège. On attribue ce mauvais succès à la Duchesse d'*Etampe*, maîtresse du Roi, & ennemie du Dauphin, qui, ayant des relations avec l'Empereur *Charles-Quint*, le fit avertir de cette entreprise ; de sorte que les Espagnols eurent le loisir de munir la place de tout ce qui étoit nécessaire pour résister longtemps. On remarqua en effet que le Maréchal d'*Annebaut*, attaché à la Duchesse d'Etampes, dérangea une batterie postée avantageusement par un des Officiers, & la plaça de manière qu'elle ne produisit aucun effet. Du Bellay dit, en parlant de ce siège, *alors le Roi reconnut bien, mais trop tard, qu'il avoit été mal servi*. Il ajoute, en parlant du Dauphin, *que l'erreur n'étoit de lui, mais de ceux qui avoient abusé le Roi ou par ignorance, ou par envie qu'autres ne fissent mieux* (2).

---

(1) Sur un marbre placé au dessus de la porte de la maison de ce Consul, on fit graver cette inscription :

Hujus domûs dominus fidelitate cunctos superavit Romanos.

« Le maître de cette maison a surpassé tous les Romains par sa fidélité ».

(2) Le Maréchal de Montpezat avoit déterminé le

HOMMES illustres. Perpignan est la patrie du célèbre *Hyacinte Rigaud*, surnommé *le Vandyck* de la France ; aucun Peintre ne l'a surpassé pour le portrait : il naquit, en 1663, dans cette ville dont il fut créé noble. Louis XV lui donna encore des lettres de noblesse & le cordon de Saint-Michel ; il fut directeur de l'Académie de Peinture, & mourut à quatre-vingts ans, en 1743 (1).

POPULATION. Les habitans de Perpignan peuvent être évalués environ au nombre de quinze à seize mille.

VENDRES.

Port de mer sur la Méditerranée, situé dans le bas Vallespir, à quatre lieues de Perpignan,

---

Dauphin à cette entreprise, en lui persuadant que l'exécution en étoit facile. « Ce qui fâcha fort, dit Brantôme, M. le Dauphin, qui voulut mal mortel au » Maréchal, le tenant pour un fort mauvais Capitaine, » mais fort bon courtisan & fin : aussi feu mon père, » ajoute-t-il, l'appeloit toujours *l'écureuil de cour*, » tout son cousin & Maréchal qu'il fût ».

(1) Une dame ordonne à son domestique d'aller chercher un Peintre pour mettre son plancher en couleur. Le laquais s'adresse à *Rigaud*. Celui-ci, pour s'amuser de cette méprise, se transporte aussi-tôt dans la maison indiquée. La Dame, voyant arriver un homme de bonne mine, richement vêtu, parut fort étonnée ; enfin s'apercevant de la sottise de son laquais, elle s'excusa, & plaisanta avec tant de grace & d'esprit, que Rigaud en fut charmé ; il lui rendit plusieurs visites, & finit par l'épouser.

à une demi-lieue de Collioure, & à deux lieues des frontières de l'Espagne.

On croit que l'étymologie du port de Vendres vient de *Portus Veneris*, à cause d'un temple dédié à Venus, qui, du temps des Romains, étoit placé dans les environs.

Vendres ne fut long-temps qu'un château. Sous la domination Espagnole, le port étoit bon; les galères pouvoient, sans danger, s'avancer jusqu'au fond; mais dans la suite ce port se combla en plusieurs endroits.

M. le Maréchal de Mailly, Gouverneur du Roussillon, & à qui cette province doit plusieurs améliorations & établissemens utiles, a fait depuis long-temps exécuter des travaux pour le rétablissement, la sûreté & la défense de ce port.

DESCRIPTION. Ce port présente un bassin de soixante mille toises carrées, de seize à dix-huit pieds d'eau, capable de recevoir les plus forts bâtimens marchands; il est commandé par un fort nommé *la Presqu'île*, où il y a une batterie de canons, & un Major commandant. On vient de faire construire & rétablir des batteries; une, entre autres, qu'on appelle *la Pointe du fanal*, située à l'entrée de ce port, & qui est susceptible de la plus grande défense. Quoique le Roi ait accordé douze ans de franchise de toutes impositions à ceux qui voudroient bâtir dans l'emplacement désigné pour la formation des quais & l'agrandissement du lieu, on ne voit pas beaucoup de bâtimens s'y élever; il existe un seul quai, qui n'est pas même fini; on y voit néanmoins plusieurs maisons ou magasins, & quatre redoutes.

L'obélisque élevé en mémoire du rétablissement de ce port, mérite d'être observé : il a douze pieds de base, & quatre-vingts pieds de hauteur; un globe, surmonté d'une fleur de lis, lui sert d'amortissement, & présente l'emblême de la protection que le Roi accorde dans ses ports à toutes les nations.

Sur une face du dé de l'obélisque, on a représenté, en bas-relief, la figure du Maréchal de *Mailly*, environnée de foudres qui tombent à ses pieds, & on y a gravé cette inscription, où l'on ne voit ni la précision ni la clarté du style lapidaire :

« Par lui, le Roussillon a cultivé les sciences;
» la Noblesse a reçu celle de ses devoirs; le
» Commerçant s'est uni à l'Espagne par des tra-
» vaux dignes de Mars ; le pauvre & l'indigent
» ont trouvé des asiles, & nulle famille ne peut
» dire : Je ne tiens rien de ses bienfaits ».

On voit aussi, sur le même dé, le plan du port, avec ces quatre foibles vers :

De ta protection par-tout on voit des marques,
Chacun de tes bienfaits est digne d'un autel !
Si le fil de tes jours est coupé par les Parques,
   Ton nom sera toujours immortel.

Les travaux de ce port ayant éprouvé quelques critiques, je vais, sans prétendre l'approuver, rapporter celle de l'Observateur qui m'a fourni plusieurs détails sur le Roussillon. « Je crains que les dépenses que l'on y fait, ne soient, dit-il, en pure perte... On assure qu'il est à l'abri de tous les vents; erreur; celui du nord-nord-ouest prouve le contraire. Depuis douze ans on est à le curer ; trois salopes y travaillent presque continuellement : l'entrée sera difficile à trouver; elle est étroite, & le courant y sera rapide; le vent du nord en empêchera le débouchement, & celui du sud, l'entrée; .... enfin s'il est continué, ce qui est douteux, l'importation & l'exportation n'y peuvent avoir lieu; d'ailleurs la franchise du port de Marseille portera toujours obstacle à ce que celui-ci puisse devenir commerçant ». On pourroit répondre à cette dernière objection, que les ports d'*Agde* & de *Cette*, sur la côte du Languedoc, plus voisins que celui de Vendres du port de Marseille, ont cependant un commerce particulier auquel celui de Marseille, malgré sa franchise, ne nuit pas infiniment.

BELLEGARDE.

Forteresse sur les frontières d'Espagne, dans le haut *Vallespir*, située à l'extrémité d'un vallon, sur une montagne d'un accès difficile, à sept lieues de Perpignan.

HISTOIRE. La forteresse de Bellegarde n'étoit d'abord qu'une tour, bâtie sur le haut des montagnes des Pyrénées, au delà du passage nommé *la Cluse*, & construite pour défendre le col de *Pertuis*. Les Espagnols la prirent en 1674, y firent quelques fortifications; mais le Maréchal de Schomberg la reprit sur la fin de juillet de l'année suivante. Après la paix de

520 DESCRIPTION

Nimègue, le Roi y fit bâtir une place régulière, composée de cinq bastions.

DESCRIPTION. Après avoir gravi une montgne granitique, on entre dans la place par le côté, le long du chemin couvert; on trouve ensuite la porte de la forteresse, où se présente une longue allée voûtée, très-rapide, & par laquelle on monte à la vaste place d'armes; au fond de cette place est la chapelle; aux autres côtés s'offre la façade des logemens du Major, de l'Aide-Major, &c. & les casernes. A l'un des bouts de cette même place, est un puits des plus profonds, creusé en ovale, & fort large; c'est un ouvrage curieux & singulier, qui a dû coûter bien du travail.

Sur un rocher qui est un peu plus bas, à un des angles de la place, est un fort en forme d'ouvrage à cornes, composé de deux demi-bastions & de deux longs côtés inégaux; on trouve à la gorge de cet ouvrage un angle saillant, qui forme une espèce de demi-lune, défendue par une petite redoute ou cavalier carré; le tout est taillé dans le roc: le fossé ne règne point tout autour de cet ouvrage, il enveloppe seulement le plus petit des longs côtés, & une partie du front, le reste étant inaccessible: une partie de ce fossé est remplie d'eau qui tombe de la montagne, & forme un bassin qui sert d'abreuvoir. Le chemin couvert environne cet ouvrage de tous côtés, & communique à celui de la place; le Lieutenant-de-Roi loge dans ce fort.

Au bas de la montagne on trouve des hôtelleries & le jardin du Gouverneur.

Cette forteresse domine le col de *Pertuis*, passage fameux où le Voyageur contemploit autrefois les monumens des victoires remportées en Espagne par *Pompée* & *César*; en vain, pour transmettre leur gloire à la postérité, ces grands Généraux avoient pris soin de les ériger sur des montagnes durables de granit; la main de l'homme ou les ravages du temps en ont détruit jusqu'aux moindres vestiges.

Le monument élevé par *Pompée* en cet endroit consistoit en un trophée qui portoit son nom, avec une inscription contenant ses victoires en Espagne, sur *Sertorius*; on y lisoit que depuis les Alpes jusqu'à l'extrémité de l'Espagne ultérieure, il avoit réduit sous son obéissance & sous celle de la République, huit cent soixante-seize villes. On admira en cette occasion, la grandeur d'ame & la modération de Pompée, de n'avoir pas souffert que dans cette inscription on fît mention de *Sertorius* qu'il venoit de vaincre, dont le nom & la valeur auroit relevé l'éclat de ses victoires; mais en même temps on lui reprocha la vanité d'avoir fait placer sa statue sur ce trophée.

J. César, après avoir soumis en Espagne les Lieutenans de Pompée, voulut à son tour faire placer au même endroit un monument de son triomphe; mais pour ne pas mériter le blâme que s'étoit attiré Pompée, il se contenta d'élever un autel en pierre, très-simple, mais d'une grandeur extraordinaire.

Ces monumens, dont il ne reste plus de traces, ont été remplacés, en 1764, par deux

Partie II. X

massifs de marbre gris-blanc, sur l'un desquels on a gravé l'inscription suivante:

Anno M. DCC. LXIV. regnante Ludovico Galliarum Rege Christianissimo; lapidiceum gallo meta calcans Pompeïana trophæa, Galliarum Hispaniarumque latitudinis ligamen super erectum D. Comandato utriusque imperii, & per Reges ex-cojussu illustrissimi ac potentissimi D. D. Comitis DE MAILLI, *regiorum exercituum legati, Rusci..onis comitatûs Præfecti eminentissimi; simul ac illustrissimi atque potentissimi D. D. Marchionis* DE LA MINA, *Ducis Hispaniæ Generalis, Catalauniæ Proregis amplissimi; dat fines Hispaniæ & dividit ad pontem præcipitii, in viâ Hispano-Gallicâ olim asperrimâ, hôcce anno trimalle mineanâ, invincibili operâ, suffossis latè montibus desplanatâ, ad futuram rei memoriam.*

COMTÉ DE FOIX.
FOIX.

Cette ville, située dans un vallon sur les bords de l'Arriège, à deux lieues de Pamiers, à vingt-deux de Perpignan, & à quatorze de Toulouse, est la capitale du Comté de Foix.

L'ancien monastère de *Saint-Volusien*, fondé au cinquième siècle, dans l'endroit où est la ville de Foix, a peut-être été l'origine de cette petite capitale, qui, au onzième siècle, n'étoit encore qualifiée que de château.

DESCRIPTION. La ville de Foix n'est ni grande, ni belle, ni bien située; le pont, bâti sur l'Arriège, est assez beau. L'ancienne abbaye de *Saint-Volusien* est aujourd'hui desservie par un Chapitre de Chanoines réguliers de la Congrégation de Sainte-Géneviève (1).

Le Comte *Simon de Montfort*, après avoir désolé, par mille cruautés, le pays du Lauraguais (2), vint ravager les environs de la ville

___

(1) Le jour de la Nativité de la Vierge, les dévots vont en foule à *Montgausi*, où est une chapelle qui dépend de l'abbaye; on y voit des Pélerins qui poussent la ferveur jusqu'à monter la montagne à genoux.

(2) Il prit une centaine de personnes dans le château de Bram, leur fit arracher les yeux & couper le nez; il les envoya ensuite à Cabaret, sous la conduite de l'un d'eux à qui il avoit laissé un œil pour diriger ses compagnons.

de Foix. Ce Général, accompagné d'un seul homme, rencontra une partie de la garnison de cette place ; il la poussa si vivement, qu'il l'obligea à rentrer. Les habitans, revenus de leur frayeur, parurent bientôt sur les remparts, & lancèrent une si grande quantité de pierres, qu'ils obligèrent Simon à prendre la fuite à son tour ; ils tuèrent même, en cette occasion, un Chevalier qui le suivoit.

En 1211, Simon de Montfort brûla le bourg de Foix, mais ne put jamais s'emparer du château.

En 1272, Philippe le Hardi vint assiéger le château de Foix, pour punir le Comte qui avoit commis une de ces violences si communes alors à ces petits tyrans, sous lesquels gémissoient les peuples de la France.

Malgré les obstacles qui s'opposoient à la prise de ce château, le Roi fit serment de ne point l'abandonner qu'il ne s'en fût rendu maître. En conséquence, il ordonna à un grand nombre de travailleurs de tailler les rochers qui environnoient la place, afin d'en faciliter les approches à la cavalerie qui formoit la principale force de l'armée. Le Comte, épouvanté de cette résolution, & voyant qu'on avoit déjà coupé le pied de la montagne sur laquelle étoit situé le château, vint se soumettre au Roi, & lui demander pardon : mais ce Prince ne crut pas devoir le lui accorder ; il le fit charger de chaînes, & conduire à Carcassonne, où il fut enfermé dans une tour de la cité.

Pendant les guerres de la religion, les Protestans, maîtres de cette ville, y détruisirent les églises, & sur-tout pillèrent l'abbaye de Saint-Volusien.

CURIOSITÉ naturelle. A cinq ou six lieues de la ville de Foix, entre Fougan & Belleftat, dans le diocèse de Mirepoix, est une fontaine intermittente fort curieuse. Cette fontaine, appelée *Fonteftorbes*, est la source de la rivière du *petit Lers*.

Fort au dessus du lit de la rivière de Lers, on voit une voûte de vingt à trente pieds de profondeur, de quarante pieds de largeur sur trente de hauteur; au côté droit est une fontaine dans une ouverture triangulaire du rocher, dont la base a huit pieds environ de largeur; c'est par cette ouverture que l'eau coule quand le flux est arrivé. Ce qui caractérise singulièrement cette fontaine, c'est que l'intermittence n'a lieu que dans les temps de sécheresse, pendant les mois de juin, juillet, août & septembre; alors elle coule pendant trente-six ou trente-sept minutes; s'il vient à pleuvoir, le temps des intermissions se raccourcit, s'anéantit, & la source coule sans interruption, mais avec une augmentation périodique; enfin lorsque la pluie a duré long-temps, le flux est continuel, & ses mouvemens inégaux disparoissent entièrement; ce qui arrive tous les hivers.

A deux lieues au dessus de Foix, est la petite ville de *Tarascon*, & au dessus le bourg de *Vicdessos* où l'on voit une tour bâtie, dit-on, par les Romains; entre ces deux endroits on trouve plusieurs cavernes, & sur les montagnes de la rive droite du torrent de *Vicdessos*, on remarque un grand arceau de pierre calcaire qui paroît être le reste de quelque grotte affaissée.

On croit dans le pays que ces grottes ont été taillées & habitées par des géans. *Olhagaray*, dans son Histoire de Foix, a cru devoir adopter cette opinion; il l'annonce dans les quatre vers suivans, composés pour le rocher percé à jour, dont nous venons de parler :

> Ce roc cambré par l'art, par nature & par l'âge,
> Ce roc de Tarascon hébergea quelquefois
> Les géans qui couvroient les montagnes de Foix,
> Dont tant d'os excessifs rendent le témoignage.

Le même Historien pense à cet égard en prose tout comme en vers : « On récite qu'au sommet sourcilleux, dit-il, des montagnes de Saint-Barthélemi, on trouve de grandes chaînes de fer & de gros anneaux d'indicible grosseur, comme arrête-nefs ou vaisseaux; .... ce qui a donné occasion à quelques-uns d'écrire que la mer couvrant le Languedoc, s'étant reculée, avoit chassé sur la hauteur de ces monts, à la créance des bateaux, la plupart du peuple; ce qu'ils confirment par les figures de poissons pétrifiés qu'on voit aujourd'hui ès cavernes de ces montagnes ».

Olhagaray, après avoir parlé des ossemens enfouis dans les montagnes de Tarascon, & des corps marins que les eaux peuvent y avoir déposés, raconte les effets extraordinaires qu'on attribue au lac de *Tabe*, qu'il appelle *Nourrissier de flammes, feu & tonnerre*, « & où l'on tient, dit-il, pour assuré que si l'on jette quelque chose, on voit un tel tintamare en

» l'air, que ceux qui font spectateurs d'une telle
» furie, la plupart font confumés par le feu,
» & brifés par les foudres ordinaires & origi-
» naires des étangs ».

On cite en France plufieurs étangs qui pro-
duifent, à ce qu'on dit, le même phénomène.

PAMIERS.

Petite ville épifcopale, fituée fur la rive droite
de l'Arriège, à onze lieues de Touloufe, à trois
lieues de Foix, & à fix de Rieux.

Le monaftère de *Saint-Antonin* a donné
naiffance à cette ville; plufieurs actes difent
que ce Saint a été martyrifé dans cet endroit;
ce fentiment, qui eft celui d'un grand nombre
d'Hiftoriens, & qui a été fuivi par Piganiol,
par l'Abbé d'Expilli & autres, eft une erreur
prouvée d'une manière très-fatisfaifante par Dom
Vaiffette dans fon Hiftoire du Languedoc (1).
Saint-Antonin a été martyrifé à Apamée en
Syrie. On a profité de la reffemblance du nom
de ce lieu avec celui de Pamiers, pour établir
cette fable par des chartres, des actes & autres
titres. « Quand ces actes, dit l'Hiftorien cité,
» n'auroient pas d'ailleurs des marques vifibles
» de nouveauté ou de fuppofition... par les
» contradictions, les fables & les anachro-
» nifmes dont ils font remplis, il n'en faudroit
» pas davantage pour rendre leur autorité fuf-
» pecte au fujet d'un Martyr qu'on prétend avoir
» vécu dans les premiers fiècles de l'églife ».

---

(1) Tome premier, pag. 521, &c.

L'abbaye de Saint-Antonin de Pamiers, nommée dans son origine *Fredelas*, fut vraisemblablement fondée au dixième siècle par les Comtes de Carcassonne; elle eut le sort de toutes celles qui tombèrent en mains séculières dans le onzième siècle, & dans la plupart desquelles le relâchement fit oublier la règle. *Roger*, Comte de Foix, descendant des Comtes de Carcassonne, fit de vains efforts pour réformer cette abbaye.

Le lieu de Pamiers n'est connu que depuis l'an 1111; c'étoit pour lors un château bâti auprès de l'abbaye de *Fredelas*, lequel a donné, avec cette abbaye, l'origine à cette ville.

On croit, avec assez de vraisemblance, que ce château, nommé *Castrum Apamiæ*, fut bâti par le même Comte *Roger de Foix*, à son retour de la première Croisade, d'où il apporta des reliques de la ville d'*Apamée en Syrie*; ces reliques n'étoient point celles de Saint-Antonin, comme on a voulu le faire croire par plusieurs légendes fabuleuses, mais celles des Saints *Caïus* & *Alexandre*.

Vital, Abbé de Saint-Antonin de Pamiers, livra ce lieu, en 1209, à Simon de Montfort; & pour avoir quelques prétextes de dépouiller le Comte de Foix, qui étoit, avec cet Abbé, Seigneur en pariage de cette ville, il l'accusa de favoriser les hérétiques; il poussa le fanatisme jusqu'à chasser du château de Pamiers, avec l'aide de ses Chanoines, la tante du Comte, qui s'y étoit retirée.

Les partisans de Simon de Montfort ont chargé le Comte de Foix de beaucoup de crimes. Ils prétendent qu'il vint un jour à Pamiers, accompagné de brigands, de bateleurs, de courtisanes ; qu'il renferma l'Abbé & les Chanoines dans l'église, & les y retint pendant trois jours, sans permettre qu'on leur portât ni à boire ni à manger ; que pendant ce temps-là il pilla le monastère, & coucha dans l'infirmerie avec les femmes débauchées qu'il avoit amenées ; qu'il chassa ensuite de l'église l'Abbé & les Chanoines presque nus, & fit défendre, à son de trompe, à tous les habitans de Pamiers de leur donner retraite, sous peine de punition corporelle, &c. &c. Les mêmes Auteurs traitent ce Comte de tyran, de cruel, de barbare, de bête féroce, de chien, &c. ; injures qui annoncent la passion, & doivent rendre ces accusations très-suspectes.

Les Abbés de Pamiers, long-temps opposés aux intérêts des Comtes de Foix, furent dans la suite obligés de se soumettre à leur seigneurie.

Le 16 septembre 1296, l'abbaye de Saint-Antonin de Pamiers fut érigée en évêché.

Pendant la guerre du Vicomte de Narbonne & de la Princesse de Viane, cette ville fut, en 1486, prise & reprise. Dans cette circonstance, les Arragonnois y commirent beaucoup de désordres. *Mathieu de Foix* envahit le palais épiscopal & vint à main armée, enlever le trésor de la cathédrale.

Lorsqu'en 1561 tous les Religionnaires du Languedoc levèrent l'étendart de la révolte, ceux de Pamiers suivirent le même exemple. En 1563, ils s'emparèrent de cette ville, & mirent au pillage les églises & les monastères ;

on ajoute même qu'après avoir massacré quelques Prêtres ou Religieux, ils jetèrent leurs corps dans un puits.

En 1563, Damville voulut mettre une garnison dans Pamiers; les habitans s'y opposèrent, & ce Général, malgré la paix, entra dans cette ville à main armée, fit raser les murailles, pendre le Ministre, & périr plusieurs citoyens du dernier supplice; il chassa huit cents autres habitans; ses soldats pillèrent la ville, & violèrent les femmes & les filles, & tout cela, disoit-on, pour la plus grande gloire de la religion catholique.

En 1566, les Protestans de Pamiers ayant à se plaindre de l'injustice de l'Evêque de cette ville, nommé *Robert de Pellevé*, s'étoient assemblés pour conférer sur le parti qu'ils devoient prendre. Les Catholiques, excités par les Chanoines de la cathédrale, vinrent insulter les Religionnaires au milieu de leur assemblée: ils se défendirent; ce qui causa une émotion qui fut heureusement bientôt appaisée. Le 2 juin suivant, jour de la Pentecôte, les Catholiques firent une procession où ils admirent plusieurs personnes masquées qui couroient entre les rangs & insultoient les Religionnaires. Ceux-ci, qui étoient en très-grand nombre, piqués de se voir outragés de cette sorte, coururent aux armes; mais le Viguier appaisa le tumulte. La nuit suivante, les Chanoines firent armer cent cinquante hommes; & les postèrent dans le palais épiscopal, d'où ils attaquèrent les Religionnaires; de sorte qu'il y eut des combats très-vifs entre les habitans des deux religions.

Les Protestans, plus nombreux, parvinrent à mettre en déroute les Catholiques, les chassèrent de la ville, pillèrent les églises, & tuèrent quelques Religieux. Peu de temps après, Joyeuse y envoya des troupes ; les habitans leur fermèrent les portes ; mais les plus coupables, appréhendant des suites funestes de cette affaire, prirent la fuite.

En 1577, cette ville fut prise de nouveau par les troupes de Joyeuse ; mais les Religionnaires la reprirent deux fois, & en chassèrent les Catholiques. Dans la suite, les habitans se déclarèrent pour le parti du Duc de Rohan. Bientôt après, en 1628, le Prince de Condé l'assiégea.

Cette place étoit défendue par Beaufort, Lieutenant-Général du Duc de Rohan, & par douze ou quinze cents hommes de garnison. Le 10 mars, la brèche paroissant suffisante, les assiégés offrirent de se rendre, la vie sauve ; mais le Prince de Condé ne voulant les recevoir qu'à discrétion, le plus grand nombre prit la fuite. *Beaufort*, Gouverneur de la ville, & *Aurose*, Gouverneur de Mazère, étoient de ce nombre. On poursuivit les fuyards, on les atteignit : cent vingt furent envoyés aux galères, & vingt-huit furent pendus ; on abandonna les autres aux soldats pour en tirer rançon. Ceux de la garnison qui étoient demeurés dans la place, eurent la vie sauve, & se retirèrent un bâton blanc à la main. Le Prince de Condé accorda la vie aux habitans ; mais la ville fut mise au pillage, & les troupes royales y exercèrent de grandes cruautés.

Les Prêtres Catholiques qui avoient été chassés de Pamiers, furent rétablis, & on leur adjugea le temple pour y faire le service divin jusqu'à ce que la cathédrale & les autres églises que les Religionnaires avoient détruites, fussent rebâties.

DESCRIPTION. L'enceinte de cette ville est assez grande; les rues sont bien percées; les environs sont fertiles & agréables.

L'Eglise cathédrale, dédiée à *Saint-Antonin*, fut bâtie sous l'épiscopat & par les soins de M. *de Caules*; l'Evêque Vertamont contribua beaucoup à l'orner.

Le palais épiscopal est d'une belle architecture; on y voit des peintures & des tapisseries estimées.

Fin de la seconde Partie.

SUPPLÉMENT

AU SECOND VOLUME.

Le Languedoc, en y joignant le Comminge, le Nebouzan, & le pays de Riviere-Verdun, & abstraction faite du Vélai, qui est réuni au département *du Cantal*, est divisé en sept départemens, qui sont :

Le *département de* L'ARDÈCHE, qui comprend le *Vivarais*. La premiere assemblée a été fixée à *Privas*, & pourra alterner dans les villes d'*Annonay*, *Tournon*, *Aubenas*, *Privas*, & le bourg *Saint-Andiol*.

Ce département est divisé provisoirement en sept districts, dont les chefs-lieux sont : *Privas*, *Annonay*, *Tournon*, *Aubenas*, *Vernoux*, *Villeneuve-de-Berg*, & *l'Argentiere*. Les séances des assemblées des districts de *Tournon*, *Vernoux*, *Privas*, *Aubenas*, & de *l'Argentiere*, alterneront à *Saint-Perray*, *Saignes*, *la Voulte*, *Montpezat*, *Joyeuse*.

Le *département de la* LOZÈRE comprend le *Gévaudan*. La première assemblée a été

Partie II. a

Le pays DE FOIX, en y joignant le COUSERANS, forme un seul *département*, appelé de L'ARRIÉGE, dont les assemblées alterneront entre les villes de *Foix*, *Saint-Girons*, & *Pamiers*.

Ce département est divisé en trois districts, dont les chefs-lieux sont : *Tarascon*, *Saint-Girons*, *Mirepoix*.

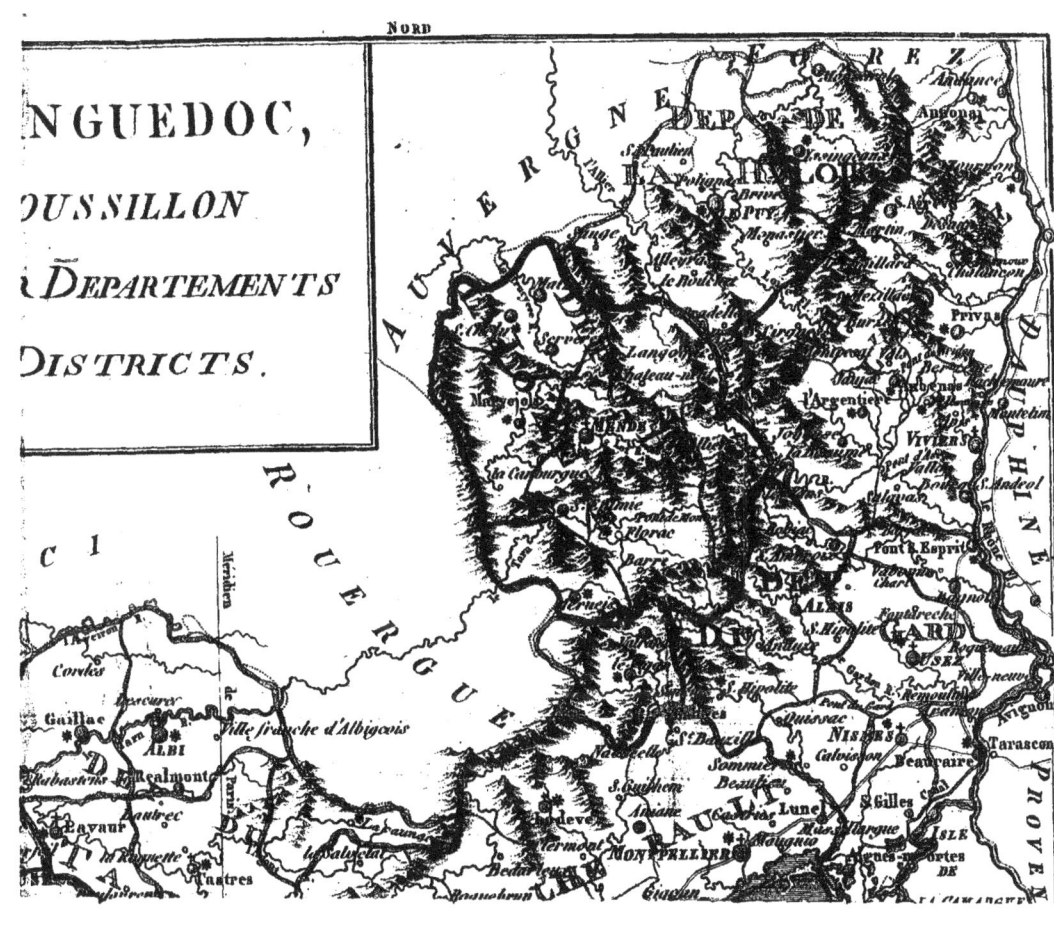

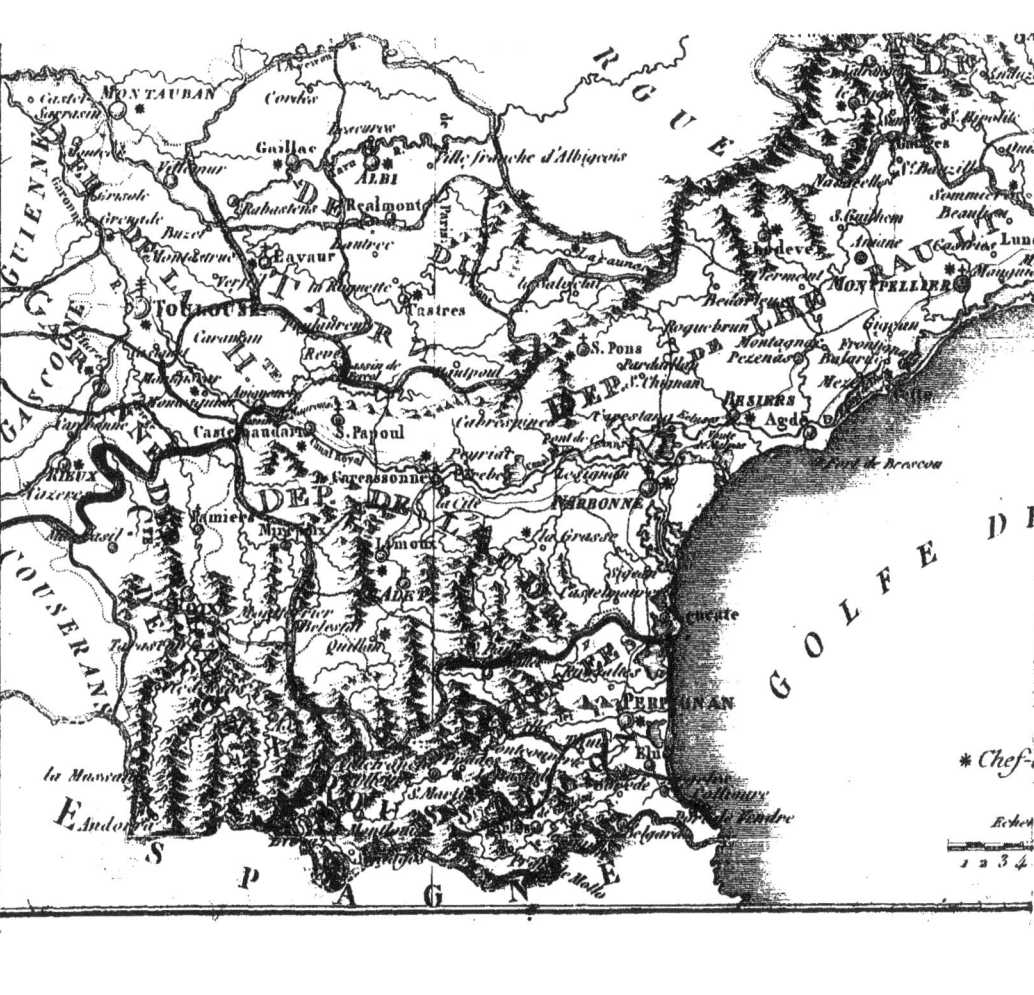

TABLE

De la seconde Partie.

A.

Agde,	page 194
Agrève (Saint),	19
Aigues-Mortes,	168
Aifa, (col d')	7
Albi,	235
Alren,	290
Andeol, (Bourg-Saint), Voyez Bourg-Saint-Andeol,	96
Annonai,	13
Arc, (le pont d')	89
Argentière, (l')	76
Arles en Rouffillon,	294, 296, 299.
Aubenas, pag. 69. Ses environs,	71
Ax, dans le Comté de Foix,	302

B.

Balaruc,	196
Barjac, pag. 87. Ses environs,	88

TABLE.

Beaucaire, pag. 116. Ses environs, page 122.
Beaume, (*la Sainte*) pag. 113. Ses environs, 116
Beaume, (*pont de la*) 74
Bellegarde, 319
Berat, 290
Beziers, 215
Bidon, 106
Bonnefoi, (*Chartreuse de*) 50
Boulaigue, (*fontaine de*) 66
Bourg-Saint-Andéol, 96
Brescou, (*fort de*) 198
Bridon, (*Pont de*) 71
Brives, près *le Puy*, 44
Burzet, 75.

C.

Canal Royal, pag. 8. *Ecluse ronde*, p. 197. *Bassin de Saint-Ferreol*, pag. 206. *Bassin de Nauroufe*, 207. *Eclufes de Fonçeranne*, p. 223. *Voûte de Malpas*, 223.
Canigou, (*abbaye de S.-Martin de*) p. 296. *Montagne de Canigou*, 233.
Carcaffonne, 208.
Caftelnaudari, 202.
Caftres, 199

TABLE.

Cerdagne françoise, (la), page 292
Cette, 193
Col d'Aifa, (le) 72
Collioures, la Note, 294
Conflent, (le) ibid.
Corcevie, (abyme de) 297
Covovaſtel, 298

D.

Deſaigne, 20

E.

Elix, (Saint) 290
Elne, la Note, 293
Eſpailly, 45

F.

Foix, (Comté de) 291, 301
Foix, (ville de) 323
Fort des bains, la Note, 294 & 297

G.

Gabian, 224
Ganges, 126
Gilles, (Saint) page 136

Gouffre de la Goule, page 91
Gouffres, près *Villefranche* en Roussillon, 299
Grottes de *Valon*, 91
Grottes des Demoiselles ou des Fées, 126

L.

Languedoc, (tableau général du) 1

M.

Maguelonne, 188
Maillas, 64
Mendes, 50
Michel de Cuxa, (abbaye de Saint) 295
Montbrul, 65
Montlouis, 295
Montpellier, 172

N.

Neyrac, (Volcan de) 74
Nîmes, 113

P.

Pamiers, 327
Perpignan, 304
Plaguillen, (montagne de) 297
Polignac,

TABLE.

Polignac,	page 46
Pont d'Arc, (le)	89
Pont de Bridon,	71
Pont de la Baume,	74
Pont du Gard, (le)	160
Pont de Rigaudel,	72

Pont-Saint-Esprit, pag. 99. Ses environs, 106

Privas,	58
Puy, (le) pag. 22. Ses environs,	44
Pyrénées, (les monts)	298

Voyez aussi la troisième Partie à la fin du Béarn.

R.

Rieux,	288
Rochemaure,	61
Roussillon & Comté de Foix, (tableau général du)	291
Roussillon, (Comté du)	293
Ruoms,	109

S.

Salavas, (tour de)	88
Saint-Esprit. Voyez Pont-Saint-Esprit,	99
Saint-Gilles. Voyez Gilles,	162

Partie II.

Sirac, (Caverne de) page 298
Sorède, (abbaye de) 296

T.

Toulouse, 248
Tour de Salavas, 88

V.

Valbonne, (Chartreuse de) 111
Vallespir; (le) pag. 293, 297. Ses forges, 299
Vallon, (grottes de) 91
Vendres, 316
Vicdessos, (vallée de) 301
Villefranche, en Roussillon, 294, 298, 299
Viviers, 82
Usez, 64

Fin de la Table de seconde Partie.

ERRATA de la seconde Partie.

PAG. 2, lig. 18, *Nifne*, lifez *Nîmes*.
P. 6, lig. 7, le titre de Comte & de Marquifat, lifez & celui de Marquifat.
P. 7, lig. 21, *& recouvra*, lifez *& qui recouvra*.
P. 22, lig. 3, Après le mot *grêles*, retranchez la virgule.
P. 41, lig. 1, *ufitées*, lif. *ufités*.
P. 43, lig. 3, *ifole*, lif. *ifolé*.
P. 78, lig. 16, *fchor noir*, lif. *fchorl*.
P. 80, lig. 5, *l'on voi*, lif. *l'on voit*.
P. 83, lig. 11, *Viviesr*, lif. *Viviers*.
P. 128, lig. 1, *les unes*, lif. *les uns*.

www.ingramcontent.com/pod-product-compliance
Lightning Source LLC
Chambersburg PA
CBHW060451170426
43199CB00011B/1163